BFO
37. Jahrgang
2014

Beiträge zur
Flur- und Kleindenkmalforschung in der
Oberpfalz

Herausgeber:
Arbeitskreis für Flur- und Kleindenkmalforschung in der Oberpfalz e. V.
in Zusammenarbeit mit dem Bezirksheimatpfleger der Oberpfalz

BEITRÄGE ZUR FLUR- UND KLEINDENKMALFORSCHUNG IN DER OBERPFALZ (BFO)

Begründet 1978 von Rainer H. Schmeissner und Peter Morsbach

Herausgeber:	ARBEITSKREIS FÜR FLUR- UND KLEINDENKMALFORSCHUNG IN DER OBERPFALZ e. V. (AFO) in Zusammenarbeit mit dem Bezirksheimatpfleger der Oberpfalz
Erscheinungsweise:	jährlich
Gestaltung:	Andreas Frahsek
Druck:	Druckerei Stock GmbH Marienplatz 35, 92676 Eschenbach
Vertrieb:	Verlag der Buchhandlung Eckhard Bodner, Hauptstr. 1, 92690 Pressath
ISBN:	978-3-939247-47-0

Beiträge für die BFO werden erbeten an den AFO (Anschrift unten). Redaktionsschluss für digital übersandte Unterlagen: 15. Januar, ansonsten 15. Dezember.

Für den Inhalt der Beiträge zeichnen ausschließlich deren Verfasser verantwortlich. Die Herausgeber behalten sich Kürzungen, Änderungen sowie die Auswahl der Bilder vor. Soweit nicht anders vermerkt, stammen die Bilder von den Textautoren. Das Urheberrecht für die Bilder liegt, wenn nicht anders angegeben, bei den Autoren.

Der AFO ist ein eingetragener Verein mit anerkannter Gemeinnützigkeit. Finanzielle Zuwendungen sind steuerlich absetzbar. Bitte überweisen Sie Ihre Spende auf das angegebene Konto. Sie erhalten von uns eine Spendenquittung für das Finanzamt.

Ehrenvorsitzende:	Dr. Adolf J. Eichenseer Prof. Dr. Ludwig Zehetner
1. Vorsitzender:	Prof. Dr. Peter Morsbach
2. Vorsitzender:	Bernhard Frahsek (Geschäftsführer)
Adressenverwaltung:	Manuela Pappenberger
Schatzmeister:	Johann Roth
Schriftführer:	Max Wolf
Bankverbindung:	Raiffeisenbank Regensburg (BLZ 750 601 50), Konto-Nr. 254 037
Postanschrift:	Bezirk Oberpfalz • Kultur- und Heimatpflege - AFO (Ludwig-Thoma-Str. 14) Postfach 100 165 93001 Regensburg
Homepage:	www.afo-regensburg.de
Homepage-Verwaltung:	Andreas Ketterl
E-Mail:	info@afo-regensburg.de

Inhalt

Vorwort 5
Mitarbeiter dieses Bandes 6

Peter Morsbach
550 Jahre Hüttenwerk Bodenwöhr
Eine wichtige Produktionsstätte der Oberpfälzer Gusseisenkreuze 7

Jörg Gebert
Gusseisen als Werkstoff in der Kunstproduktion des 19. und 20. Jahrhunderts
am Beispiel der Kunstgießerei des ehemaligen Hüttenwerks Bodenwöhr
(Bodenwöhr, Landkreis Schwandorf) 34

Bernhard Frahsek
Der Gusseisen-Fundus in Bodenwöhr
(Bodenwöhr, Landkreis Schwandorf) 44

Werner Rühl
Gusseiserne Kruzifixe aus Nürnberg 47

Dieter Schwaiger und Ludwig Alzinger
Die Säulenmarter bei Obersanding
(Gemeinde Thalmassing, Landkreis Regensburg) 50

Dieter Schwaiger
Christuskorpus – lebensgroß und in Eisen gegossen
(Bodenwöhr, Landkreis Schwandorf) 55

Marco Schmid
Das Scheiblbauernkreuz bei Hippoltsried
(Markt Neukirchen-Balbini, Landkreis Schwandorf) 77

Jürgen-Joachim Taegert
Tragen die Gusseisenkreuze die Bezeichnung „Kustermannkreuze" zu Recht? ... 79

Sebastian Schmidmeier
Mahnmal erinnert an den Todesmarsch im April 1945
(Deuerling, Landkreis Regensburg) 84

Wilhelm Koch
Asphaltkapelle Etsdorf
(Freudenberg, Landkreis Schwandorf) 87

Wilhelm Koch
KreuzeWeg Etsdorf
(Freudenberg, Landkreis Schwandorf) 89

Marita Haller
Die Anger-Kapelle – eine Kapelle aus Glas
(Zwiesel, Landkreis Regen) 92

Marita Haller
Die St. Hermann-Kapelle auf der Zell über Frauenau
Ein VW-Bus wurde zum Gotteshaus
(Frauenau, LandkreisRegen) 94

Beate Geier
Neubau der Hafner-Kapelle
(Wörth-Hafnerhof, Landkreis Regensburg) 96

Thomas Feuerer und Martina Oeter
Die neugotische Kapelle in Friesenhof
(Markt Beratzhausen, Landkreis Regensburg) 98

Bernhard Frahsek
Wappen-Stelen am Kreisverkehr
(Markt Lappersdorf, Landkreis Regensburg) 114

Jürgen-Joachim Taegert
Seelsorgerliche Zeichen der „Religion von unten"
Die theologische und religiöse Deutung der Martern 119

Jürgen-Joachim Taegert
Martern und Wegkreuze der Frankenpfalz auf den Urkarten von 1840 und
heute 130

Leonore Böhm
Zwei Flurdenkmäler in der Mark bei Grafenwöhr
(Landkreis Neustadt/Waldnaab) 138

Marco Schmid
Kapellen und Flurdenkmäler in Hiltenbach und Umgebung
(Markt Stamsried, Landkreis Cham) 140

Josef Eimer
Privates Kriegerdenkmal auf dem Galgenberg
(Markt Wernberg-Köblitz, Landkreis Schwandorf) 148

Ernst Thomann
Marterln erzählen ihre Geschichte
(Nabburg, Landkreis Schwandorf) 152

Ernst Gubernath
Das Maier-Marterl
(Neunburg vorm Wald, Landkreis Schwandorf) 156

Josef Schmaußer
Nach 20 Jahren Gedenkkreuz erneuert
Oberleinsiedl (Gemeinde Ursensollen/Landkreis Amberg-Sulzbach) 157

Max Wolf
32. Jahrestagung der ostbayerischen Flur- und Kleindenkmalforscher 2013 in
Speichersdorf
(Landkreis Bayreuth) 159

Bernhard Frahsek
AFO-Herbsttreffen 2013 in Eilsbrunn
(Landkreis Regensburg) 164

Bertram Sandner
Am Wegesrand 167

Ortsverzeichnis 185
Geschichte des AFO 188
Flurdenkmäler – Arten (in der Oberpfalz) 190
Flur- und Kleindenkmäler reparieren – wie? 191

Vorwort

Liebe Freunde der Oberpfälzer Flur- und Kleindenkmalforschung,

am 1. Oktober 1973, also vor etwas mehr 40 Jahren, wurde das Bayerische Denkmalschutzgesetz in Kraft gesetzt und in den offiziellen Reden, die wir dazu gehört haben, immer wieder die segensreiche Wirkung des Gesetzes betont. Das ist schon richtig. Ohne dieses Gesetz wäre es damals um unsere Bau- und Bodendenkmäler, aber auch um unsere Kulturlandschaft noch schlechter bestellt gewesen, als es tatsächlich kam. Aber ich wünschte mir, ich könnte einmal Staatsminister Dr. Spaenle auf einer „Denkmalbereisung" durch die Oberpfalz oder durch Niederbayern mitnehmen – er wäre vermutlich erschüttert über das Ausmaß der Verwüstung, die inzwischen – nicht zuletzt durch die Ignoranz und Unfähigkeit zahlreicher Verantwortlicher, seien es Landräte, Bürgermeister oder Vertreter der Bauverwaltungen – in manchen Regionen das Ausmaß eines regelrechten Kahlschlags verursacht haben.

Erstaunlich ist dabei die Widerstandsfähigkeit und Überlebenskraft unserer Flur- und Kleindenkmäler, trotz aller Verluste, die es auch hier gegeben hat, durch Straßenbau, Flurbereinigung oder Ortserweiterungen und Neubauten, nicht selten sind sie zahlreicher als die Baudenkmäler. Allerdings habe ich auch Gemeinden kennen gelernt, in denen wir fast alle alten Flur- oder Ortskapellen aus der Denkmalliste streichen mussten, weil sie durchgehend in den letzten drei Jahrzehnten abgebrochen und durch manchmal sehr seichte Neubauten ersetzt wurden, die eher durch eine klinische Reinheit und Pflegeleichtigkeit gekennzeichnet sind, als durch die Schönheit des Alters und Benutzung durch viele Generationen. Freilich stand in den meisten Fällen bei den Verantwortlichen in den Gemeinden oder den Kapellenbauvereinen wohl tatsächlich die Liebe zur Kapelle als solcher dahinter und das Bestreben, etwas Schönes zu schaffen, aber der Wille war oft besser als das Werk.

Aber es ist immer schön zu sehen, wie von Wind und Wetter angenagt, verwittert und bisweilen auch krumm geworden, unsere kleinen Denkmäler weiterhin die Landschaft bereichern, wie sie dies seit Jahrhunderten und Jahrzehnten getan haben und dies auch hoffentlich weiterhin tun werden. Altersspuren formen das Antlitz nicht nur des Menschen, sondern auch das seiner Werke.

Ein Schwerpunkt dieses 37. Bandes der BFO liegt auf den Gusseisenkreuzen, die in ungezählten Beispielen die Marterln, Friedhöfe und Feldkreuze im Lande zieren. Anlass hierfür ist nicht nur die Schenkung der großen Sammlung von Gusseisenkreuzen des Regensburger Architekten Karl Schmid an den AFO, sondern auch die 550. Wiederkehr der Gründung des Hüttenwerks Bodenwöhr, das wohl die meisten dieser Kreuze herstellte. Mit der Wiedergabe eines Katalogs der „Cultusgegenstände" aus dem Hüttenwerk wollen wir den vielen Interessenten ein Instrument an die Hand geben, leichter die Herkunft von Gusseisenkreuzen bestimmen zu können.

Viel Spaß beim Durchblättern und Durchlesen wünscht Ihnenr

Ihr Peter Morsbach

Mitarbeiter dieses Bandes

Ludwig Alzinger	Schierlinger Straße 2, Obersanding, 93107 Thalmassing
Eleonore Böhm	Hopfenoher Straße 6, 92665 Grafenwöhr
Josef Eimer	Feistelberger Straße 9, 92533 Wernberg-Köblitz
Thomas Feuerer	Kollersried, An der Hofmark 1, 93155 Hemau
Bernhard Frahsek	Einhausen 18, 93138 Lappersdorf
Jörg Gebert	Köferinger Straße 1, 92245 Kümmersbruck
Beate Geier	Osserstraße 28, 93086 Wörth/Donau
Ernst Gubernath	Holzbergstraße 10, 92421 Schwandorf
Marita Haller	Latschenweg 1, 94227 Zwiesel
Wilhelm Koch	Rangersgaß 24, Etsdorf, 92272 Freudenberg
Peter Morsbach	Zum Theresienhain 3, 93128 Regenstauf-Karlstein
Johann Mößel	Kalvarienbergstraße 10, 93483 Pösing
Martina Oeter	Burgstraße 11, 92331 Parsberg
Werner Rühl	Hausgärten 24, 91352 Hallerndorf
Bertram Sandner	Äußere Venedig 9, 92507 Nabburg
Josef Schmaußer	Siegenburger Straße 13, 93333 Mühlhausen
Marco Schmid	Thanried 11, 93491 Stamsried
Sebastian Schmidmeier	Am Bach 2a, 93180 Deuerling
Dieter Schwaiger	Siegenburger Straße 13, 93333 Mühlhausen
Jürgen-Joachim Taegert	Mühlstraße 8, 95466 Kirchenpingarten
Ernst Thomann	Fichtenbühl 3, 92507 Nabburg
Max Wolf	Galgenberg-West 17, 93109 Wiesent

Bildnachweis:
Soweit am Ende der Textbeiträge nicht anders vermerkt, wurden die Fotos von den Autoren erstellt.

Peter Morsbach

550 Jahre Hüttenwerk Bodenwöhr
Eine wichtige Produktionsstätte der Oberpfälzer Gusseisenkreuze

Als 1964 die Festschrift zum 500. Jubiläum der Gründung des Hüttenwerks Bodenwöhr erschien, aus der die nachfolgenden Informationen (ohne nähere Nachweise) entnommen sind[1], waren dem traditionsreichen Werk nur noch sieben Jahre bis zu seiner Schließung 1971 vergönnt, nachdem das Aufkommen von Kunststoffen als Konkurrenz für die traditionellen Produkte der Fabrik wie Badewannen, Waschbecken u. a. übermächtig geworden war.

In diesem Jahr 2014 jährt sich die Gründung des Hüttenwerks zum 550. Mal, Grund für den AFO, sich mit einem bestimmten, unsere Tätigkeit besonders betreffenden Produktionszweig der Eisengießerei zu beschäftigen, mit den Gusseisenkreuzen, die in ungezählten Beispielen Friedhöfe, Marterln und Wegkreuze in der Oberpfalz zierten und zieren.
1464 gründete der Hammerherr Gilg Kotz das Hüttenwerk Bodenwöhr, als er mit landesherrlicher Erlaubnis einen älteren, stillgelegten Eisenhammer vom knapp einen Kilometer entfernten Weichselbrunn zum Stauwerk Bodenwöhr verlegte. Es gehörte zum Revier Amberg, von wo das Eisenerz bezogen wurde. Ein Hüttenwerk bestand zu jener Zeit in der Regel aus einem Zerrennherd und dem Löschfeuer (zu den Produktionsweisen vgl. Blab S. 15). Stets in Privatbesitz, konnte es sich trotz des im 16. Jahrhundert zurückgehenden Oberpfälzer Bergbaus, der sich gegen die moderne ausländische Konkurrenz durchzusetzen hatte, soweit behaupten, dass der Besitzer Schreyer 1680 von Kaiser Leopold I. als Freiherrn von Blumenthal auf Grünberg in den erblichen Adelsstand erhoben wurde.[2]

1693 änderten sich die Besitzverhältnisse jedoch grundlegend durch den Verkauf Bodenwöhrs an den bayerischen Kurfürsten Max Emanuel I., was nicht nur 1695 zur Umwandlung des Bodenwöhrer Berg- und Hüttenwerks in ein kurfürstliches Bergamt mit Niedergerichtsbarkeit führte. Aufgrund seiner mangelnden Rentabilität kam es vorübergehend (1696-98) wieder in Privatbesitz, nämlich an den Bergwerkskommissar und Hofkammerrat Baron Franz Benno von Wurmb zu Trachenfels, dem es jedoch aufgrund seiner Misswirtschaft wieder abgenommen wurde. Produkte waren neben Roheisenbarren und Schmiedeeisen in erster Linie Ofenplatten, Ofenhäfen, Kessel, Glocken u.a.m.[3] Gegen Ende des 17. Jahrhunderts eröffnete das Hüttenwerk ein eigenes Eisenerzbergwerk im Gebiet des zu Kloster Walderbach gehörenden und nur wenige Kilometer nordwestlich von Bodenwöhr gelegenen Buch. Anfang des 18. Jahrhunderts wurde die Konkurrenz durch billigere Importe aus Böhmen besonders spürbar.

Die Geschichte des Eisenwerks ist durch fast alle Jahrhunderte – aus naheliegenden

Gründen – auch eine Geschichte zahlreicher Brandkatastrophen, die immer wieder das Werk oder Teile davon zerstörten. So wurde es nach einem verheerenden Brand 1756 vergrößert wieder aufgebaut und Ende des 18. Jahrhunderts bestand es immerhin aus 50 Gebäuden.
Zahlreiche Produkte gingen von hier auf Reisen, doch Gusseisenkreuze waren noch längst nicht darunter; sie sollten als Kunst- und Feingussprodukte erst sehr viel später hinzukommen. Zu jener Zeit produzierte das Werk jedoch schon viele Gegenstände des alltäglichen Lebens, aber auch Brunnenteile für Schloss Nymphenburg oder Kanonen für Mannheim in einer kriegerischen Zeit, in der für Bodenwöhr der Munitionsguss einen besonders wichtigen Produktionszweig darstellte.

Bei der Gründung des Königreichs Bayern 1806 wurde Bodenwöhr zum Kgl. Berg- und Hüttenamt und damit 1807 der Kgl. General-Bergwerks-Administration unterstellt. Der Ausbau des Werks ging Hand in Hand mit einer Weiterentwicklung alter bzw. der Einführung neuer Techniken. Bis 1813 stellten zwar Kochtöpfe, Ofenhäfen und Kessel den Hauptproduktionszweig dar, denen jedoch nach und nach viele andere Produkte an die Seite traten, die den Wandel der Zeit widerspiegeln: Neben Bügel- und Waffeleisen waren es Uhrgewichte und Löffel, oder auch die eine Zeit lang in der Baukunst beliebten Eisendachziegel.
Nach der Einteilung der drei bayerischen Hauptbergwerksdistrikte 1813 gehörte Bodenwöhr mit den Bergämtern Amberg und Kronach und den Hüttenwerken Altendorf, Hagenacker, Leidersdorf, Obereichstätt und Weiherhammer zum 1. Bezirk.
Um 1820 setzte eine Blütezeit als eines der führenden deutschen Hüttenwerke ein. Der Kunst- und Feinguss, der in anderen Teilen Deutschlands schon in Blüte stand, erlebte durch verfeinerte Techniken und Gusswaren einen Aufschwung. Nun kamen als Katalogware zahlreiche kunstgewerbliche Produkte hinzu, die der Klassizismus liebte: Grabmonumente, Treppengeländer, Brunnenbecken, Blumenständer und Denkmalinschriften, ab 1822 der Medaillenguss und ab 1829-30 Kreuze und lebensgroße Christusfiguren, die noch heute auf vielen Friedhöfen präsent sind.
Das Aufkommen des Maschinenzeitalters um die Mitte des 19. Jahrhunderts setzte neue Produktionszweige in Gang, wie Maschinen und Pumpenanlagen; doch blieb auch der Kunstguss trotz eines allgemeinen Niedergangs dieses Gewerbezweiges wichtig.
Die eigene Eisenerzgewinnung wurde 1876 wegen ihrer Unrentabilität eingestellt, was letztendlich zur Einstellung des Hochofen- und Puddelbetriebes[4] (1882 und 1887) führte. Übrig blieben Gießerei, Emaillierei und Hammerwerk, der Schwerpunkt der Produktion lag auf emailliertem Kochgeschirr.

Die erneute Vergrößerung (Aus- und Umbau des Werkes) führte ab 1906 zu einer bemerkenswerten Ausweitung des Kunstgusses, aus dem die uns berührenden Grabdenkmäler, Grab- und Flurkreuze, Brunnenbecken und Schrifttafeln hervorgingen; im Nachfolgenden bringen wir einen der Kataloge der „Cultusgegenstände" als Reproduktion zum Abdruck.[5]

Am 1. April 1927 trat ein erneuerter grundlegender Wandel ein, denn das Werk wurde „privatwirtschaftlich" umorganisiert als Teil der Bayer. Berg-, Hütten- und Salzwerke Aktiengesellschaft München (BHS), was auch eine Entstaatlichung bzw. Entbürokratisierung mit sich brachte. Gleich nach dem Ende des Zweiten Weltkrieges erlaubten die Amerikaner noch 1945 die Wiedereröffnung des unzerstört gebliebenen Werks, das in den 1950er Jahren zahlreiche Um- und Neubauten erfuhr. Die Vorkriegs-Erfolgsproduktion von Öfen, Herden, Spülbecken und Badwannen setzte sich fort, bis schließlich 1971 das Ende des Betriebes nach über einem halben Jahrtausend den drastischen Niedergang der Oberpfälzer Eisenindustrie einläutete, der auch die beiden großen Maximilianshütten in Maxhütte-Haidhof (1990) und Sulzbach-Rosenberg (2002) zum Opfer fielen.

Abb. 1 Ein bedeutendes Werk der Bodenwöhrer Gießerei von 1822 ist das klassizistische Denkmal für Generalleutnant Friedrich Freiherr von Zoller am so genannten „Studentenwiesl" in der Regensburger Ostenallee. Das Modell des Inschriftenpodests mit dem Waffentropaion schuf Joseph Hundertpfund nach einem Entwurf von Ignaz Bergmann.

Abb. 2 Die Rückseite des Zollerdenkmals mit der Ortsangabe „Bodenwöhr".

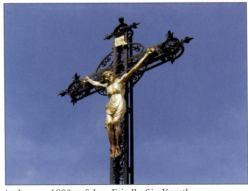

Abb. 3 und 4 Gusseiserne Kruzifixe wie der von 1900 auf dem Friedhof in Kareth (Gem. Lappersdorf, Lkr. Regensburg) stammen in vielen Fällen aus dem Hüttenwerk Bodenwöhr.

[1] Wilhelm Blab, 500 Jahre BH-Hüttenwerk Bodenwöhr 1464-1964. Eisengießerei. Emaillierwerk. Ofenfabrik. Kunststoffwerk, München 1964.

[2] Ihr Wappen befindet sich am Altar des alten Pfarrkirche St. Michael in Poppenricht (Michaelspoppenricht) auf halber Strecke zwischen Amberg und Sulzbach-Rosenberg.

[3] Wandel und Kontinuität in der Warenproduktion hat Blab passim sorgfältig überliefert.

[4] Das 1784 von dem Engländer Henry Cott erfundene Puddelverfahren war ein bis Ende des 19. Jahrhunderts gebräuchliches Verfahren zur Herstellung von Stahl, Schmiedeeisen und Schmiedestahl aus Roheisen. Vgl. Handbuch der Eisenhüttenkunde 3, Leipzig [5]1908, 195 ff.

[5] Für die Bereitstellung der Reproduktionsvorlage (Inv. Nr. 4257) und Abdruckerlaubnis danke ich Dr. Margit Berwing-Wittl, der Leiterin des Oberpfälzer Volkskundemuseums, Burglengenfeld.

Königl. Bayer. Berg- und Hüttenamt
- Bodenwöhr. -

Musterbuch
über
Cultusgegenstände

wie

Christuskörper, Madonnen, Grabkreuze, Friedhof-, Feld-, Turmkreuze, Leuchter, Weihwasserkessel u. a. m.

Inhaltsverzeichnis.

	Blatt No.		Blatt No.
Altarkreuze (Postamentkreuze)	15	Kreuztitel	5
Altarleuchter	15		
Apostelleuchter	15		
		Madonnen	4, 15
		Maria am Kreuze	1
Christuskörper	1—5	Maria mit dem Jesuskinde	4
Consolen für Statuen (Madonnen)	17, 19	Missionskreuze	16
Engelfiguren	15	Postamentkreuze (Altarkreuze)	15
Feldkreuze	17, 20	Reliefs zu Grabsteinen, Inschriften etc.	4
Flurkreuze	17, 20		
Friedhofkreuze	16, 17		
		Segnender Heiland	4
		Schilde zu Christuskörpern (Kreuztitel)	5
Gedenksteinkreuze	14, 19		
Giebelkreuze	18, 19		
Grabkreuze	5—14, 20	Turmkreuze	18, 19
Grabkreuze für Kindergräber	10, 11, 12, 14, 19, 20		
		Wandarme mit Leuchter	15
Johannes am Kreuze	1	Wandkreuzchen	15
		Wegkreuze	17, 19, 20
		Weihwasserkessel	15
Kirchturmkreuze	18, 19	Widmungstafel	14
Kreuzigungsgruppe	1		

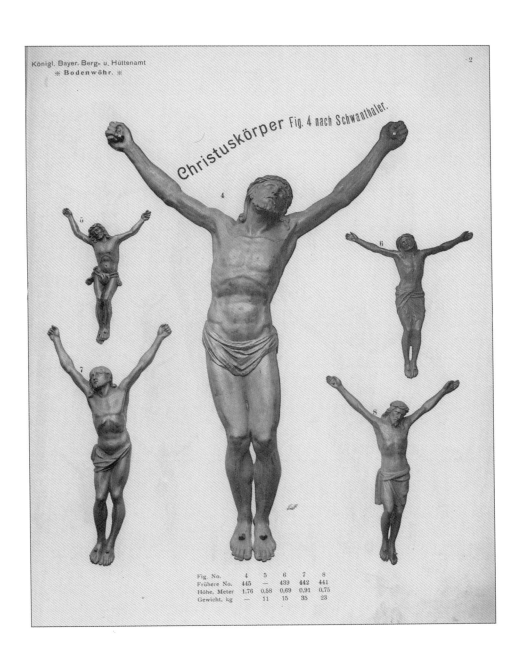

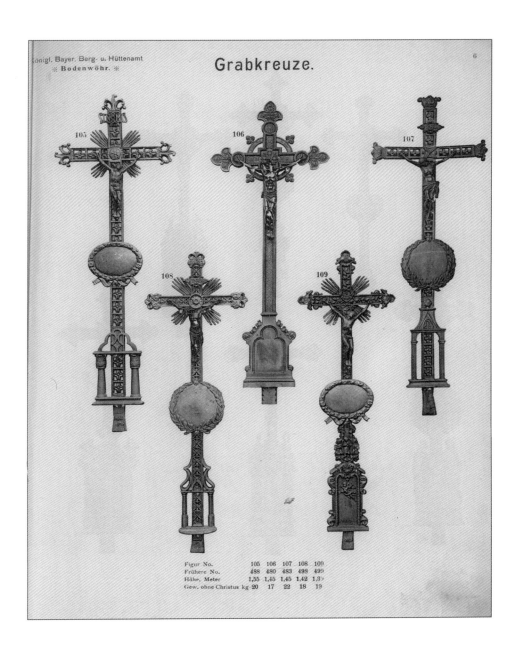

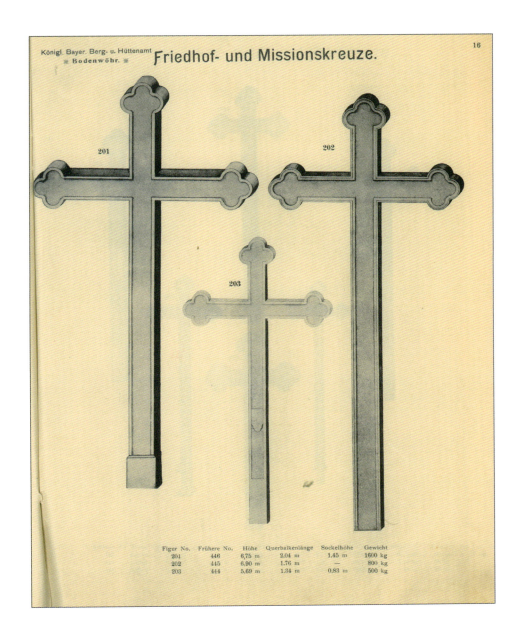

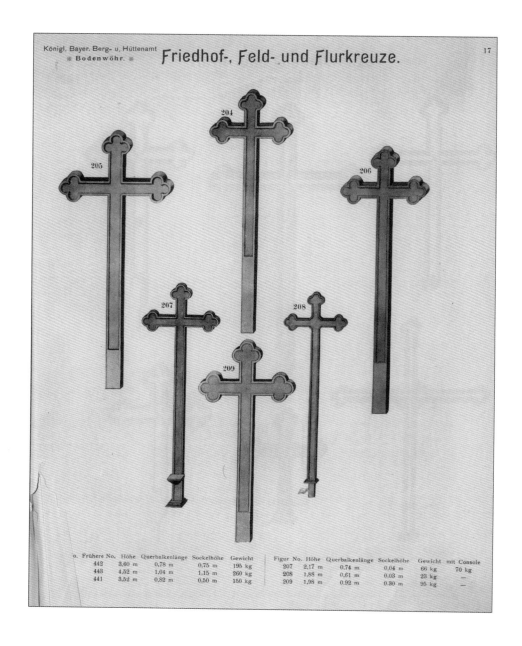

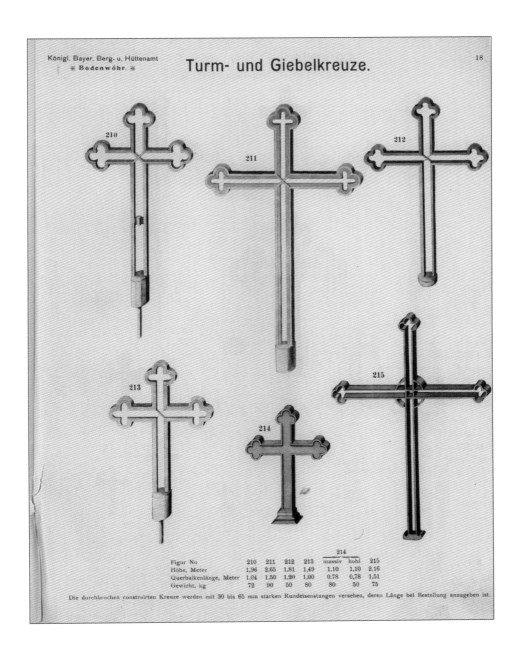

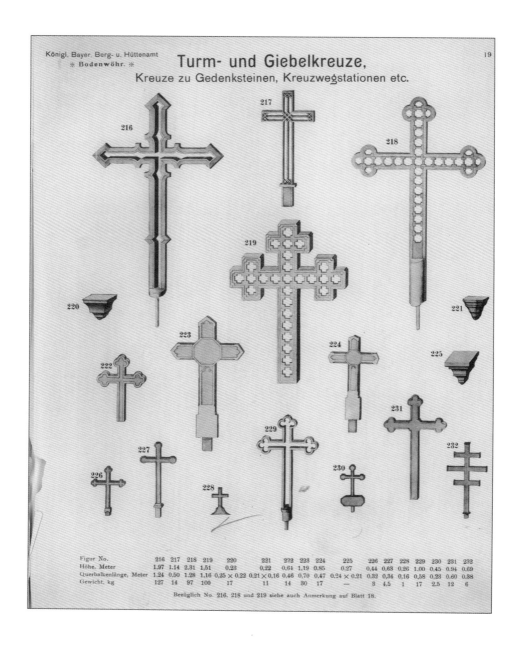

Handelsbureau der k.b. Bergwerksverwaltung M ü n c h e n

Preisliste

über Cultusgegenstände des k.b.Hüttenwerks B o d e n w ö h r.

Gegenstand	rauh	ver-goldet	Gegenstand	rauh	verg.	Gegenstand	rauh	
	M. p.Stück			M p.Stück			M.p.St.	p.%kg
Kreuzigungsgruppe			**Heiland**			**Grabkreuze**		
Fig. 1	264 -	355 -	Fig.65	80 -	188 -	Fig. m.Christus		
2	270 -					136	26	34 -
3	270 -		**Kreuztitel**			137	30	3 50
						138	9	2 80
Christuskörper			Fig.96	1 50	2 85	139	5	34 -
			97	0 85	2 10	140	19	34 -
			98	3 -	5 70	141	19	34 -
Fig. 4	193 -	273 -	99	4 -	7 -	142	29	2 70
5	3 80		100	0 60	2 60	143	29	3 50
6	19 70	42 70	101	1 10	2 60	144		5 70
7	46 -	75 70	102	1 60	3 10	145	16 -	5 -
8	29 -	62 00	103	0 50	1 60	146	16 &	
9	1 40	3 40	104	0 60	1 70	Madonna 58	5 50	
10	97 -	170 00				147 m.19		34 -
11	2 80	6 10				148		35 -
12	11 50	22 20	**Grabkreuze**		rauh	149	24	34 -
~~13~~	4 75	10 75				150	19	35 -
14	22 70	41 40		p.St.	p.%kg	151	19	34 -
15	0 85	2 45				152	28	1 15
16	2 -	4 60	Fig.91	16 50		153	28	1 80
17	1 10		92-95		35 -	154	19	35 -
18	67 -	122 00	105-109 mit			*155,156,157		34 -
19	1 35		Christus 26		34 -	158 m.26		34 -
20	2 70	7 40	110		34 -	*159&160		34 -
21	3 30	6 90	111&112		35 -	161 m.26		34 -
22	2 70		113-115		34 -	162	26	34 -
23	1 60		116	7 50		163	11 -	
24	2 70		117 m.26		34 -	164&165		35 -
~~25~~	4 40	11 10	118	24	34 -	167	0 75	
26	2 60	7 00	119	19	35 -	168	1 -	
27	0 85	2 30	120	26 &		169	0 80	
28	0 55		Mad.	57	35 -	170	1 45	
29	1 25	3 25	121 m.11 &			171	1 -	
30	2 50	4 30	Mad.	55	7 60			
			122		34 -	* mit rohem Christus		
Madonnen			123 m.17		35 -	Nr.25 und Jnschrifttafel		
			124	24	34 -	Nr.103 M.4.90 per Stück		
Fig.51	1 35		125	26	34 -	mehr; letztere vergoldet,		
52	12 -	22 50	126	19	34 -	M.7.80 mehr. Nr.155,156		
53	13 -		127	26 &		&157 mit Madonna Nr.54		
54	10 -	16 70	Mad.	57	34 -	roh M.10._ und vergoldet		
55	1 50	4 70	128 m.23		34 -	M.16.70 mehr.		
56	18 -	34 -	129	2 70				
57	1 10		130 m.26		34 -	Einzelne Teile zu		
58	0 75	1 95	131	26	34 -	Grabkreuzen, wie Schrift-		
59	1 40		132	15	2 05	tafeln, Schilder, Strahlen		
60	15 -	29 50	133	27	1 80	etc. werden zu M.50._ per		
63	33 -	61 -	~~134~~	26	34 -	%kg berechnet & Jnschrif-		
64	148 -	256 -	135	26	34 -	ten mit 10 Pfg per Buch-		
						stabe extra.		

Jm Musterbuch sind die Grabkreuze teilweise mit schöneren Christus-Figuren abgebildet, als oben angeführt. Werden diese gewünscht, so wird das Kreuz zum Gewichtspreise & die Christusfigur zum Stückpreise berechnet.

Fig.166	Widmungstafel ohne Jnschrift			roh per ℔kg M.	40.-
172	Apostelleuchter vergoldet p.St.M.9.50 „ per St. „				2.70
177	derselbe	„	14.40 „		7.40
173&176	Engelfiguren			„	13.50
174	Wandkreuz mit Christus			„	0.75
175	Weihwasserkessel dazu emailliert				1.10
180	Madonnafigur		roh		2.30

178–185	Postamentkreuze mit Christus	178	179	181	182	184	185
	roh per St. M.	5,30	3,70	4,-	6,80	10,30	14,-

186	Postamentkreuz mit Christus & Madonna roh per St. M.		14.50
187	dasselbe	„	10.80
183	Weihwasserkessel mit emaillierter Schale		11.—
	derselbe bronciert, Kreuz & Schlange vergoldet		15.50
188	Altarleuchter roh per St. M. 19.- vergoldet		25.50
201–203	Friedhof= Missions= Feld= & Flurkreuze roh per ℔kg		29.—
204–209	dieselben	„	32.—
210–216	Turm= & Giebelkreuze mit oder ohne Stange	„	32.—
217	„		34.—
218&219	„		32.—
222–224	„		34.—
226–232	„		35.—
220,221&225	Consolen		35.—
233–240	Einfache Kreuze		34.—
241,242&244	„		33.—
243&245–249	„		34.—

Werden zu den Kreuzen auch Christuskörper, Jnschrifttafeln, Madonnen und Consolen gewünscht, so wird für das Aufpassen und das Aufmontieren von Christuskörpern Figur 1 4 8 10 18 per St. M. 10.- 8.50 6.- 7.50 6.- und von Madonnen M. 2.- bis M. 3.- (sonstiges billigst) berechnet.

Jörg Gebert

Gusseisen als Werkstoff in der Kunstproduktion des 19. und 20. Jahrhunderts am Beispiel der Kunstgießerei des ehemaligen Hüttenwerks Bodenwöhr
(Bodenwöhr, Landkreis Schwandorf)

Es ist eine bekannte Tatsache, dass die Oberpfalz auf eine Jahrhunderte lange Montantradition zurückblicken kann. Reiche Erzvorkommen, große Waldgebiete und eine große Anzahl fließender Gewässer legten im Mittelalter das Fundament für eine prosperierende Eisenindustrie, die der Region zu Wohlstand und Einfluss verhalfen. Entlang der Flüsse Vils und Naab siedelten sich eine Vielzahl von eisenverarbeitenden Betrieben an. Dieses Gebiet ist heute als die Bayerische Eisenstraße bekannt. Im Laufe der Zeit entwickelten sich in der Oberpfalz aber auch abseits der Eisenstraße weitere Betriebe. Einer dieser Betriebe lag in der heutigen Ortschaft Bodenwöhr.

Heute zeugt nur noch das Magazingebäude des ehemaligen Hüttenwerks von der langen Geschichte der Eisenverarbeitung an diesem Standort, die 1464 mit der Verlegung des Weichselbrunner Hammers nach Bodenwöhr ihren Anfang nahm.[1] Dieses Hammerwerk legte schließlich den Grundstein für das älteste Hüttenwerk in der Oberpfalz.[2] Im Jahr 1693 gelangte es in kurbayerischen Besitz. Da das noch junge Hüttenwerk Bodenwöhr wenig erfolgreich war, wurde es schon drei Jahre später wieder verkauft.[3] Schon 1699 wurde es wegen Misswirtschaft seinem neuen Eigentümer wieder entzogen. Seit diesem Vorfall blieb das Hüttenwerk Bodenwöhr unter staatlicher Observanz.[4] Das Werk lief dann als „Berg- und Hüttenamt Bodenwöhr" und später als „Kgl. Berg- und Hüttenamt Bodenwöhr".[5] Im Jahr 1927 wurden alle staatlichen Hüttenbetriebe in Bayern von der „Bayerischen Berg-, Hütten-, und Salzwerke AG" (BHS) übernommen. Während des 2. Weltkriegs wurde in Bodenwöhr Munition produziert und in der Nachkriegszeit wurden vor allem zivile Güter, wie Öfen oder andere gusseiserne Haushaltsgegenstände produziert. Die gusseisernen Produkte, wie Badewannen oder Kochtöpfe, waren aber bald nicht mehr zeitgemäß und wurden durch andere, aus moderneren und preiswerteren Werkstoffen, beispielsweise Kunststoff, produzierten Waren verdrängt.[6] Diese Entwicklung läutete schließlich den Niedergang des Hüttenwerks Bodenwöhr ein. Es wurde im Jahr 1971 entgegen des erbitterten Widerstands der Belegschaft geschlossen.[7]

Bis zu seiner Schließung wurde im Hüttenwerk Bodenwöhr, das in der Zwischenzeit als Zweigbetrieb des Hüttenwerks in Weiherhammer geführt wurde, noch im kleineren Maßstab Kunstguss produziert. Der restliche Bestand aus der Kunstgussproduktion wurde dann nach Weiherhammer verbracht, wo er mehr oder minder unbeachtet auf dem dortigen Werksgelände gelagert wurde. In den 1980er Jahren wurde Dr. Helmut Wolf vom Verein der Freunde und Förderer des Bergbau- und Industriemuseums Ostbayern e.V. auf dieses einmalige Zeugnis der Industriegeschichte Ostbayerns aufmerksam.[8] Schließlich gelangte der Förderverein in den Besitz dieser mehr als 1.400 Teile umfassenden Sammlung.

Durch diese Rettungsaktion konnte die größte zusammenhängende Sammlung von Kunstgussprodukten aus der Fertigung in Bodenwöhr aufgebaut werden. Sie umfasst Friedhofs-, Grab- und Feldkreuze, Madonnen in verschiedenen Ausführungen, Heiligenfiguren, Christuskorpusse in verschiedenen Größen und Ausführungen, mehrere vollständige Sätze gusseiserner Kreuzwege, profane Statuen, Wappen, Ofen- und Reliefplatten, Treppengeländer, Teile von Gartenbänken, Zaunsäulen und mehrere teils aufwändig verzierter Öfen. Außerdem konnte so noch eine beachtliche Anzahl von Modellen, die die Urform für die gusseisernen Kunstobjekte bildeten, für die Nachwelt erhalten werden. Dabei sind neben handgeschnitzten Formen für Ofenplatten, großformatige Formen für sakrale Figuren aus Bronze oder Messing auch moderne Kunststoffmodelle aus der letzten Zeit der Kunstgussproduktion in Bodenwöhr zu finden.

Die Sammlung wurde auf Kosten des Vereins aufgearbeitet, professionell fotografiert und katalogisiert. Schließlich brachte der Verein die Stücke in einem eigens dafür angemieteten Depot in Theuern unter.

Dem Verein der Freunde und Förderer des Bergbau- und Industriemuseums Ostbayern e.V. war es schon lange ein Anliegen, diese einmalige Sammlung in einem entsprechenden Rahmen der interessierten Öffentlichkeit präsentieren zu können. Im Jahr 2013 fanden die Verantwortlichen in der Gemeinde Bodenwöhr einen geeigneten Partner für die langfristige Realisation dieses Vorhabens. Die Gemeinde bemüht sich schon seit mehreren Jahren um die Aufarbeitung seiner über 700-jährigen Montangeschichte.[9] So hat sich für den Verein die Möglichkeit geboten, die Gusseisensammlung einem musealen Zweck zuzuführen. Als Grundstock für das spätere Museum wurde der Gemeinde im Mai 2013 das komplette Material aus dem Theuerner Depot zur Verfügung gestellt. In einer aufwändigen Transportaktion wurden die Stücke in ihre „alte Heimat" zurückgebracht.

Dr. Helmut Wolf vom Verein der Freunde und Förderer des Bergbau- und Industriemuseums Ostbayern e.V. erarbeitete ein Konzept für die „Erlebniswelt Industriekultur Bodenwöhr". Neben kulturellen und touristischen Gesichtspunkten umfasst es auch eine wissenschaftliche Begleitung, die für eine umfassende Erforschung der Gusseisensammlung Sorge trägt. Im Rahmen seiner Dissertation wird sich Fördervereinsmitglied Jörg Gebert am Institut für Kunstgeschichte der Universität Regensburg mit der Geschichte des Bodenwöhrer Hüttenwerks und der kunsthistorischen Betrachtung der einzelnen Exponate beschäftigen.[10] So zeigt sich die Historie der Fertigung von Kunstguss im Hüttenwerk Bodenwöhr äußerst vielfältig. Im Folgenden soll nach einem kürzeren geschichtlichen Überblick die Idee und das Konzept zur Erforschung des Bodenwöhrer

Kunstgusses vorgestellt werden.

Im 20. Jahrhundert sorgte, wie eingangs erwähnt, die Produktpolitik der Verantwortlichen bei der BHS für den Niedergang des Hüttenwerks. Eine weitaus glücklichere Hand besaßen hingegen die Verantwortlichen für das Werk knapp 150 Jahre früher.

Nachdem Anfang des 19. Jahrhunderts hauptsächlich „Kochhäfen, Ofenhäfen und Kesseln den Hauptzweig der Fabrikation ausmachten, konnte das Werk nicht weitergedeihen."[11] So wurde unter der Leitung von Franz de Paula Bergmann in den Jahren 1814/15 das Produktportfolio drastisch erweitert. Von nun an sollten auch „Luxusartikel"[12] gegossen werden. Kurz nach dieser Angebotserweiterung begann man in Bodenwöhr mit der Herstellung von Verzierungen für Öfen.[13] Insgesamt 20 verschiedene Dekore standen nach kurzer Zeit für die interessierten Kunden zur Verfügung. 1816 wurden auch schon gusseiserne Kandelaber gegossen. Daneben wurden in der folgenden Zeit auch Grabmonumente, Brunnenbecken und Baluster produziert. Damals namhafte Künstler lieferten ebenfalls ihre Entwürfe für gusseiserne Objekte. So fertigte der Münchner Bildhauer Franz Jakob Schwanthaler Verzierungen für Grabdenkmäler und Öfen.[14] Regionale Künstler, wie der Regensburger Bildhauer Joseph Hundertpfund und dessen Sohn, arbeiteten ebenfalls für das Bodenwöhrer Werk.

Mitte des 19. Jahrhunderts hatte sich der Kunstguss des Hüttenwerks Bodenwöhr, nun unter Leitung von Bergmeister Eberhard Joseph von Streber, auch gegen seine Mitbewerber aus dem Ausland behaupten können und erreichte ihre „besondere Blüte".[15] Der Bodenwöhrer Betrieb musste sich hierbei mit Eisenhütten aus Preußen, Österreich, Sachsen und Böhmen messen.[16]

So wurden Objekte nach den Entwürfen von Leo von Klenze oder Dominikus Quaglio gefertigt.[17] So stammten unter anderem die ehernen Kandelaber vor dem Münchner Nationaltheater, Treppengeländer in der Münchner Residenz und zwei Brunnen auf Schloss Hohenschwangau aus dem Oberpfälzer Werk.[18]

Der Werkstoff Gusseisen war auch in der zeitgenössischen Architektur äußerst beliebt, denn er eröffnete den Baumeistern teilweise komplett neue Möglichkeiten zur Gestaltung ihrer Bauten. Da gusseiserne Stützen filigraner als ihre Pendants aus Stein ausfallen konnten und wegen der höheren Druckfestigkeit des Materials stabiler waren, konnten viele Bauwerke mit erheblich schlankerer Gestalt realisiert werden. Als ein geeignetes Beispiel hierfür kann die 1841 von Friedrich von Gärtner, damals königlich bayerischer Oberbaurat und Direktor der Akademie der Bildenden Künste in München, entworfene Trinkhalle in Bad Kissingen genannt werden. Große Teile dieses Gebäudes stammten ebenfalls aus den Hallen des Hüttenwerks Bodenwöhr.

Bedauerlicherweise sind viele dieser Kunstgussobjekte nicht mehr erhalten. Sie wurden entweder, wie die Trinkhalle im Kurpark von Bad Kissingen im Jahr 1909, abgerissen oder fielen den Zerstörungen des Zweiten Weltkrieges zum Opfer, wie die Kandelaber vor dem Nationaltheater in München.

Die hier skizzierten großformatigen Objekte zeugen von einem hohen handwerklichen und technischen Können in dem Bodenwöhrer Betrieb. Auch wenn sie von bekannten zeitgenössischen Künstlern entworfen und an prominenten Stellen in ganz Bayern aufgestellt wurden, bildeten sie einen zwar Aufsehen erregenden, aber doch den kleineren Teil der dortigen Kunstgussfertigung.

Das Hauptgeschäft in diesem Bereich bestritt das Hüttenwerk jedoch mit kleinformatigen Gussstücken.[19] Das Angebot umfasste Objekte, die im sakralen oder profanen Bereich Verwendung fanden. In den Katalogen des Betriebes wurden unter anderem kunstvoll gearbeitete Teile für Treppengeländer, Ofenplatten mit verschiedenen antikisierenden oder floralen Motiven, Teile für Gartenbänke, Schmucktafeln und die bereits erwähnten aufwändig verzierten Öfen aufgeführt.

Glauben und Religiosität waren in der Bevölkerung des 19. Jahrhunderts noch tief verwurzelt. Es bestand auch eine große Nachfrage nach Gegenständen mit sakralem Charakter. Daher wurden in Bodenwöhr auch eine große Anzahl von Heiligenfiguren, Christuskorpusse oder Kreuzen für Kirchen, Klöster und Privatpersonen angeboten.[20] Das Material Gusseisen war vor allem für eine Benutzung im Außenbereich dieser Einrichtungen geeignet. Ebenso fanden sich große Friedhofskreuze und komplette Kreuzigungsgruppen im Angebot des Hüttenwerks.

Zu diesen sakralen Objekten können auch gusseiserne Grabkreuze und Grabeinfassungen gezählt werden. Sie waren in unterschiedlicher Form und Gestalt verfügbar. Dabei wurde auch immer dem Geschmack der jeweiligen Stilepoche entsprochen. Im Laufe der Zeit waren hier sowohl historistische, gotisierende oder auch fein gearbeitete Biedermeier- und Jugendstilformen im Angebot.

Fast alle gusseisernen Grab- und Feldkreuze, die in Oberpfälzer Fluren und Friedhöfen aufgestellt sind, sollen aus der Bodenwöhrer Fertigung stammen.[21]

Um die Bodenwöhrer Erzeugnisse gewinnbringend auf den Markt zu bringen, wurde schon frühzeitig ein durchaus dichtes Vertriebsnetz geschaffen.[22] Die Gussprodukte konnten über „Gußwaren-Niederlagen in München, Regensburg, Bamberg, Neuburg, Nürnberg, Augsburg, Münchberg, Passau, Amberg, Erlangen und Schweinfurt"[23] bezogen werden. Diese Dependencen deckten den ganzen Bereich Bayerns ab.

Ein weiterer Aspekt für den Erfolg des Kunstgusses aus dem Hüttenwerk Bodenwöhr könnte auch der wirtschaftliche Aspekt für den Käufer gewesen sein. Im Laufe der

Kunstgussproduktion hatte sich das Formenrepertoire stetig erweitert.[24] Den interessierten Kunden bot sich so die Gelegenheit, schnell und bequem ein Produkt, sei es ein Kruzifix oder eine pittoresk dekorierte Ofenplatte, auszusuchen. Der Erwerb von Kunst war nun durch die industrielle Fertigung für eine breiter angelegte Klientel möglich. So konnten sich nun kleinere Pfarreien oder kunstinteressierte Bürger Stücke, die von damals bekannten Künstlern wie Franz Jakob Schwanthaler gestaltet wurden, ebenfalls leisten.[25]

Der Begriff „industriell" ist in diesem Zusammenhang in gleichem Maße passend und irreführend zugleich. Er erweckt den Eindruck, dass es sich bei den Bodenwöhrer Kunstgussobjekten um billige Massenware handelt. Auch wenn die Stücke nun seriell produzierbar waren, konnte die Fertigung eines dieser Objekte durchaus mit großem Aufwand verbunden sein.

Der Guss von Ofen- und Reliefplatten oder kleineren Figuren war weniger aufwändig. Solche Objekte waren meistens als einfacher Vollguss ausgeführt. Zum Guss der Platten wurden meist offene Sandformen benutzt. Dreidimensionale Objekte wurden in der Regel in geschlossene Kastenformen gegossen. Hier wurden die Vorder- und die Rückseite einer Figur jeweils eingearbeitet, die sich im zusammengefügten Zustand zum Negativ für das Gussobjekt ergänzen.

Weitaus umfangreichere Maßnahmen erforderte der Guss von größeren Stücken. So konnte sich beispielsweise der Guss eines Christuscorpus, der für ein großes Friedhofskreuz gedacht war, erheblich komplizierter gestalten.

Um Material und vor allen Dingen Gewicht zu sparen, wurden diese Figuren innen hohl gefertigt, dazu die Vorder- und Rückseite eines solchen Christuskorpus jeweils separat gegossen und später dann zusammengefügt. Dabei setzten sich die Gussformen der beiden Teile wiederum aus mehreren anderen Formen zusammen.[26] So wurden der Kopf, die Arme, der Rumpf und die Beine einzeln geformt und dann zur großen Form zusammengeschraubt.

Diese komplexe Vorgehensweise musste hauptsächlich aus Gewichtsgründen gewählt werden. Ein Vollguss wäre einfach zu schwer für die Anbringung an einem Kreuz oder einem Gebäude gewesen. Eine knapp 1, 20 Meter hohe Figur hätte so durchaus mehr als fünf bis sechs Zentner auf die Waage gebracht.[27]

Die Kunstgussobjekte aus Bodenwöhr waren – trotz einer Fertigung im industriellen Maßstab und der Ausführung in einem unedlen Metall! – nicht für jedermann erschwinglich. So rekrutierte sich die Kundschaft für Ofenplatten, Treppengeländer oder Schmuckfiguren meist aus wohlhabenden Kreisen.

Eine interessante Tatsache ist außerdem, dass die Modelle, also die Urform für die Gusseisenstücke, teilweise aus einem edleren Material als das spätere Gussprodukt bestanden.[28] So fanden neben den obligatorischen Holzmodellen auch später Modelle aus Messing und Bronze Verwendung. Diese Metalle vereinigen sowohl die nötige Stabilität, die für die Herstellung einer Negativform von Nöten war, als auch eine gewisse Weichheit. Diese Weichheit war für die Nachbearbeitung und auch für die künstlerische Feinbearbeitung des fertigen Modells von großer Bedeutung.

Die bayerischen Hüttenwerke machten sich im ausgehenden 19. Jahrhundert vielfach gegenseitig Konkurrenz und mussten aus technischer und wirtschaftlicher Hinsicht neu organisiert werden.[29] Für Bodenwöhr war die Konzentration auf die Produktion von „emaillierter Potterie, Dauerbrandöfen, Pumpen, Gewichte, Handelsguß und Tempergußwaren"[30] vorgesehen. Die Kunstgussproduktion wurde aber weitergeführt. Die älteren Formen wurden im Angebot beibehalten und laufend durch neue Formen, die wiederum von zeitgenössischen Künstlern wie dem Bildhauer Gustav Ellert entworfen wurden, ergänzt. Außerdem führte man eine neue Linie für Friedhofskunst ein. Kreuze und Grabplatten, sowie Asche-Urnen wurden in „schlicht-schönen, ernsten Formen"[31] gestaltet und angeboten. Durch die Neustrukturierung der einzelnen Hüttenwerke konnten auch neue Absatzmärkte, auch für den Kunstguss, erschlossen werden.[32] So wurde nun in das europäische und auch das außereuropäische Ausland geliefert.[33]

Im Jahr 1927 wurde das Hüttenwerk in Bodenwöhr in die BHS übernommen. Eine neue Ausrichtung der Produktion auf emaillierte Waren und der Ausbruch des Zweiten Weltkrieges ließen den traditionsreichen Kunstguss sehr stark in den Hintergrund treten.[34] In der Kriegszeit war der Betrieb ganz auf die Herstellung von Munition ausgerichtet.

Durch die Ereignisse des Krieges ist auch 1945 die umfangreiche Modellsammlung des Bodenwöhrer Werks in Unordnung geraten und musste neu organisiert werden.[35] Viele der älteren Formen sind bereits im Laufe der vergangenen Jahrzehnte verloren gegangen. Außerdem wurden in der Vergangenheit Formen aus anderen Betrieben in die Bodenwöhrer Sammlung aufgenommen. Wegen mangelnder Aufzeichnungen lässt es sich nun schwer nachvollziehen, welche Formen tatsächlich Bodenwöhrer Ursprungs sind.

Nach dem Krieg wurde die Produktion, wie eingangs erwähnt, auf lebensnotwendige Artikel wie beispielsweise Öfen umgestellt. Der Kunstguss genoss nun keine größere Priorität mehr.
Nach der Schließung des Hüttenwerks Bodenwöhr wurden ausgewählte Stücke aus dessen Kunstgussprogramm in das Werk Weiherhammer verbracht.[36] Weiherhammer war dann das einzige Oberpfälzer Werk der BHS, das noch Kunstguss – wenn auch in einem kleineren Maßstab – betrieben hatte. Anfang der 1990er Jahre wurde auch dort die Kunstgussproduktion endgültig eingestellt.[37]

Die Forschungen zu der Geschichte und den Produkten dieses Hüttenwerks sind nicht mehr auf einem aktuellen Stand[38] und präsentieren sich eher in einem bescheidenen Umfang.

Daher soll im Rahmen einer Dissertation[39] ein neuer und aktueller Forschungsansatz betrieben werden und sich die Untersuchung hauptsächlich auf das 19. und beginnende 20. Jahrhundert konzentrieren. Die Dissertation soll in diesem Zusammenhang auch gleichzeitig als wissenschaftliche Basis für das bereits erwähnte Museumsprojekt dienen.

In dieser Arbeit wird insbesondere auf folgende Punkte eingegangen werden:

1. Geschichte des Berg- und Hüttenwesens in der Oberpfalz
2. Geschichte des Standortes Bodenwöhr
3. Kurze Geschichte des Materials Gusseisen
4. Produktportfolio des Hüttenwerks
5. Künstler und Handwerker in Diensten des Hüttenwerks
6. Entstehungsprozess eines Gusseisenobjektes
7. Katalog: Ausgewählte Objekte aus der Bodenwöhrer Sammlung (Beschreibung, Klassifizierung, Datierung, Einordnung in kunsthistorischen Kontext)
8. Ermittlung des (ideellen) Wertes dieser Sammlung für die Bereiche Zeitgeschichte, regionale bzw. überregionale Kultur und Kunst

Die Dauer der Forschungsarbeit ist auf zwei Jahre angesetzt und soll Ende 2015 abgeschlossen werden.

---

[1] Vgl. Blab, Wilhelm: Bodenwöhr. Geschichte und kulturelle Entwicklung eines bayerischen Berg- und Hüttenstandortes, Bodenwöhr 1960, S. 17f. Im weiteren Verlauf: Blab, Bodenwöhr.
[2] Vgl. Rambach, Günther: Die 50er Jahre in Amberg und der Oberpfalz. Politik, Militär, Alltagsleben, Eisenhütten, Kümmerbruck 2013, S. 268. Im weiteren Verlauf: Rambach.
[3] Vgl. Verein der Freunde und Förderer des Bergbau- und Industriemuseums Ostbayern (Hg.): Die Oberpfalz, ein europäisches Eisenzentrum. 600 Jahre Große Hammereinung. Katalog, Theuern 1987, S. 104. Im weiteren Verlauf: Die Oberpfalz.
[4] Ebd.
[5] Anm. d. Verf.: In diesem Text sollen nur die wichtigsten Stationen des Hüttenwerks Bodenwöhr kurz skizziert werden. Für eine genauere Betrachtung der komplexen historischen Ereignisse sei auf die Arbeit von Wilhelm Blab verwiesen. Vgl. hierzu Anm. 1.
[6] Vgl. Rambach, S. 270.
[7] Ebd. S. 271.
[8] Vgl. hierzu: Verein der Freunde und Förderer des Bergbau- und Industriemuseums Ostbayern e.V. (Hg.): 40 Jahre Verein der Freunde und Förderer des Bergbau- und Industriemuseums Ostbayern. e.V. Amberg 2013, S. 82 f. Im weiteren Verlauf: 40 Jahre VBIM.
[9] Vgl. hierzu Winter, Fritz: Bodenwöhr baut auf seinen Eisenschatz, in Mittelbayerische Zeitung vom 11. Juni 2013, S. 16. Im weiteren Verlauf: Winter.
[10] Vgl. 40 Jahre VBIM, S. 82.
[11] Vgl. Blab, S. 199.

[12] Ebd.
[13] Ebd.
[14] Ebd.
[15] Ebd. und Die Oberpfalz, S. 104 und Kraus, Lothar: BHS Weiherhammer. Rückblick- Produkte eines oberpfälzer Betriebes, Weiden o. A., S. 70. Im weiteren Verlauf: Kraus.
[16] Vgl. Kraus, S. 70.
[17] Die Oberpfalz, S. 104 und Kraus, S. 70.
[18] Vgl. Rambach, S. 268.
[19] Vgl. hierzu Blab, S. 198 – 248.
[20] Ebd.
[21] Vgl. Rambach, S. 268.
[22] Vgl. hierzu exemplarisch Blab, S. 202, 208, 218.
[23] Blab, S. 218.
[24] Anm. d. Verf.: Das große Repertoire an verschiedenen Formen lässt sich auch an der, im Jahr 2013 nach Bodenwöhr zurück transferierten Gusseisensammlung des Vereins der Freunde und Förderer des Bergbau- und Industriemuseums Ostbayern e.V.
[25] Vgl. Blab, Taf. 23. Aus der Feder von Schwanthaler stammt auch der Entwurf für einen Christuscorpus.
[26] Anm. d. Verf.: Der Verfasser war an der Überführung der Gusseisensammlung nach Bodenwöhr persönlich beteiligt. Bei dieser Gelegenheit wurde ihm von ehemaligen Hüttenarbeitern dieser Gussprozess, der sich seit Beginn des Kunstgusses in Bodenwöhr nicht wesentlich verändert hat, erläutert.
[27] Ebd.
[28] Anm. d. Verf.: In der Gusseisensammlung in Bodenwöhr finden sich auch Modelle, die aus Bronze oder Messing gefertigt wurden.
[29] Vgl. Blab, S. 275.
[30] Ebd.
[31] Ebd., S. 277.
[32] Ebd., S. 279
[33] Ebd.
[34] Vgl. hierzu ebd., S. 268 – 282.
[35] Blab, S. 287.
[36] Kraus, S. 70.
[37] Ebd.
[38] Anm.: Die einzige umfangreiche Forschung zu diesem Thema wurde im Jahr 1960 von Wilhelm Blab betrieben. Vgl. hierzu: Blab, Wilhelm: Geschichte und kulturelle Entwicklung eines bayerischen Berg- und Hüttenstandortes. Bodenwöhr 1960.
[39] Vgl. S. 3 dieses Textes

Literatur:

Wilhelm Blab: Bodenwöhr. Geschichte und kulturelle Entwicklung eines bayerischen Berg- und Hüttenstandortes, Bodenwöhr 1960.

Lothar Kraus: BHS Weiherhammer. Rückblick- Produkte eines oberpfälzer Betriebes, Weiden o. A.

Günther Rambach: Die 50er Jahre in Amberg und der Oberpfalz. Politik, Militär, Alltagsleben, Eisenhütten, Kümmerbruck 2013.

Verein der Freunde und Förderer des Bergbau- und Industriemuseums Ostbayern e.V. (Hg.): 40 Jahre Verein der Freunde und Förderer des Bergbau- und Industriemuseums Ostbayern. e.V. Amberg 2013.

Verein der Freunde und Förderer des Bergbau- und Industriemusems Ostbayern (Hg.): Die Oberpfalz, ein europäisches Eisenzentrum. 600 Jahre Große Hammereinung. Katalog, Theuern 1987.

Fritz Winter: Bodenwöhr baut auf seinen Eisenschatz, in Mittelbayerische Zeitung vom 11. Juni 2013

Magazingebäude des ehemaligen
Hüttenwerks Bodenwöhr
(Foto: VBIM)

Spuren des Erzbergbau rund
um Bodenwöhr (Foto: VBIM)

Plattenbild mit
Meerjungfrau (um
1820) (Foto: VBIM)

Kruzifixus auf dem Friedhof von
Bodenwöhr nach Entwurf von
Halbig 1854 (Foto: VBIM)

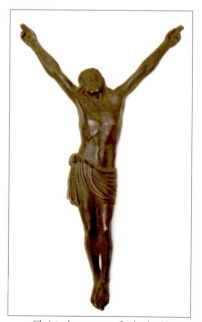 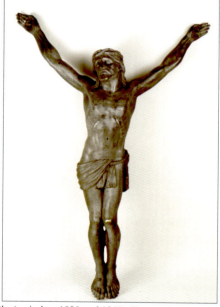

Christuskorpusse gefertigt im Hüttenwerk Bodenwöhr (zwischen 1830 und 1840) (Fotos: VBIM)

Aufnahme von Bodenwöhr mit dem Areal des ehemaligen Hüttenwerks (Foto: Fritz Winter)

Abtransport der umfangreichen Gusseisensammlung von Theuern nach Bodenwöhr

Grabkreuz (um 1860/70) (Foto: VBIM)

Abtransport der umfangreichen Gusseisensammlung von Theuern nach Bodenwöhr

Die Gusseisensammlung wurde über 20 Jahre in einem Depot in Theuern aufbewahrt.

Bernhard Frahsek

Der Gusseisen-Fundus in Bodenwöhr
(Bodenwöhr, Landkreis Schwandorf)

In den 1980er-Jahren übernahm, wie man bei Jörg Gebert nachlesen kann, Dr. Helmut Wolf vom „Verein der Freunde und Förderer des Bergbau- und Industriemuseums Ostbayern e.V. in Theuern" eine mehr als 1.400 Teile umfassenden Sammlung an Gusseisen-Produkten des ehemaligen Bodenwöhrer Hüttenwerks.
Durch diese Aktion konnte der Förderverein die größte zusammenhänge Sammlung von Kunstgussprodukten aus dieser Fertigung in Bodenwöhr aufbauen; mit dabei waren auch handgeschnitzte Formen für Ofenplatten.

An Hand der Fotos sieht man sehr gut, dass der Guss von größeren Stücken weitaus aufwändigere Maßnahmen erforderte. So konnte sich beispielsweise die Herstellung eines Christuscorpus, der für ein großes Friedhofskreuz gedacht war, durch verschraubbare Einzelteile, die separat gegossen werden mussten, erheblich komplizierter gestalten. Um Material und vor allen Dingen Gewicht zu sparen, wurden diese Figuren außerdem innen hohl gefertigt.
Glücklicherweise sind nun am Ursprungsort der Fertigung in Bodenwöhr Bestrebungen im Gange, dieses einmalige technische Dokument der Nachwelt zu erhalten und in würdigem Rahmen zu präsentieren. Als Grundstock für ein späteres Museum wurde deshalb der Gemeinde im Mai 2013 das komplette Material des Fördervereins aus dem Theuerner Depot zur Verfügung gestellt. In einer aufwändigen Transportaktion wurden die Stücke in ihre „alte Heimat" zurückgebracht.
An Hand der folgenden Fotos (Bernhard Frahsek) soll ein kleiner visueller Überblick entstehen:

Bürgermeister Richard Stabl und Dr. Helmut Wolf sichten zusammen mit dem AFO den in Containern untergebrachten Gusseisen-Schatz.

Figuren, Inschriften und Ornamente am Boden gelagert.

Sehr genau ist hier der Hohlguss zu sehen.

Kleinere Figuren lassen sich gerade noch im Korb transportieren.

Große Figuren und noch nicht zusammen geschraubte Einzelteile.

Besonders wertvoll die hölzernen Modeln, hier zum Ausformen von Ofenplatten

Gusskreuze kann man stehend leicht in großer Anzahl lagern

Trenngitter und Balkonbrüstungen gehörten auch zum Programm der Firma,

… ebenso Zäune, Treppengeländer und Ähnliches.

Werner Rühl

Gusseiserne Kruzifixe aus Nürnberg

Die Beiträge zur Flur- und Kleindenkmalforschung in der Oberpfalz für das Jahr 2014 stehen unter dem Hauptthema Gusseisen.
Es gab in Nürnberg bis zum Zweiten Weltkrieg eine Firma, die u.a. auch gusseiserne Kruzifixe vertrieb. Sie dürfte nicht allzu bekannt sein. Es handelt sich um die 1847 gegründete Eisenhandelsfirma Leonhard Carl Loesch, Nürnberg, Innere Laufergasse 6, die verschiedene Küchengeräte, Herde, Öfen wie auch gusseiserne Kruzifixe in ihrem Verkaufsprogramm hatte.
Die gusseisernen Kruzifixe bestechen vor allem durch ihre filigrane Ausschmückung und hervorragende Qualität.

Die Firma wurde im Zweiten Weltkrieg bei einem Luftangriff zerstört. Dabei wurde leider auch das Firmenarchiv vernichtet. Nach dem Krieg verlegte sie ihr Geschäft an den Lorenzer Platz 7/15 und firmiert jetzt unter dem Namen *„Küchen-Lösch GmbH"*.

1958 erhielt die Firma Küchen-Lösch GmbH vom städtischen Archiv Eichstätt ein farbiges Werbeplakat in den Abmessungen 55 x40 cm, das vom Archiv aussortiert wurde, da es nicht in dessen Sammelkonzept passte. Mit diesem Plakat wurde neben verschiedenen gusseisernen Erzeugnissen auch für gusseiserne Kruzifixe geworben. Gedruckt hat dieses Plakat die C.M. Buchner´s lith. Anstalt, es dürfte aus der Zeit um 1900 stammen.

Werbeplakat Fa. L. C. Lösch

Alle von der Firma vertriebenen gusseisernen Kruzifixe sind mit ihrem eingegossenen Firmennamen signiert:
„L. C. Loesch Nürnberg"
Leider ist nicht mehr bekannt, in welcher Eisengießerei diese Kruzifixe gegossen wurden, man kennt nur die Anfangsbuchstaben *„K.M.W."*.
Da das Werbeplakat aus dem städtischen Archiv Eichstätt stammt, ist zu vermuten, dass die Gießerei in dieser Gegend angesiedelt war.

Nach den Recherchen von Karl Dill stehen gusseiserne Kruzifixe der Firma Loesch auch nördlich von Grafenwöhr rechts der Straße in Richtung Pressath auf dem Weinbühl und auf dem Friedhof von Hahnbach (Lkr. Amberg-Sulzbach).

Gusseisen-Kreuz mit Inschrifttafel (*Firma L.C. Loesch*), westlich bei Soranger, Gemeinde Pottenstein (Landkreis Bayreuth), 1991

Gusseisen-Kreuz mit Inschrifttafel (*Firma L.C. Loesch*) mit Steinsockel, westlich bei Soranger, Gemeinde Pottenstein (Landkreis Bayreuth), 1995

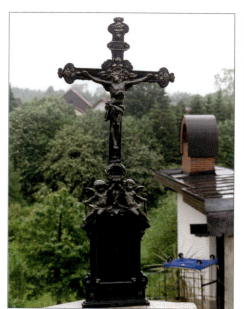

Gusseisen-Kreuz in Neubau, Gemeinde Fichtelberg: Ausschnitt mit der Inschrift „L.C. Loesch Nürnberg" (auf diesem Kruzifix ist zusätzlich hinter „Nürnberg" noch „K.M.W." vermerkt, vermutlich die Abkürzung für die in Frage kommende Gießerei)

Gusseisen-Kreuz in Neubau, Gemeinde Fichtelberg

Gusseisenkreuz (*Firma L.C. Loesch*)
mit Steinsockel in Fichtelberg

Gusseisenkreuz (*Firma L.C. Loesch*) mit Steinsockel
in Poppenreuth (Stadt Fürth) im Kirchhof,
filigrane Guss-Kunst

Gusseisenkreuz (*Firma L.C. Loesch*)
mit Steinsockel in Poppenreuth
(Stadt Fürth) im Kirchhof,
Ausschnitt mit der Inschrift
„L.C. Loesch Nürnberg".

Dieter Schwaiger und Ludwig Alzinger

Die Säulenmarter bei Obersanding
(Gemeinde Thalmassing, Landkreis Regensburg)

Nördlich der Ortschaft Obersanding in der Gemeinde Thalmassing, Landkreis Regensburg, steht ca. einen halben Kilometer außerhalb des Ortes an der Straße von Obersanding nach Luckenpaint eine steinerne Säule mit einem Eisenkreuz. Eine Inschrift auf der Säule weist auf das Jahr der Errichtung und den Namen des Mannes hin, der das Wegkreuz aufstellen ließ. Es ist in die Liste der Baudenkmäler der Gemeinde Thalmassing aufgenommen. Dort heißt es: „D-3-75-205-11 Nähe Thalmassinger Weg. Wegkreuz, Gusseisen auf toskanischer Sandsteinsäule, bez.1860. nachqualifiziert". Über die Geschichte dieses Flurdenkmals gibt es keine mündliche lokale Überlieferung. Aus der Beschäftigung mit den Quellen zu dieser Säule lässt sich jedoch die Funktion des Wegkreuzes näher bestimmen, ja man kann sogar Hinweise gewinnen, aus welchen persönlichen Gründen der einstige Tafernwirt von Obersanding Joseph Schinhärl dieses Kreuz errichten ließ.[1]

Die verkehrsgeografische Lage des Wegkreuzes
Das Kreuz kann aufgrund seiner topografischen Lage als eine typische Wegmarke bezeichnet werden. Es liegt an einer alten Hochstraße und früheren Wegkreuzung, somit ein Platz, der geradezu prädestiniert ist für eine Wegmarkierung, die ja früher immer in einen religiösen Kontext eingebunden war. Denn Wegkreuze bildeten immer sakrale und profane Zeichen zugleich. Das Kreuz stand an der ehemaligen Hochstraße, die von Luckenpaint nach Alteglofsheim führte. In der Nähe der Säule wurde diese Hochstraße von einem nordsüdlich verlaufenden Weg gekreuzt, der von Thalmassing nach Obersanding ging. Diese Straßensituation lässt sich mit der historischen amtlichen Karte des virtuellen „Bayernatlas" im Geoportal Bayern exakt verifizieren.[2] Auf der Flurkarte Thalmassings von ca. 1835 ist die Straße von Luckenpaint nach Alteglofsheim namentlich als Hochstraße ausgewiesen (vgl. die Flurnamen „Hochstraßacker" bzw. weiter nordöstlich „Auf der Hochstrasse").[2] Die ehemalige Hochstraße ist noch als Feldweg, der nördlich der Säule ostwärts verläuft, zu erkennen.

Östlich der beschriebenen Kreuzung befindet sich lt. Liquidationsprotokoll der Gemeindeflur Thalmassing von ca. 1835 ein zum Hof mit der Hausnummer 26 („Martin Hendlmeyr") in Obersanding gehörender Acker mit der Plannummer 143, der den Flurnamen „Petersäulenacker" trägt.[4] Dies stellt einen sehr interessanten Befund im Liquidationsprotokoll dar: Denn nach dem Flurnamen des Ackers zu schließen, befand sich bei dem Feld und damit auch bei der Hochstraße um 1835 bereits eine Säule, die wohl als „Peterssäule" bezeichnet worden ist. Dieser Name ist heute nicht mehr bekannt. Eine Deutung des Namens „Peter" erweist sich zunächst als schwierig (Name des Hofbesitzers, Name des Erbauers der Säule, Säule mit Statue des hl. Petrus, Bezeichnung eines Bildstocks?). Tatsache bleibt jedoch, dass um das Jahr 1835 an der Kreuzung der Hochstraße von Luckenpaint und des Weges von Thalmassing nach Obersanding im Bereich der PlNr. 143 eine Säule bestand.

Die heutige Steinmarter bei Obersanding

Heute steht im Bereich der früheren Plannummer 143 zwischen zwei großen Linden das in der Denkmalliste von Thalmassing genannte Wegkreuz. Es handelt sich dabei um eine 1,4 m hohe, runde Steinsäule aus Sandstein mit einer Basis und einem Kapitell. Auf dem Kapitell wurde ein kurzes, gefasstes Gusseisenkreuz mit Christuskorpus und Inschriftentafel mit Engelskopf und Blumenblüten eingefügt (Höhe: 75 cm), so dass die runde Säule als Sockel des Kreuzes dient. Darum kann man heute das Flurdenkmal als Steinmarter bezeichnen (der Ausdruck „Marterl" passt in seiner diminutiven Form nicht so recht zur Höhe des Denkmals). Die Inschrift am Gusseisenkreuz lautet: „Wir beten dich an Herr Jesus Christus und preisen Dich", ein heute noch gebräuchliches Gebet aus der katholischen Kreuzwegandacht.

Der hohe Sockel und das kurze Kreuz passen jedoch nicht zusammen. Das Kreuz scheint vielmehr eine spätere Hinzufügung zu sein. Auch waren um 1835 derartige Eisengusskreuze aus der Produktion des Hüttenwerkes Bodenwöhr keineswegs schon so verbreitet und allgegenwärtig wie in den darauf folgenden Jahrzehnten. Unter diesem Blickwinkel ist der ursprüngliche Name „Peterssäule" selbst eine sehr wichtige Erkenntnisquelle. Das Kapitell hätte ohne das Kreuz keinen Abschluss, es würde etwas fehlen: entweder eine Statue oder ein Aufbau für einen Bildstock. Die Säule bildet ohne das Kreuz lediglich den Schaft oder Sockel für eine nicht mehr vorhandene Statue oder einen Aufbau bzw. die Laterne eines Bildstocks. Dass der Name Peterssäule auf eine Statue oder ein Bildnis des heiligen Petrus hinweist, darf getrost vermutet werden, da die Kirche von Obersanding dem hl. Petrus geweiht ist. Auch der Dom zu Regensburg wird in der Bevölkerung als St. Peter bezeichnet.

Zerstörung und Renovierung der Steinmarter

Im November 2010 mussten die Bewohner von Obersanding mit Entsetzen feststellen, dass zwei Flurkreuze an der Gemeindeverbindungsstraße nach Luckenpaint mutwillig beschädigt wurden, eines davon war die oben genannte Steinmarter. Das Gusseisenkreuz wurde dicht über der Inschriftentafel abgeschlagen. Dank einiger Sandinger Bürger konnte das Flurkreuz wieder repariert werden und bei dieser Gelegenheit fand auch eine Renovierung statt. Herr Ludwig Alzinger schweißte im April 2011 das Kreuz wieder zusammen und der Kirchenmaler Stefan Unterholzer zog die Schriftzeichen nach, verfertigte die Inschrift unterhalb des Christuskorpus und gab dem Kreuz eine neue Fassung. Mitte Juni desselben Jahres konnte Pfarrer Schober zur Freude der Bewohner das renovierte Flurkreuz wieder weihen.

Die Inschrift

Auf der Straßenseite der Säule befindet sich eine Inschrift mit Jahreszahl. Deutlich zeigen sich im Stein Spuren der Renovierung. Auch die gotischen Schriftzeichen wurden bei der letzten Renovierung nachgezogen, weil die Schrift nicht mehr lesbar gewesen ist, und lassen sich nicht eindeutig und leicht entziffern. Man kann heute lesen:

Denkmal
von Jos
Schinhandl
[?]afernwirth
von
Ober Sanding
1869

Die Inschrift bedarf infolge der Renovierung einer textkritischen Überprüfung:
1. Die Jahreszahl ist nicht ganz sicher. Unklar ist, ob die letzte Ziffer ursprünglich eine 9 (1869), eine 8 (1868) oder eine 0 (1860) gewesen ist. Auch auf einem älteren Foto von der Säule ist die letzte Ziffer nicht mehr erkennbar. In einem Artikel über die Zerstörung des Denkmals im Mitteilungsblatt der Gemeinde vom Januar 2011 (also noch vor der Renovierung) wird die Jahreszahl 1860 genannt. In der Denkmalliste des Landesdenkmalamtes heißt es „bez. 1860". Auf der Säule zu lesen ist heute nach der Renovierung „1869", doch scheint die Jahreszahl „1860" die ursprüngliche gewesen zu sein.
2. Der 1. Buchstabe der vierten Zeile muss ein T sein, denn das Wort stellt die Berufsbezeichnung „Tafernwirt" dar. Das folgende a ist nicht exakt geschrieben.
3. Bei dem Namen „Jos Schinhandl" handelt es sich um den im Grundsteuerkataster genannten „Joseph Schinhärl". Dieser war Tafernwirt in Obersanding. Die Schreibweise des Namens variiert in den Akten.
4. Überlegungen sind auch zur Bedeutung des ersten Wortes „Denkmal" anzustellen. Der Tafernwirt wird sich sicher nicht schon zu Lebzeiten selbst ein „Denkmal" im heutigen Sinne gesetzt haben. Dass ihm die Dorfgemeinde ein Denkmal noch zu seiner Lebenszeit gesetzt hätte, erscheint ebenfalls unwahrscheinlich, da eine derartige Bedeutung des Mannes in der schriftlichen und mündlichen Überlieferung überhaupt keinen Niederschlag gefunden hat. Das Wort „Denkmal" dürfte wohl lediglich als Synonym für ein kleines Monument (Wegkreuz, Feldkreuz, Marterl, Martersäule) zu verstehen sein, also „Martersäule von Joseph Schinhärl".

Wie dem auch sei: Es muss heute angenommen werden, dass Joseph Schinhärl im Jahr 1860 keine neue Steinmarter errichten, sondern die alte Peterssäule erneuern ließ, indem er ein gusseisernes Kreuz auf dem Kapitell der Säule befestigen und an der Säule eine Inschrift an-bringen ließ.

Biografie des Joseph Schinhärl
Um Aufschlüsse auf die Hintergründe einer Martersetzung gewinnen zu können, muss man Kenntnisse über die Biografie der Person haben, die sie errichten ließ. Über Joseph Schinhärl ist nicht viel bekannt.
Das Leben des Tafernwirtes verlief nicht spektakulär, aber auch nicht ohne Tragik und

schwere Schicksalsschläge.[5] Er wurde am 26.5.1818 in Eglofsheim (= Alteglofsheim) als Kind des Bauern Andreas Schinhärl und dessen Ehefrau Theresia geboren und lebte bis 1851 in Alteglofsheim. 1851 heiratete er seine Braut Anna Furthmeier, Bauerstochter von Hagelstadt. Andreas Schinhärl hatte ein Vermögen von 4000 fl, seine Ehefrau brachte 2000 fl mit in die Ehe. Er machte sich in Obersanding ansässig und kaufte am 7. Juli 1851 mit seiner Gattin von Joseph Schmied um 9000 fl das dortige Wirtshaus mit der Hausnummer 31 (das ehemalige Mesnerhaus).[6] Es bestand aus dem Wohnhaus mit Stallung und Stadel, einem Backofen und Hofraum (PlNr. 69 a). 1852 stellte er beim Landgericht Stadtamhof den Antrag um eine Tafernwirtskonzession im erworbenen Wirtshaus in Obersanding, in dem seit 1827 eine Taferngerechtigkeit bestand. Diese wurde ihm auch zugebilligt.[7] 1867 erweiterte er das Wohnhaus mit einem angebauten Gewölbe.[8] Seine Leben gestaltete sich durchaus erfolgreich, was man an der Zahl und Größe seiner Felder sehen kann. Die Tragik seiner Existenz lag jedoch darin, dass er keinen männlichen Erben bekam und zwei Töchter bereits kurz nach der Geburt starben: Seine erste Tochter Anna Maria im Jahr 1852, seine zweite Tochter Maria Anna im Jahr 1855. 1856 wurde ihm schließlich die dritte Tochter Franziska geboren. Doch auch dieser war kein langes Leben beschieden. 1876 erlag sie erst 20jährig einem Tuberkuloseleiden. Aus diesem Grund wohl verkaufte Joseph Schinhärl noch im selben Jahr sein Wirtshaus an Anton Neumeier und dessen Braut Anna Englbrecht und verließ Obersanding. Wo er sein Lebensende verbrachte und begraben liegt ist nicht bekannt.

Mehr konnte über sein Leben nicht ermittelt werden. Warum er im Jahr 1860 auf der Peterssäule ein Kreuz errichten ließ, bleibt letztlich ein Geheimnis: Hat er sich betend und opfernd an Gott gewendet, um doch noch einen gesunden männlichen Nachfolger zu bekommen? 1860 war Joseph Schinhärl 42 Jahre alt. Oder war es die Sorge um die Gesundheit seiner damals 4jährigen Tochter und einzigen Erbin, die zur Errichtung der Martersäule geführt hat? Sein Wunsch nach einem gesunden Erben ist ihm nicht in Erfüllung gegangen. 1876 verließ er ohne Nachkommen Obersanding und verkaufte seinen Besitz. Der Tod seiner noch jungen Tochter muss für ihn ein schwerer Schicksalsschlag gewesen sein.

Vor diesem biografischen Hintergrund kann die Steinmarter bei Obersanding heute noch als ein Symbol für die verborgenen Sehnsüchte und Hoffnungen vieler Menschen stehen, die an dem Denkmal des Joseph Schinhärl vorübergehen oder mit dem Auto vorbeifahren und das Kreuz der Hoffnung nur im Unbewussten wahrnehmen.

---

[1] Hinweis des Autors Dieter Schwaiger: Seit Jahren beschäftigte sich Herr Ludwig Alzinger von Obersanding mit der Geschichte des Kleindenkmals. Seine Eltern sind Nachbesitzer des einstigen Wirtshauses von Obersanding, Petersweg 3, und Herr Alzinger zeigt deshalb ein besonderes Interesse an der Erforschung und Erhaltung des Flurdenkmals. Mein Dank gilt auch dem Ortsheimatpfleger von Thalmassing, Herrn Raffael Parzefall, für die Mithilfe bei den Recherchen.
[2] Vgl. Geoportal der Bayerischen Staatsregierung (http://geoportal.bayern.de/geoportalbayern/).
[3] Vermessungsamt Regensburg, Flur Thalmassing (Dank an Herrn Parzefall für die Besorgung des Flurplans).
[4] Vermessungsamt Regensburg, Liquidationsprotokolle der Gemeinde Thalmassing.
[5] Im Folgenden: Bischöfliches Zentralarchiv Regensburg, Matrikel der Pfarrei Thalmassing; Staatsarchiv Am-

berg, Kataster Regensburg II, 924 ff.; Landgericht ä.O. Stadtamhof 1893.
[6] Staatsarchiv Amberg Kataster Regensburg II, 924.
[7] Staatsarchiv Amberg, Landgericht ä.O. Stadtamhof 1893.
[8] Das Haus wurde 1891 von dem damaligen Eigentümer Xaver Obermeier neu gebaut. (Vgl. Kataster im StA Amberg)

Abb. 2: Zerstörtes Wegkreuz bei Obersanding (Gemeinde Thalmassing); Foto: Georg Alzinger

Abb. 3: Erneuertes Gusseisenkreuz bei Obersanding (Gemeinde Thalmassing); Foto: Dieter Schwaiger

Abb. 1: Wegkreuz bei Obersanding (Gemeinde Thalmassing); Foto: Dieter Schwaiger

Dieter Schwaiger

„Christuskorpus – lebensgroß und in Eisen gegossen"
Ein Beitrag zur Erforschung der Eisengusskunst im
Bayerischen Berg- und Hüttenwerk Bodenwöhr (1830 - 1860)

Das Kreuz ist das wichtigste Zeichen der christlichen Religion. Es kann mit einem Christuskorpus versehen sein oder nur aus den Kreuzbalken bestehen und auch künstlerisch in vielen Materialien und Formen gestaltet sein. Das Kreuz symbolisiert den Tod und die Auferstehung Jesu Christi als Kern der christlichen Botschaft und ist für den gläubigen Menschen ein Zeichen der Hoffnung auf Erlösung und ewiges Leben. Besonders auffällig und eindrucksvoll sind Hochkreuze mit mächtigen Balken, an denen die Figur des leidenden Jesus in Lebensgröße hängt. Seit dem frühen 19. Jahrhundert wurden lebensgroße Christusskulpturen populär, die aus Eisen hergestellt und vergoldet waren. Industriell gefertigt entwickelten sie sich fortan zu einem preisgünstigen Massenprodukt der sakralen Kunst. Man begegnet ihnen heute noch auf Schritt und Tritt in Kirchenräumen und unter freiem Himmel, besonders in Friedhöfen, an Straßen und Wegen oder auf Bergeshöhen. Der wichtigste Produktionsort für gusseiserne Christuskorpusse für ganz Ostbayern war das Hüttenwerk Bodenwöhr im südlichen Landkreis Schwandorf, wo noch bis zum Jahr 1971 Gusseisenwaren produziert wurden. Im Folgenden sollen die Anfänge der Herstellung und Verbreitung von gusseisernen Christuskorpussen näher untersucht werden. Die wichtigsten Quellen hierzu bilden die Rechnungsbücher des Berg- und Hüttenamtes Bodenwöhr aus der 1. Hälfte des 19. Jahrhunderts, in denen die Produktion und der Verkauf von Christuskorpussen in den Jahreseinnahmebüchern verzeichnet sind. Gefragt werden soll aber auch, welche technischen Voraussetzungen für die Produktion von zentnerschweren gusseisernen Christusfiguren notwendig waren und aus welchen Gründen diese sakralen Kunstobjekte bei den Kirchenverwaltungen, den Kommunen und bei der Bevölkerung beliebt waren.[1]

1. Eisen, Eisenguss und Industrialisierung
1.1 Gusseisen als neuer Werkstoff für Kunstobjekte
Das Rohmaterial für die Herstellung der lebensgroßen Christusskulpturen war Gusseisen. Darunter versteht man im Hochofen gewonnenes Roheisen, das nach einem Umschmelzungsprozess in Formen gegossen wird. Es kann völlig unabhängig vom Betrieb eines Hochofens in Schachtöfen hergestellt werden. Gusseisen hatte als Werkstoff zur Produktion von Kanonen und Munition, Öfen und Glocken schon seit dem 15. Jahrhundert große Bedeutung, später wurden auch Gusswaren für den privaten und gewerblichen Gebrauch (Häfen, Kessel, Rainen) hergestellt. Durch den Guss verzierter Eisenplatten für Kamine, Öfen, Brunnen und Grabmale fand der Eisenguss auch Eingang in die Kunst. Seine Blütezeit erlebten das Gusseisen und der Eisenguss doch erst mit der Industrialisierung im Maschinenbau und in der Architektur. Gusseisen verdrängte zunehmend Holz als Werkstoff im Gerätebau, wurde unabdingbar für den Bau von

Maschinen (Dampfmaschinen, Pumpen, Lokomotiven, Hochöfen) und fand auch im Bauwesen vielfache Anwendung wie z.B. zur Fertigung von Eisenbrücken. Durch die Verbesserung des Feingusses ließ sich auch eine große Bandbreite von Kunstprodukten aus Gusseisen herstellen. Statuen, Grabmonumente, Kreuze, Reliefbilder, Ofenplatten, Medaillen, Treppengeländer und Kandelaber waren beliebte Objekte.[2] Das technologisch Neue war, dass diese nun industriell gefertigt werden konnten.

1.2 Industrielle Produktion von Kunstgusswaren
Die Produktion von Kunstgusswaren erfolgte in Fabriken unter großem Kapitaleinsatz.[3] Eisengießereien wurden neben den Hüttenwerken eigenständige Produktionsstätten. Enormes technisches und naturwissenschaftliches Wissen, Forschung und Erfindungsgeist waren nötig, um planvoll und rational qualitätsvolle Kunstgüter für den profanen und sakralen Bereich herzustellen. Kunst und Handwerk verbanden sich zu hochentwickelten Produktionsprozessen für innovative Kunstformen oder an alten Traditionen orientierte Gestaltungsmuster. Gegossen wurde im 19. Jahrhundert in Stilformen des Klassizismus, der Neugotik, des Historismus und des Jugendstils. Die Wiederverwendung der Gussformen ermöglichte eine serienmäßige Produktion zu erschwinglichen Preisen für eine breite bürgerlich-städtische Käuferschicht, die ihre Kunstgüter aus dem Katalog bestellen konnte.

1.3 Entwicklung des Eisenkunstgusses in Deutschland
Der Eisenkunstguss gelangte in Deutschland im 19. Jahrhundert zu seiner Blütezeit.[4] Preußische Eisengießereien in Berlin, Schlesien und im Rheinland wetteiferten um führende Positionen auf dem deutschen Markt, der durch die Gründung des Deutschen Zollvereins 1834 vereinheitlicht wurde. Auch österreichische Werke in Böhmen und der Steiermark stellten hochwertige Konkurrenzprodukte her. Besondere Bedeutung erlangten die „Königlich preußische Eisengießerei Berlin" (gegr. 1769, Höhepunkt 1804-1873), für die bedeutende Künstler wie Christian Daniel Rauch, Gottfried Schadow und Karl Friedrich Schinkel Entwürfe für Plastiken und Monumente entwarfen, das sächsische Hüttenwerk Lauchhammer, in dem 1784 zum ersten Mal ein Figurenguss für große Statuen im Hohlgussverfahren gelang[5], dann die Sayner Hütte bei Koblenz (gegr. 1769) und die preußische Gießerei Gleiwitz in Schlesien (gegr. 1796). Als «fer de Berlin» (Berliner Eisen) wurden die Produkte der Berliner Eisengusswerke weltweit vertrieben. In Bayern fand vor allem die Gießerei des «Königlichen Berg- und Hüttenamtes Bodenwöhr» in der Oberpfalz Anschluss an die führenden Gießereien in ganz Deutschland. Ihre Blütezeit bestand von 1813 – 1849.[6] Weitere Werke in Bayern befanden sich in Obereichstädt, Lohr am Main, Sonthofen und Bergen.[7]

2. Voraussetzungen für die Produktion und Verbreitung der lebensgroßen Christuskorpusse
Für den großen Erfolg des Eisenkunstgusses im Königlichen Berg- und Hüttenamt Bodenwöhr um die Mitte des 19. Jahrhunderts lässt sich eine Reihe verschiedener

Gründe ausfindig machen, die in einen gesamteuropäischen Entwicklungsprozess eingebunden waren. Einige grundlegende Faktoren für den Erfolg des Eisengusses im 19. Jahrhundert sollen hier skizziert werden.

2.1 Die Gewinnung von Gusseisen in modernen Kupolöfen

Unter einem Kupolofen versteht man einen „Schachtofen von 4 - 10 m Höhe und 300 - 1500 mm lichter Weite, der in der Eisengießerei als Schmelzofen dient".8 In dem Kupolofen wird Roheisen in Gusseisen umgeschmolzen, das dann durch ein Stichloch im unteren Teil des Ofens nach Bedarf abgeschöpft und zum Guss verwendet werden kann. Mit diesem in Eng-land entwickelten Ofentyp ließ sich viel dünneres und reineres Gusseisen herstellen als im Hochofen. Ein Kupolofen konnte mit Koks oder Holzkohle bestückt werden und erreichte hohe Schmelztemperaturen mittels eines Gebläses. In Bodenwöhr wurden im Jahr 1822 zwei moderne englische Kupolöfen hergestellt und betrieben, die mangels Koks mit Holzkohle befeuert wurden.[9] Das gewonnen Gusseisen konnte nun auch für künstlerische Feinformen verwendet werden.

2.2 Einführung des Kastensandformens und des Hohlgusses

Neben der Herstellung von feinflüssigem Gusseisen bildete die Verbesserung der Formenherstellung eine entscheidende Bedingung für die Entwicklung des Eisenkunstgusses.[10] War die Herstellung von hochwertigem Gusseisen in erster Linie ein wissenschaftliches und technisches Problem, so kommen bei der Gussformherstellung noch künstlerisch-schöpferische und ästhetische Anforderungen hinzu. Man benötigte dazu Architekten, Bildhauer, Zeichner und Modellbauer. Während man in den früheren Jahrhunderten hauptsächlich mit Lehm als Modellmaterial gearbeitet hatte, ging man im 18. Jahrhundert zur Verwendung von nassem Sand in Kastenformen über.[11] Reliefdarstellungen und kleinere dreidimensionale Gussobjekte wurden im so genannten Herdguss- oder Vollgussverfahren hergestellt. Dazu verwendete man Holzkästen, in denen in ein ebenes Sandfeld gedrückte Holzmodelle als Gussformen dienten. Seit der Erfindung des Hohlgusses von Figuren im Kastenverfahren mittels zerlegbarer Gussmodelle aus verschiedenen Materialien und der Verwendung von Sandkernen zur Erzeugung von Hohlräumen im Jahr 1813 war es nun auch möglich, dünnwandige Großplastiken seriell und kostengünstig herzustellen.[12] Durch Hohlräume wurde das Gewicht einer Statue wesentlich reduziert. Die Anfänge des Kunst- und Fein-gusses reichen schon in das 18. Jahrhundert in England zurück.[13] In Deutschland begann man damit 1725 in der Gießerei in Lauchhammer in Sachsen, 1798 folgten Gleiwitz und 1804 Berlin, wo der Kunstguss zu besonderer Feinheit gebracht wurde. In Bodenwöhr führte der neue Werksleiter Franz de Paula Bergmann ab 1813 den Sandguss ein, nachdem er die Sandgießerei in Schlesien genau studiert hatte.[14] Die Gusstechnik konnte immer mehr verfeinert werden: 1818 wurde die Man-telkernformerei in Sand für Figuren und Vasen eingeführt.[15] 1829 begann man schließlich mit dem Statuenguss im Hohl-gussverfahren, das die Produktion großformatiger Plastiken ermöglichte.[16] Nun begann man in Bodenwöhr auch Christuskorpusse oder Heiligenfiguren in Lebensgröße herzustellen.

2.3 Verfahren zur Veredelung der Oberfläche von Gusswaren

Nach dem Entfernen des Gussstückes aus der Form muss es gereinigt, geputzt, mit z.T. feinsten Werkzeugen nachgearbeitet und seine Oberfläche muss mit Leinöl, Wachs und Kienruß behandelt werden. Der schwarze Farbauftrag, der nun entsteht, verschönert nicht nur die Oberfläche, sondern dient auch dem Rostschutz. Um der Oberfläche eine wertvollere Erscheinung zu geben, wurden Kunstgusswaren vergoldet oder bronziert, d.h. mit einer Metallschicht überzogen. Die dazu notwendigen Verfahren haben Chemiker und Metallurgen seit den 20er Jahren entwickelt (im Hüttenwerk Bodenwöhr seit 1822)[17], ebenso die Fertigkeit, Gusseisen zu emaillieren (in Bodenwöhr seit 1818)[18]. Zum Vergolden von Christuskorpussen erhielt das Hüttenwerk 1831 eine eigene Werkstatt.[19] Doch wurde das Vergolden meist von den Käufern bei einheimischen Malern in Auftrag gegeben.[20]

2.4 Einsatz von Fachexperten und Künstlern von Rang

Für den Erfolg des Bodenwöhrer Eisenkunstgusses waren nicht zuletzt herausragende Persönlichkeiten verantwortlich. Zu nennen wären dabei zuerst die Betriebsleiter, die als Beamte des Bayerischen Hüttenwerkes in Bodenwöhr eingesetzt und für das gesamte Management zuständig waren: Franz de Paula Bergmann (1812-1824) hatte entscheidenden Anteil am Aufstieg des Eisengusswerkes Bodenwöhr zu einer der führenden Eisengießereien in ganz Deutschland.[21] Er hatte mit der Errichtung von zwei modernen Kupolöfen und der Entwicklung des Sandgusses die technischen Grundlagen für den konkurrenzfähigen Eisenguss geschaffen, er erweiterte das Sortiment an Eisengusswaren, produzierte nicht nur Gebrauchsgüter, sondern auch Luxusartikel und studierte die Eisengießereien in Schlesien und Böhmen, die damals noch die führende Stellung im Deutschen Bund einnahmen. Ferner hat er den Absatz durch die Errichtung von Kommissionslagern in den größeren Städten Bayerns zielstrebig organisiert. Schließlich förderte er die Produktion durch die Errichtung einer Emaillieranstalt für Eisengusswaren in Bodenwöhr und führte auch den Medaillenguss ein. Abgelöst wurde er von Joseph Eberhard von Streber (1824-1849), unter dem das Werk eine wirtschaftliche und kunstgewerbliche Blütezeit erlebte.[22] Dieser begann 1829 mit dem Guss von lebensgroßen Statuen im Hohlgussverfahren. Von 1849 bis 1870 leitete Johann Baptist Rat das Hüttenwerk und die Gießerei in Bodenwöhr und führte das Unternehmen mit großem Erfolg, der Zenit des Kunstgusses in Bodenwöhr war jedoch unter seiner Führung schon überschritten.[23] Im künstlerischen Bereich muss vor allem hervorgehoben werden, dass München im frühen 19. Jahrhundert ein bedeutendes Zentrum der klassizistischen Kunst bildete und viele bedeutende Künstler hervorbrachte, die auch für den Eisenkunstguss Entwürfe für Grabplatten, Grabmonumente, Grabkreuze, kleine Christusfiguren, Dekorationen, Leuchter, Geländer, Medaillons, Tierfiguren, Büsten und Statuen lieferten. Dies gilt besonders für die Münchner Künstlerfamilie Schwanthaler (Franz Jakob Schwanthaler, Franz Anton Schwanthaler und Ludwig Schwanthaler).[24]

Die Verbindung Bodenwöhrs mit der klassizistischen Kunst in München zeigt sich auch darin, dass der Oberfaktor Bergmann von Bodenwöhr 1823 eine zweiwöchige Reise nach München unternahm, um die Fortschritte der Kunst kennenzulernen.[25] Weitere bedeutende Künstler, die als Bildhauer und Modelleure arbeiteten, waren Joseph Hundertpfund und sein Sohn Heinrich Hundertpfund, Karl Schmaus, Johann Baptist Stiglmayer, Anton Horchler, Johann von Halbig, Alexander von Heideloff u.a.[26] Bedeutenden Anteil an dem Erfolg hatten auch die Modelleure der Münchner Porzellan-Manufaktur, die für die Gießerei zahlreiche Gusskerne in Gips herstellten.

2.5 Moderne Vertriebsformen

Die neuen Produkte des Hüttenwerkes Bodenwöhr wurden der Fachwelt und der Öffentlichkeit auf bayerischen Industrieausstellungen präsentiert, welche die Leistungsfähigkeit der bayerischen Industrie demonstrieren sollten. Ausstellungen sorgten auch dafür, dass die hergestellten Industriekunstprodukte landesweit bekannt wurden. Industrieausstellungen waren somit auch Plattformen der Werbung für Produkte und Betriebe. In München fanden 1821, 1822, 1823, 1827, 1828, 1834 und 1835 Industrieausstellungen statt, die vom Polytechnischen Verein organisiert wurden.[27] Erstmals beteiligte sich das Hüttenwerk 1822 an der Industrieausstellung in München mit einer breiten Palette von Eisengusswaren, darunter befanden sich an Kunstgussobjekten: ein schwarz lackiertes Monument mit vergoldeter Dekoration (Grabmal), zwei Büsten des bayerischen Königspaares sowie sieben gegossene Medaillons mit sakralen und profanen Motiven.[28] Der Fortschritt der Kunstgießerei in Bodenwöhr war vor allem in der Industrieausstellung von 1835 zu bewundern: Ausgestellt wurden ein Grabmonument, ein Heiligenrelief und ein Christuskorpus in Lebensgröße. Von diesen Ausstellungsstücken heißt es in einem Regierungsbericht: *„Das Grab-Monument ist von einer solch schwierigen Composition aus ebenen Flächen, Figuren, Ornamenten und Schriftzügen, und in allen seinen Theilen so fleißig und genau passend zusammengefügt, daß es aus einem Stücke, statt aus mehr als 12 Theilen zusammengesetzt scheynt. Auch die Bronzirung kann gelungen genannt werden. Aehnliche Grab-Monumente von verschiedenen Formen und zwei bis sechsmal größerem Umfange und reichen Verzierungen wurden zu Bodenwöhr schon nach Bestellung zur vollen Zufriedenheit mit gleich großer Akuratesse und Reinheit der Formen ausgeführt. Daß Bodenwöhr aber auch im eigentlichen Kunstgusse Fortschritte gemacht und darin jene Fertigkeit errungen hat ... haben das vorgelegte Relief von hl. Evangelisten Johannes und ein Christus am Kreuz in Lebensgröße genügend dargethan. Das Relief ist schwarz gefirnißt, das Christus-Bild aber gleich dem Grab-Monumente bronzirt. Die Relief sowie die Christus-Figuren finden bereits ziemlich Absatz, indem manche Stadt- und Landgemeinde mit Letzterer ihren Gottesacker ziert."*[29] 1840 wurden auf der Industrieausstellung in Nürnberg zwei Statuen ausgestellt, der heilige Bischof Virgil und der heilige Rupert. Im amtlichen Bericht hierzu hießte es: *„Das k. Eisenhüttenwerk zu Bodenwöhr hat zwei Heiligenstatuen von 5 ½ Fuß Höhe ausgestellt, die rein und scharf gegossen und als vollkommen gelungen zu betrachten sind."*[30] Die

Gipsmodelle hierzu hat die Nymphenburger Porzellanmanufaktur 1839 nach einem Modell Schwanthalers hergestellt.[31] Schließlich wurde auf der „Allgemeinen deutschen Industrie- und Gewerbeausstellung" in München 1854 eine lebensgroße Christusfigur von 1,87 m Körpergröße „*als Repräsentant(...) des Kunst- und Statuengusses*" in Bodenwöhr ausgestellt.[32]

Neu an den Vertriebsformen der in Bodenwöhr industriell hergestellten Eisenkunstwaren waren Werkskataloge, aus denen der Kunde die gewünschten Artikel nach Nummern bestellen konnte. Im Jahr 1822 gab die General-Bergwerks-Administration in München zum ersten Mal einen Katalog mit lithografierten Abbildungen der vorzüglichsten Eisengusswaren heraus, die in den königlich bayerischen Hüttenwerken gegossen wurden.[33] Dieser Katalog wurde in den Jahren 1828, 1831 und 1837 mit Abbildungen weiterer Gusswarenerzeugnisse fortgesetzt. Die Kataloge enthielten auch die angebotenen Eisenkunstgusse, v. a. Grabmonumente und Gedächtnistafeln, Grabkreuze in verschiedenen Formen und Größen, mit und ohne Sockel sowie Christuskorpusse. Der Katalog ist heute in der Bayerischen Staatsbibliothek unter dem Titel „Abbildung der vorzüglichen Eisenwaaren, welche auf den königlich Bayerischen Eisenhüttenwerken gegossen werden, XXIX Blätter, 1831" vorhanden.[34] Ein weiterer Katalog ist in den Akten des Hüttenamtes Bodenwöhr überliefert (vgl. den Artikel von Peter Morsbach in diesem Band).[35]

Ferner hat das Hüttenamt Bodenwöhr in Bayern ein Netz von Niederlassungen aufgebaut. Eisenhändler verwalteten die Lagerbestände und verkauften in Kommission Eisengusswaren an die Kunden im ganzen Land. Niederlassungen gab es seit den 20er Jahren in München, Nürnberg, Augsburg, Regensburg Passau, Straubing, Amberg, Bamberg, Schweinfurt, Erlangen, Würzburg und Bayreuth.[36] Auch in Weiherhammer wurde 1827 ein Kommissionslager für Eisengusswaren aus Bodenwöhr errichtet.[37]

2.6 Akzeptanz des neuen Werkstoffes Gusseisen für künstlerische Objekte

Eisen und Stahl wurden in der Industrialisierung zu den wichtigsten Rohstoffen und die Montanindustrie zum Leitsektor der industriellen Produktion. Mit dem ungeheuren Bedeutungszuwachs des Eisens erfolgte auch ein Wandel in Mentalität und Kunstgeschmack, indem sich die Einstellung zum Werkstoff Eisen wandelte. Waren die barocken Grabdenkmäler vom Stein als künstlerischem Material bestimmt, so erfuhren durch die Industrialisierung Eisen und Stahl eine starke Aufwertung und genossen fortan eine besondere Wertschätzung. Rauchende Schornsteine und Hochöfen waren noch nicht wie heute aus ökologischen Gründen mit einer negativen Notation behaftet, sondern galten als sichtbare Zeichen des Fortschritts. In Eisen und Kohle lag die wirtschaftliche Zukunft eines Landes. Auch eiserne Grabmonumente in städtischen Friedhöfen spiegeln den technischen Fortschritt der Zeit und zeigen somit einen Geschmackswandel im Bewusstsein des aufstrebenden Besitz- und Bildungsbürgertums. Noch im 18. Jahrhundert waren Steingrabmale und schmiedeeiserne Kreuze auf den Friedhöfen nur für eine höher stehende und reiche Bevölkerungsschicht bestimmt. Gegen Ende zeigt sich ein Geschmackswandel in der Friedhofskultur in der Abkehr von barocken

Epitaphien mit ihrer „Memento mori"-Metaphorik. Die barocken Grabdenkmäler vorwiegend von Adeligen in Kirchen und Kirchhöfen wurden von bürgerlichen und adeligen Grabdenkmälern in neuen Friedhöfen außerhalb der Stadt abgelöst, die in klassizistischen Formen als steinerne und gusseiserne Grabmonumente mit figuralem Schmuck und Inschriftenplatten hergestellt wurden. Klassizistische Formen in Stein und Gusseisen bestimmten den bürgerlichen Geschmack von 1780 bis 1830 in der Kunst. Die Rechnungsbücher des Hüttenwerkes Bodenwöhr nennen zahlreiche Namen von Persönlichkeiten, für die Grabmonumente seit den 20er Jahren des 19. Jahrhunderts gegossen wurden. Die Personen gehören dem Adel und dem gehobenen Bürgertum an. Ihre Grabmonumente repräsentierten den gewandelten Kunstgeschmack der gesellschaftlichen Elite.[38]

Gusseiserne Grabkreuze mit und ohne Christuskorpus, oft mit Maria, bestimmten zunehmend die Grabfelder der städtischen Friedhöfe und damit auch die Produktion im Hüttenwerk Bodenwöhr. Ein Blick in den bekannten und sehenswerten alten Friedhof von St. Peter in Straubing kann diese Feststellung bestätigen. Der Produktkatalog des Bayerischen Hüttenwerkes Bodenwöhr von 1822 bietet unter der Nummer XIX „Grabkreuze in drei Sorten" (Kreuze zu ½, ¼ und 3 Zoll Dicke) und unter der Nummer XX „Monumente in sechs Formen" an. Jedes Grabkreuz ist mit einem Christuskorpus versehen, ein Modell mit Christuskorpus und Maria. Der Katalog von 1828 enthält unter der Nummer III „Monumente", „Begräbnistafeln" und „Crucifixe" größerer Sorte und kleinerer Sorte mit Postament. Das künstlerisch geformte Eisen war auch ein sehr haltbares und widerstandfähiges Material, das bevorzugt in freien Anlagen wie Friedhöfen vorzügliche Verwendung fand. Während Holzkreuze morsch wurden und verfaulten und auch Steinkreuze und steinerne Grabdenkmäler vor Verwitterungseinflüssen nicht geschützt waren, garantierten gusseiserne Kreuze, Grabplatten, Monumente, Statuen, Christuskorpusse und Dekore eine lange Haltbarkeit. Außerdem kam das schlichte Schwarz der Monumente und Plastiken dem Stilempfinden des Klassizismus sehr entgegen.[39] Die Möglichkeit der Vergoldung und Bronzierung machte Gusseisen darüber hinaus zu einem edlen Material. Daraus resultiert die Beliebtheit von vergoldeten Christuskorpussen an Friedhofskreuzen seit 1830.

2.7 Wandel der Kunst- und Religionspolitik im Zeichen der Romantik
Nachdem im Zeitalter der Aufklärung die Vernunft als Quelle der Erkenntnis und Maßstab der Moral und der Kunst dominierte, erfolgte zu Beginn des 19. Jahrhunderts mit der Säkularisation von Kirchengütern, der Beseitigung des Prälatenstandes und der Klosterkultur auch die staatliche Zurückdrängung der barocken Formen der Volksfrömmigkeit, die sich in unzähligen Kapellen, Kreuzen und Bildstöcken entfaltet hatte. Doch mit der Regierungszeit König Ludwigs in Bayern begann eine neue religiöse Ausrichtung der Staatspolitik im Zeichen der Romantik. Religion wurde als Erziehung des Volkes gesehen und gefördert. Die antikirchliche Tendenz der Aufklärung wurde durch eine Frömmigkeitsbewegung abgelöst, die sich am christlichen Mittelalter orientierte. Ab 1830 begann eine neue Phase im Bau von Kirchen, in der Wiederbelebung von

Klöstern, Wallfahrten und Heiligenverehrung. Es entstanden neue Kalvarienberge, neue Kreuzwege in freier Landschaft, der Bau von Feldkapellen erlebte besonders ab 1840 eine neue, vor allem marianisch akzentuierte Blütezeit. Nun wurden die gusseisernen Feldkreuze als Flurkreuze oder Marterl auf dem Lande sehr populär, die in Bayern noch heute in großer Zahl zu finden sind und bis in die Zeit des Zweiten Weltkriegs eine gängige Form des Flurkreuzes bildeten.

3 Christusfiguren in Lebensgröße aus der Bodenwöhrer Produktion (1829-1860)

Im Folgenden sollen die Produktion lebensgroßer Christuskorpusse für Hochkreuze und deren Käufer in der Zeit von 1829 bis 1860 untersucht werden. Die Grundlage bilden die Rechnungsbücher des Hüttenwerkes im Staatsarchiv Amberg, die auch in der Monografie von Wilhelm Blab verwendet wurden. Alle diesbezüglichen Angaben Blabs sind noch einmal am Original überprüft worden. Es wird jedoch darauf hingewiesen, dass die Nennungen von Blab keinen Anspruch auf Vollständigkeit erheben dürfen. Ferner wurde versucht, neben den Rechnungen auch Quellen über die Rezeption der neuen Kunstwerke in der Bevölkerung bzw. in den Medien aufzufinden, zu erschließen und auszuwerten. Im Interesse des AFO (Arbeitskreis für Flur- und Kleindenkmalforschung in der Oberpfalz) wurde jeweils ergänzt, ob die damaligen Denkmäler noch heute bestehen.

Im Geschäftsjahr 1829/30 ist im Hüttenwerk Bodenwöhr der Statuenguss eingeführt worden *„und zwar hohl und mit durchaus gleichmäßiger Eisendicke"*.[40] Die lebensgroßen Christusfiguren für Hochkreuze fanden in der folgenden Zeit zunehmend Absatz und wurden in der Bevölkerung beliebt. Sie waren auch von hervorragender technischer Qualität und gingen auf Entwürfe bedeutender Künstler zurück.

3.1 Das Hochkreuz auf dem Kalvarienberg bei Deggendorf

Im Jahr 1830 wurde ein Hochkreuz mit gusseisernem Korpus für die Stadt Deggendorf produziert. Es kann als erstes Exemplar dieser Art bezeichnet werden und sein Verkauf kann anhand von Akten im Stadtarchiv Deggendorf gut untersucht werden.

Das Kreuz und der Christuskorpus wurden vom Hüttenamt Bodenwöhr in Eisen gegossen und nach Deggendorf geliefert, wo es auf dem Kalvarienberg aufgestellt wurde. Das gusseiserne Kruzifix mit der lebensgroßen Christusfigur erregte damals so viel Aufsehen, dass es in einem zeitgenössischen landeskundlichen Buch über das Königreich Bayern aus dem Jahr 1832 Erwähnung fand. Dort heißt es:

„Wer je nach dem gewerbsamen Ort Deggendorf ... kommt, der steige den Kalvarienberg hinan, welcher mit dem Stadtpfarr-Friedhofe zunächst in Verbindung stehet, und beschau daselbst das herrliche Christusbild von Gußeisen, welches erst am 14. September 1830 als am Kreuz-Erhöhungs-Feste feierlich aufgestellt worden ist. Dies herrliche Kunstwerk, größtenteils durch freiwillige Beiträge der edlen Bewohner von Deggendorf bestritten, und aus der kgl. Eisengießerei zu Bodenwöhr hervorgegangen, stellt den Heiland in Lebensgröße dar, den Blick gegen den Himmel gerichtet. Das Kreuz, massiv von Eisen gegossen, und 25 Schuh lang, wiegt 26 Zentner 90 Pfund. Der Schild über dem

Haupte Christi 25 Pfund. Das Christusbild selbst, hohl gegossen und vergoldet, wiegt 2 Ztr. 50 Pfd. Dies schöne Denkmal religiösen Sinnes und bayerischer Kunst (denn es ist die das erste Bild von so bedeutender Größe, welches in Bodenwöhr verfertigt wurde), ziert würdig die Stätte und gewährt weithin dem Schiffe auf dem Donaustrome, sowie dem Wanderer auf dem Lande einen tröstlich, erhebenden Anblick".[41]

Der Text beruht auf einem Bericht, den der Magistrat von Deggendorf am 14. September 1830 verfasst und an die Redaktion der Zeitung „Das Inland" in München zur Publikation geschickt hat. Das Originalschreiben ist im Aktenbestand des Stadtarchivs Deggendorf noch vorhanden.[42]

Ein besonderes Merkmal dieser Christusfigur ist der nach links geneigte Kopf des Heilands mit nach oben in den Himmel gerichtetem Blick. Der Künstler hat den Moment dargestellt, in dem Christus seine letzten Worte spricht, die in den Evangelien unterschiedlich wiedergegeben werden. Am besten passen zu dieser Darstellung die von Markus 15,34 überlieferten Worte Jesu: „*Mein Gott, mein Gott, warum hast Du mich verlassen?*" Die Klageworte stammen aus dem 22. Psalm (aramäisch «*Eloi, Eloi, lama sabachtanei?*"), den gläubige Jude Jesus sterbend als Gebet gesprochen hat.[43] Das Urbild dieser Darstellung bildet Michelangelos Kruzifix für Vittoria Colonna um 1540.[44] Eine Abbildung dieses Modells ist im Katalog des Berg- und Hüttenamtes Bodenwöhr von 1898/1900 enthalten wird dort als „*Christuskörper nach Schwanthaler*" bezeichnet.[45] Wie noch zu sehen sein wird, wurde diese Form des Christuskorpus zwischen 1830 und 1860 im Hüttenwerk Bodenwöhr am häufigsten produziert und verkauft. Da der Name Schwanthaler ohne Vornamen genannt wird, geht aus der Quelle nicht hervor, welcher Künstler aus der Familie Schwanthaler der Schöpfer des Entwurfs war. Er könnte sowohl von den Bildhauern Franz Anton (+ 1833) oder Franz Xaver (+ 1854) als auch von dem bekannten Bildhauer und Schöpfer der Bavaria in München Ludwig Schwanthaler stammen, der in den 20er Jahren in der Werkstatt seines Onkels arbeitete. Franz Anton und Ludwig Schwanthaler führten nach dem Tod von Franz Jakob Schwanthaler im Jahr 1822 dessen Atelier in München fort, unterstützt wurden sie von Franz Xaver Schwanthaler.[46] In der kunstgeschichtlichen Literatur gibt es, soweit dem Verfasser bekannt, keinen Hinweis auf diesen Christusentwurf, und im Rahmen dieser Arbeit kann dieser Frage auch nicht weiter nachgegangen werden. Es genüge die Aussage, dass das Modell in Gips im Atelier der Künstlerfamilie Schwanthaler hergestellt wurde. Aus dem Schriftverkehr zwischen dem Magistrat von Deggendorf und dem Werkmeister Streber von Bodenwöhr, erhalten im Stadtarchiv Deggendorf, wissen wir auch genau, wann und wie dieses Modell entstand: Das von Schwanthaler hergestellte Gipsmodell wurde von Johann Baptist Stiglmaier im Sommer 1829 in der königlichen Erzgießerei in München in Erz gegossen und dann nach Bodenwöhr geliefert, wo man den Guss noch im selben Jahr für den Magistrat von Deggendorf herstellte.[47] Johann Baptist Stiglmaier war Leiter der Königlichen Erzgießerei in München und damit für den Guss verantwortlich.[48] Er hat mehrere Modelle für Bodenwöhr in Erz hergestellt.[49]

Der Deggendorfer Magistrat konnte sich mit dieser Darstellungsweise Schwanthalers zuerst nicht anfreunden, als der Hüttenchef Streber in einem Brief das Modell und dabei den nach oben gerichteten Blick beschrieb.[50] Lieber hätten die Mitglieder des Magistrats einen Christus mit gesenktem Haupt (wie man es vermutlich von dem Vorgängerkreuz gewohnt war) bekommen wollen. Sie kauften jedoch dennoch den Korpus, nachdem Streber keinen anderen lebensgroßen Christus anbieten konnte und sie von der künstlerischen Qualität der Darstellung überzeugt hatte.[51] Streber selbst, der Werkleiter von Bodenwöhr, war von dem Modell des lebensgroßen Christuskorpus, das der Bildhauer in München angefertigt hatte, mehr als begeistert und bezeichnete es im Schriftverkehr mit dem Magistrat von Deggendorf sicherlich nicht nur aus verkaufspsychologischen Gründen als „meisterlich" und als „ausgezeichnet schön".[52] In der Tat handelt es sich um eine klassizistische Darstellung des sterbenden Christus, der noch im Moment des Todes und des schwersten Leides („Mein Gott, mein Gott, warum hast du mich verlassen") Ruhe und Harmonie (vgl. das Ideal der antiken Plastik Winckelmanns „von edler Einfalt und stiller Größe") ausstrahlt.[53] Auch der Körper ist trotz der Qualen und Verwundungen in seiner natürlichen Schönheit ideal ausgeprägt.

Das Kreuz wurde vom Deggendorfer Magistrat beim Hüttenwerk in Bodenwöhr in Auftrag gegeben, finanziert haben es Deggendorfer Bürger durch Spendengelder. Das neue Kreuz aus Gusseisen sollte ein altes, schon stark vermodertes Holzkreuz auf dem Kalvarienberg ersetzen. Am 10. September 1830 wurde das Kreuz aufgestellt und am Tag der Kreuzerhöhung (14. September) feierlich eingeweiht. Der Magistrat schilderte in dem Bericht an die Redaktion des Tagblattes «Das Inland» in München den Ablauf der Weihe: *„Heute an dem H.Kreutz Erhöhungs Tage fand dahier eine seltene feyerlichkeit statt. Es wurde auf dem Kalvarienberge, welcher mit dem Stadtpfarrkirchhofe zunächst in verbindung steht statt des bisher hölzernen ein neues Christusbild von Gußeisen aufgestellt und heute nach einem feyerlichen Hochamte in der Stadtpfarrkirche öffentlich eingeweiht. Hiezu begab man sich in Prozession, welcher die Schuljugend, sämtliche Geistlichkeit im Kirchenornate, Beamte, der ganze Stadtmagistrat und eine große Menge Volks beywohnte, unter dem Geläute der Glocken und Abfeuern der Pöller, auf den Kalvarienberg. Die Chorsänger sangen einen Hymnus, die Schuljugend ein Lied, worauf der Herr Dechant und Stadtpfarrer Michael Hafner die Einweihung vorgenommen und eine passende kraftvolle Rede gehalten hat. Die Schuljugend sang hierauf den 2. Theil ihres Liedes und der Zug begab sich in nemlicher Ordnung in die Stadtpfarrkirche zurück. Dieses Christusbild bleibt ein schönes Denkmal des religiösen und stets auf Verschönerung gerichteten Sinnes der Bewohner von Deggendorf, welche durch freywillige Beyträge großentheils die Kosten deckten, und gereicht seine Verfertigung der königl. Eisengießerei zu Bodenwöhr, aus welcher es hervorging, zum besonderen Ruhme, denn die Zeichnung Christi, in Lebensgröße, den Blick gegen den Himmel gerichtet, ist vortrefflich. und der Guß läßt durchaus nichts zu wünschen übrig. Ein Elaborat bayerischer Kunst, übertrifft es in jeder Beziehung jenes Christusbild, welches Herr Graf von Preysing vor einigen Jahren Österreich verfertigen und an öffentlicher Landstraße unweit Plattling aufstellen ließ, und ist jenes auch schon von darum merkwürdig, weil es das erste dieser Art ist, welches in Bodenwöhr verfertigt wurde. Das Kreutz ist massiv von Eisen gegossen, 25 Schuh lang und wiegt 26 Zentner*

90 Pfund. Der Schild über dem Haupte Christi 25 Pfund. Das Christusbild selbst hohl gegossen wiegt 2 Zentner 50 Pfund. Diese Figur ziert würdig die Stätt, wo einst (zu Ende des 17. Jahrhunderts) der kayserlich österreichische Hofrath Kaspar Amann, ein geborener Deggendorfer unter vielen Opfern den Kalvarienberg mit Figuren von Stein, die in Wien von Händen eines großen meisters verfertigt wurden, errichtet, die aber im Jahr 1804 in folge mißdeuteten Befehles und aufgeregter leidenschaft zerstört worden sind. Weithin gewährt es dem Schiffer auf dem Donaustrome wie dem Wanderer auf dem Lande einen schönen Anblick, und wird der späten Nachwelt den religiösen und Verschönerungssinne der jetzigen Bewohner Deggendorfs beurkunden."[54] Überliefert ist auch, dass die Aufstellung des Gusseisenkreuzes eine schwere und gefährliche Arbeit gewesen ist. Es musste hierzu *„eine eigene Vorrichtung zum Emporziehen gemacht werden"*, d.h. um das schwere Kreuz aufstellen zu können.[55] Auch über die Kosten des Kreuzes sind wir sehr genau unterrichtet.[56] Der Werksleiter Streber machte einen Kostenvoranschlag für das Kreuz (ausgehend von 22 Fuß Höhe und einem Gesamtgewicht von 29 – 30 Zentner):

- Fracht von Bodenwöhr nach Regensburg   15 fl
- ein vergoldeter Christuskorpus   152 fl
- Kreuz   250 fl
- Emballage (Verpackung)   5 fl
                                                                                 ----------   422 fl

Das Modell wurde zu einem Erfolgsmodell der Bodenwöhrer Christuskorpusse und in den folgenden Jahren vielfach verkauft. Es erscheint, wie bereits oben erwähnt, als Abbildung in einem Katalog des Hüttenwerkes von 1898.

Aus dem Zeitungsbericht lassen sich einige rezeptionsgeschichtliche Erkenntnisse über die „neue Kunstware" aus Gusseisen gewinnen. Um 1830 haben zum einen religiöse Motive die Erneuerung des Kalvarienbergkreuzes in Deggendorf bestimmt, die ihre Wurzeln noch in der barocken Volksfrömmigkeit und der deutlichen Ablehnung der antireligiösen Tendenzen der Aufklärung haben. Mit der Regierungszeit König Ludwigs I. begann auch wieder eine Gegenbewegung und eine Erneuerung der religiösen Gesinnung des Volkes, die sich in Deggendorf mit der Erneuerung des Kalvarienbergkreuzes und Prozessionswesens artikuliert. Ferner bot die neue Industrie für Denkmäler, Grabmäler und Statuen auch ein neues Material, das in diesem Fall dem Holz in der Haltbarkeit überlegen war. Drittens zeigt sich in der Aufstellung des Kalvarienbergkreuzes, dass im Deggendorfer Stadtbürgertum, vertreten durch den Magistrat, vergoldete Christusfiguren aus Gusseisen und eiserne Hochkreuze dem ästhetischen Empfinden und dem Geschmack der Bevölkerung entsprachen und die neuen Kultobjekte als „schöne Kunst" empfunden wurden. Schließlich äußert sich auch nationaler Stolz und patriotische Begeisterung für die Schöpfungen der bayerischen Industrie, die man – wie oben beispielhaft geäußert wurde – der österreichischen Technik und dem österreichischen Kunstgewerbe als überlegen betrachtete.[57] Damit war Kunst in der Tat auch ein Integrationsmittel für den neuen bayerischen Nationalstaat.

Mit dem Kreuz hat die Bürgerschaft von Deggendorf auch sich selbst ein Denkmal gesetzt. Dies drückt sich in der Inschrift aus, die aus in Eisen gegossenen Buchstaben bestand. Auf der Vorderseite, der Schauseite, eine christlich formulierte Aufforderung zum sozialen Zusammenhalt der Stadtgemeinde *(„Laßet uns einander lieben, wie Er uns zuerst geliebt hat. – Joh."*. Auf der Rückseite die Urheber dieses Kreuzes (*„Errichtet von der Stadtpfarrgemeinde Deggendorf – 1830"*). Damit hat sich die katholische Bürgergemeinde verewigt, als christliche, soziale, fortschrittliche und dem Schönen und Guten verpflichtete Gemeinschaft, deren Werte sich in dem Kunstwerk spiegeln.

Das Hochkreuz auf dem Kalvarienberg oberhalb der Kirche Mariä Himmelfahrt in Deggendorf ist heute noch vorhanden. Es steht nicht in der Denkmalliste der Stadt Deggendorf.

3.2 Das Gusseisenkreuz bei der Brücke über den Kaltenbach in Bodenwöhr

Im Jahr 1830 hat das Hüttenwerk Bodenwöhr eine Brücke über den Kaltenbach in Bodenwöhr erbaut. Für die Brücke wurden 13 832 Pfund (= 138, 32 Ztn. = 6916 kg = 6,916 t) Gusseisen verwendet.[58] Um 1831 wurde dann unweit der Brücke ein gusseisernes Kruzifix von 2925 Pfund (= 29,25 Zentner = 1462,5 kg = 1,462 t) errichtet. Das Gewicht entsprach in etwa dem von Deggendorf. Es kann ohne Zweifel davon ausgegangen werden, dass es ebenfalls nach dem Modell von Schwanthaler gegossen wurde. Der Kostenaufwand betrug 146 fl 15 kr. Dieses Kreuz ist heute nicht mehr erhalten. Der oberpfälzische Geschichtsforscher Schuegraf wusste noch um 1842 zu berichten: *„An dieser Brücke erhebt sich ein 36 Fuß hohes Kreuz, von welchem ein vergoldetes Christusbild von Gußeisen dem Ankömmling in der Ferne entgegenstrahlt."*[59] In Auftrag gegeben wurde das Kreuz wohl von der Gemeinde oder der Pfarrgemeinde von Bodenwöhr. Brücke und Kreuz aus Gusseisen waren damals Aushängeschilder einer modernen Zivilisation und gehörten zu den repräsentativen Bau- und Kunstwerken des Ortes, auf die man stolz war. Auch in ästhetischer Hinsicht waren sie Zeichen einer fortschrittlichen Architektur und Kunstauffassung, die zur Nachahmung anregen sollte (vgl. Schuegraf: *„ein aufmunterndes Beispiel in moderner Ästhetik"*).

3.3 Das Gusseisenkreuz auf dem Friedhof von St. Michael in Straubing

Im Geschäftsjahr 1831/32 wurde für den Magistrat Straubing *„ein lebensgroßer Christus"* angefertigt und geliefert.[60] Nachforschungen in den Ratsprotokollen 1831/32 von Straubing ergaben, dass in der Sitzung des Magistrats vom 8.6.1832 beschlossen wurde, auf dem Friedhof von St. Michael ein *„großes Crucifix von Gußeisen"* neu anzuschaffen und dort aufzustellen.[61] Der Grund war, dass dadurch der Friedhof von St. Michael als Begräbnisstätte der Straubinger Bürger attraktiver gemacht werden sollte. Die genaue Begründung lautet folgendermaßen: *„Der Friedhof von St. Peter ist im Verhältnis zur hiesigen Bevölkerung offenbar dem Raume nach zu beengt, daher ist schon vor langer Zeit ein zweiter Friedhof bey St. Michael angelegt worden, allein die religiösen Vorstellungen, die man für den St. Peter hof und gegen den St. Michaels Kirchhof hegt, sind ein mächtiges Hindernis, das Begräbnis verhältnismäßig* *auszutheilen. Der St. Peter Friedhof wird bekanntlich weit mehr besucht, er ist reich an schönen Denkmälern und religiösen Gegenständen. Es besteht daher der Glaube, daß das Andenken an die Verstorbenen besser gewahrt sey als bei St. Michael. Würde indessen der St Michaels hof durch religiöse Gegenstände verschönert werden, so würde die Abneigung gegen diesen Friedhof abnehmen. Ich halte es für besonders zweckmäßig, wenn auf diesem Friedhofe ein großes Crucifix von Gußeisen gesetzt würde. ... Das Crucifix kostet zu Bodenwöhr 90 fl und dieser Preis erscheint im Verhältniße zur Größe und der Schönheit der Darstellung sehr mäßig."*[62] Dem Antrag zur Aufstellung eines neuen Friedhofkreuzes wurde bei der Sitzung zugestimmt.

Die neue, industriell gefertigte Kunstware aus Bodenwöhr, ein lebensgroßer Christuskorpus, erscheint dem Magistrat ein geeignetes Mittel zu sein, die Attraktivität eines Friedhofes zu verbessern. Dies ist ein Indiz dafür, dass die neue Kunstform auch dem Geschmack des Straubinger Bürgertums entsprochen hat.

An dieser Stelle soll noch erwähnt werden, dass 1894 bei der Einweihung des erweiterten Friedhofs von St. Michael *„ein großes eisernes Friedhofskreuz mit vergoldeten Christusbild in Lebensgröße"* aufgestellt wurde.[63] Bei einer Begehung des alten und neuen Friedhofs von St. Michael in Straubing durch den Verfasser konnte weder im alten noch im neuen Friedhof ein Hochkreuz mit vergoldetem Christuskorpus festgestellt werden.

Allerdings wurde 1892 auf dem alten St. Petersfriedhof, der 1879 als Friedhof aufgelassen worden ist, ein neues Friedhofskreuz errichtet, nachdem ein Jahr vorher das alte durch einen Sturm umgeworfen worden war.[64] Dieses Kreuz steht heute noch und ist im Jahr 2007 von der Firma HJ. Bleyer in Rottenburg renoviert worden. Es handelt sich bei dem Korpus eindeutig um einen Guss des Münchner Modells nach dem Entwurf von Schwanthaler. Ein Bildvergleich zeigt, dass die Christusfigur mit Exemplaren von 1833 absolut gleich ist. Nicht geklärt ist, ob die Christusfigur 1892 neu angeschafft wurde oder von einem früheren Kreuz stammt. Darüber gibt auch der Restaurierungsbericht keine Auskunft.[65] Das 6,5 m hohe Eisenkreuz wurde 1892 von der Fa. Mitterer in Straubing hergestellt. Die beiden T-Träger lieferte die saarländische Firma Gebrüder Stumm (lt. Herstellungskennung „K.Gebr. Stumm N.C. 23"). Die Träger wurden von der Fa. Mitterer in Straubing weiterverarbeitet, d.h. mit Eisenblech umhüllt. Der gegossene Korpus stammt jedoch mit Sicherheit aus dem Hüttenwerk Bodenwöhr. Bei der Restaurierung des Korpus zeigte sich, dass die Figur als Hohlguss hergestellt worden ist, der Lendenschurz war jedoch eine Applikation, d.h. er war angeschraubt. Dadurch war es dem Hersteller möglich, Lendenschurze auch zu variieren. Vermutlich stammt der Korpus von einem früheren Straubinger Kreuz. Naheliegend wäre, dass es mit dem heute nicht mehr vorhandenen Friedhofskreuz auf dem alten Michaelsfriedhof identisch ist, das 1832 zur Verschönerung des Friedhofs angeschafft worden war.

3.4 Gusseisenkreuz für den Geistlichen Rat Rothfischer

Im selben Geschäftsjahr 1831/32 hat das Hüttenamt Bodenwöhr einen *„lebensgroßen Christus"* für den Geistlichen Rat Rothfischer angefertigt, weitere Angaben zur Person fehlen.⁶⁶ Der Schematismus des Bistums Regensburg von 1833 enthält den Namen des Domkapitulars Augustin Michael Rothfischer (aus dem Benediktinerorden Reichenbach). Er wurde 1775 in Roding geboren, wurde 1817 Pfarrer von Walderbach und war seit 1829 Domkapitular unter Bischof F.X. Schwäbl sowie Dom- und Stadtpfarrer. Wo er das Hochkreuz aufstellen ließ, konnte im Rahmen dieser Arbeit nicht weiter untersucht werden. Auch bei diesem Exemplar wird es sich wohl um das Christusmodell nach Schwanthaler gehandelt haben.

3.5 Das Hochkreuz im neuen Friedhof von Mantel

Besucher des Friedhofes der Marktgemeinde Mantel im Landkreis Neustadt a.d.W. werden schon vor dem Friedhofstor durch eine Tafel auf eine Besonderheit ihres Friedhofes hingewiesen: *„Das große eiserne Friedhofskreuz wurde 1833 von König Ludwig I. gestiftet als Dank dafür, dass die Manteler Bürger beim Löschen eines Brandes im Weiherhammerer Hüttenwerk geholfen haben."* Das große Friedhofskreuz mit vergoldetem lebensgroßen Korpus aus dem Jahr 1833 ist auch in die Denkmalliste der Marktgemeinde aufgenommen. In den Akten des Hüttenamtes Bodenwöhr wird die Herstellung einer lebensgroßen Christusfigur mit einem Gewicht von 278 Pfund für die Marktgemeinde Mantel im Geschäftsjahr 1832/33 aufgeführt.⁶⁷ Die Ortschronik von Mantel berichtet davon, dass 1833 der neue Friedhof angelegt wurde und dass König Ludwig I. das Kreuz als Dank dafür gestiftet habe, dass die Bürger von Mantel beim Löschen eines Brandes im Hüttenwerk von Weiherhammer halfen.⁶⁸ Auf die Stiftung des Kreuzes weist auch eine originale Inschrift im Sockel des Kreuzes hin, die mit einem Chronogramm für die Jahreszahl 1833 verbunden ist. Die Inschrift lautet: „EN CRVX SALVTIS AMORE LVDOVICI", was übersetzt bedeutet: „Siehe das Kreuz der Erlösung gestiftet von König Ludwig I.» Der Hinweis auf den Stifter ist sprachlich stark verkürzt. Das Chronogramm ergibt exakt 1833 (CVX LVI M LVDVICI: Summe = 1833). Auf der Rückseite steht die Jahreszahl «1833» ebenfalls im Sockel. Für diese Stiftung gibt es erfreulicherweise eine sehr ausführliche und detaillierte Quelle, nämlich einen Zeitungsbericht in der Münchner Zeitung «Die Bayerische Landbötin», Nr. 115 vom 10. September 1833, S. 1005. Der Text wurde von Andreas Schneider, Pfarrer von Neunkirchen bei Weiden, verfasst. In dem Bericht heißt es: *„In Mantel wurde wegen Engfängigkeit des alten Friedhofes, und weil derselbe um die Kirche herum fast in Mitte des Marktes lag, ein neuer Begräbnisplatz angelegt. Gemäß den Rubriken der kathol. Kirche soll bey Einsegnung eines Gottesackers sich ein Kreuz darin befinden. Die Bürger von Mantel berathschlagten sich über Beyschaffung eines Kreuzes in den neuen Begräbnisplatz, u. erhielten vom königl. Ttl Hrn Bergmeister von Streber zu Bodenwöhr die erste Idee, ein Christus-Bildnis aus Gußeisen fertigen zu lassen. Vom königl. Herrn Hüttenbeamten Schmid zu Weiherhammer wurde denselben gerathen, auch das Kreuz aus Eisen gießen zu lassen. Die Mantler Bürgerschaft faßte diese Idee auf, und zu arm, alles dies aus ihrem Säckel bestreiten zu können, kam das königl. Hüttenamt Weiherhammer bey der hohen General-Bergwerks-und Salinen-Administration in München und durch diese bey dem allerhöchsten Staats-Ministerium* der Finanzen mit dem allerunterthänigst gehorsamen Bitte ein, daß Allerhöchstselbes allergnädigst geruhen möchte, ihnen das Kreuz und Christus-Bildnis um einen leichten Preis abzugeben, und sieh da! die allerhöchste Stelle geruhte, in Anbetracht des großen Eifers, den die braven Mantler-Bürger bey Löschung eines auf dem *königl. Hohofens zu Weiherhammer entstandenen Brandes bewiesen hatten, Christus-Bildnis und Kreuz g a n z herzuschenken, nur durften sie die Formerkosten zu zahlen.

Das Christus-Bildnis wurde zu Bodenwöhr unter Leitung des Herrn von Streber gegossen; es ist in Lebensgröße so schön geformt, dass man den Affekt des Heilandes (es ist der Moment gewählt, wo er zum Himmel ruft) nicht genug bewundern kann. Das Kreuz, 24 Schuh hoch, 9 Zoll breit und 4 Zoll dick, wurde nebst Zugehör unter Leitung des Herrn Amtsverwesers Schmid zu Weiherhammer so schön gegossen, als wenn es durch die Hand eines Tischlers abgeglättet wäre. Die Mantler scheuten auch keine Kosten dieses wahrhaft königliche Geschenk würdig auszustaffieren. Sie ließen das Christus-Bildnis durch den geschickten Maler Rabusky zu Neustadt a.d.W. zweymal mit gutem Malergold vergolden, und zwey Granitstufen und einen regelmäßigen Kubus von vier Fuß aus Granit fertigen, und die oberste Stufe, welche genannter Kubus formirt, 8 Zoll hoch mit Gußeisen bekleiden, an welcher Bekleidung «En CrVX saLVtIs aMore LVDoVICI», an der Rückseite aber ganz einfach die Jahreszahl «1833» angeschraubt ist. Das Monument wurde am 31. August durch die Maschinerie, wozu der Herr Hüttenbeamte den Plan entwarf, ungeachtet seiner Schwere von beynahe 30 Ct. so glücklich aufgestellt, daß auch nicht Einem Menschen ein Haar gekrümmt wurde. Am 8. September ging nun die Feyerlichkeit der Einweihung vor sich, die durch die schönste Witterung begünstigt war. Diese Einsegnung nahm der hochwürdige Herr Godefried Gengler, Dom-Kapitular von Bamberg, mit Bewilligung des Hochw. Ordinariats Regensburg vor, indem er um 9 Uhr in der bey Mantel liegenden Wallfahrtskirche St. Moritz wieder eine von seinem Herrn Bruder Konrad Gengler, Revierförster zu Mantel, der schon vor 3 Jahren 3 neue Fahnen und 2 Standarten der Kirche verehrte, ganz neue hergeschenkte blaue Kirchenfahne segnete, hierauf ein feyerliches Levitenamt hielt, und nach vom Pfarr gehaltener Predigt unter dem Donner der Pöller, die unzählbare Menschenmasse in einer langen Prozession in den neuen Gottesacker führte, und dort selbst unter Paradirung des königl. Herrn Hüttenbeamten mit seynem Werkspersonale in Beyseyn des königl. Herrn Landrichters Freyherrn von Lichtenstern und Herrn Landgerichts-Aktuars Dümlein, von Neustadt des königl. Herrn Forstmeisters Ehrenthaler von Weiden, und anderer Honoratioren und Herrschaften und 1000 frommer Christen aus der Umgegend und weiten Ferne mit größter Andacht und Auferbauung die Einsegnung des Kreuzes und des Gottesackers vollzog.» Darauf zog man in Prozession zurück in die Marktkirche, wo die Feierstunde mit einem Te Deum beendet wurde. Zum Schluss des Berichtes empfiehlt der Pfarrer den Lesern, einen Umweg in Kauf zu nehmen, um „das schöne Monument" zu betrachten.

Betrachtet man den Christuskorpus, so wird jeder sofort in dem Guss das Schwanthaler-Modell mit dem typischen, nach oben gerichteten Blick des sterbenden Jesus erkennen. Am Beispiel des Kreuzes von Mantel ist zu sehen, dass ein Eisengusskreuz mit Korpus nicht als ein einheitlich angebotenes Kunstprodukt besteht. Das Kreuz selbst kam aus dem Hüttenwerk Weiherhammer, der Korpus wurde in Bodenwöhr gegossen, die Goldfassung ließ die Gemeinde von einem ortsansässigen Maler anfertigen.

Auch dieser Zeitungsbericht dokumentiert die positive Rezeption des neuen Kunstwerkes durch die Bevölkerung. Seit dieser Zeit wurden bis weit ins 20. Jahrhundert hinein viele Friedhöfe in Bayern mit Hochkreuzen und gusseisernen lebensgroßen Christuskörpern, die in Bodenwöhr gegossen wurden, geschmückt. Gusseisen erwies sich als sehr geeignetes und haltbares Material, das vor allem auch für Kultgegenstände im Freien verwendet wurde. Friedhofskreuze sind wichtige Zeichen auf dem Friedhof und durften in keinem Friedhof fehlen. Da alte Holzkreuze wegen Schäden ersetzt werden mussten (vgl. Straubing, Petersfriedhof), ergab sich auch ein großer Markt für die Herstellung von Gusseisenkreuzen. Durch die Weihe des Friedhofs und des Kreuzes wurde das Gräberfeld zu einem heiligen Ort, einem Gottesacker.[69] Das äußere Merkmal dieser Weihe bildete das Kreuz. Auch als Zeichen für die Lebenden war und ist das Kreuz auf dem Friedhof ein zentrales Symbol des christlichen Glaubens. Es verbindet Tod und Auferstehung, Sterben und ewiges Leben, Trauer und Hoffnung. Mit gusseisernen Friedhofskreuzen mit vergoldetem Christuskorpus wurde für die folgenden 150 Jahre ein künstlerisches Sepulturgut geschaffen, das erst in neuerer Zeit durch moderne Formen des Kreuzes abgelöst wird. Das Kreuz in Mantel stand in der Oberpfalz mit am Anfang dieser Entwicklung. Die lebensgroße klassizistische Christusfigur war eine künstlerische Darstellung, die bis ins 20. Jahrhundert dem Geschmack der breiten bürgerlichen Masse entsprochen hat.

3.6 Der Christuskorpus für Gerhager

1838 verkaufte das Hüttenwerk Bodenwöhr „*einen lebensgroßen Christus von 250 Pfund*".[70] Da keinerlei Angaben zur Person des Käufers und ihrer Stellung genannt werden, können im Rahmen dieser Arbeit keine arbeits- und zeitaufwändigen Recherchen unternommen werden. Der Christuskorpus wurde nach München geliefert.[71]

3.7 Das Friedhofskreuz von Michelsneukirchen

Lt. Akten des Hüttenwerkes Bodenwöhr wurde im Geschäftsjahr 1838/39 ein lebensgroßer Christus für die Kirchenverwaltung von Michelsneukirchen angefertigt.[72] Karlheinz Reim hat in seinem Buch über die Flurdenkmäler von Michelsneukirchen das heute noch bestehende Kreuz im Friedhof und dessen Geschichte beschrieben.[73] Ursprünglich war es ein Holzkreuz mit einem gusseisernen Christuskorpus aus Bodenwöhr. Dieses Kreuz wurde am 6. November 1839 aufgestellt. Dazu gibt es einen Bericht von dem damaligen Pfarrer Klemens Schlegl. Er schreibt: „*Am 6. November dieses Jahres wurde das neue Missionskreuz auf dem hiesigen Kirchhofe aufgestellt. Es wurde auf Kosten der Kirche zu Bodenwöhr angekauft um 95 Gulden, ist massiv von Gusseisen und wiegt über 8 Zentner. Vergoldet wurde es von dem Maler Geisenhofer zu Roding, wofür 29 Gulden bezahlt wurden. Die Eiche zum Kreuz gab dazu Johann Schmidbauer(1786 – 1858) von der Griesmühle um einen sehr billigen Preis von 9 Gulden, wäre wohl dreimal soviel wert gewesen. Ausgehauen und gefertigt wurde das Kreuz von Johann Mandl (1794 – 1862) von Eglsee und erhielt derselbe für seine Arbeit 10 Gulden. Es kostete große Mühe und Anstrengung, diese schwere Masse aufzustellen, und beinahe hätte es Unglück gegeben, indem beim Aufziehen eine Winde brach."* Insgesamt beliefen sich die Kosten für die Kirchenverwaltung auf 180 Gulden. 1872 wurde das Eichenkreuz durch ein neues ersetzt, das wiederum 1906 durch ein Gusseisenkreuz abgelöst wurde. Der Korpus von 1839 blieb jedoch bis heute vorhanden. Auch dieser Korpus ist eine Darstellung nach dem Modell von Schwanthaler.

Pfarrer Schlegl verwendet den Begriff „Missionskreuz". Solche großen Kreuze mit Christuskörpern wurden seit dem 19. Jahrhundert fast in jeder katholischen Pfarrgemeinde bei sogenannten Volksmissionen aufgestellt. Darunter versteht man Wochen besonderer Glaubensunterweisung und Glaubenserneuerung in Pfarreien meist durch Patres des Redemptoristenordens oder durch Jesuiten. Auch dieser religiöse Brauch erweiterte für die in Bodenwöhr gegossenen Christuskörper den Absatzmarkt für sakrale Gebrauchskunst. 1914 wurde in Bodenwöhr das heute noch bestehende «Missionskreuz» mit vergoldetem Kruzifix auf der Klause beim neuen Friedhof errichtet.[74]

3.8 Das Kreuz in Schwarzhofen

Auch in Schwarzhofen bei Neunburg v. Wald gibt es einen Kalvarienberg mit einem hohen Eisenkreuz mit gusseisernem Christuskorpus. Der Korpus stammt mit Sicherheit aus Bodenwöhr und wurde nach dem Modell von Halbig gegossen. Ortsgeschichtliche Hinweise waren nicht zu finden. Das Kreuz wurde im Herbst 2013 durch den Kunstmaler Robert Bergschneider in Dieterskirchen restauriert.[75]

Nach dem Rechnungsbuch des Hüttenwerkes Bodenwöhr von 1839/40 kaufte der Magistrat Schwarzhofen einen „lebensgroßen Christus von 2 Zentner 50 Pfund".[76] Allerdings kann es keine Darstellung nach Halbig gewesen sein, die erst später als Modell hergestellt wurde.

3.9 Das Kreuz auf dem Kalvarienberg in Landau a.d.Isar

Im Jahr 1839 wurde das Kreuz auf dem Kalvarienberg in Landau an der Isar durch ein neues Kreuz ersetzt. Dieses besteht heute noch und ist auch nach dem Modell von Schwanthaler in Bodenwöhr hergestellt worden.[77] 1844 wurden die beiden ebenfalls noch bestehenden Assistenzfiguren von Maria und Johannes in Lebensgröße nach Gipsmodellen des Bildhauers Anton Horchler (1811 – 1885) in Regensburg ebenfalls in Bodenwöhr gegossen.[78] Horchler war Professor an der Gewerbeschule in Regensburg und hat u.a. auch die Marmorbüste Aventins in der Walhalla angefertigt. Die Kreuzigungsgruppe in Landau ist in die bayerische Denkmalliste aufgenommen (Kalvarienberg. Kreuzigungsgruppe, Plastiken auf Steinsockeln mit Inschriftentafeln, bez. 1839 und 1844).

3.10 Das Kreuz in Stadtamhof

Auch für Stadtamhof wurde 1839/40 ein Christuskorpus geliefert.[79]
Auf dem Friedhof von Stadtamhof bei der Dreifaltigkeitskirche steht heute ein Eisenkreuz mit einem gusseisernen und vergoldeten Christuskorpus nach dem Modell von Schwanthaler. Die Inschrift auf dem Mauersockel 1892 dürfte sich wohl nur auf die Errichtung des Eisenkreuzes beziehen. Der Korpus stammt wahrscheinlich aus dem Jahr 1839/40. Wie im Straubinger St. Petersfriedhof 1892 scheint auch im Stadtamhofer Friedhof auf dem Dreifaltigkeitsberg 1894 eine Erneuerung des Kreuzes unter Beibehaltung eines älteren Christuskorpus erfolgt zu sein.

3.11 Produktionen im Jahr 1841/42

Im Geschäftsjahr 1841/42 wurden laut Rechnungsbuch des Hüttenwerks in Bodenwöhr *„mehrere lebensgroße Christus-Figuren zu je 3 Ztr. und je 90 fl u.a. für Graf von Treuberg und für den Magistrat Nittenau"* gegossen.[80] Für Nittenau sind lt. Mitteilung von Herrn Kreisheimatpfleger Jakob Rester im Stadtarchiv Nittenau keine Akten bzw. Hinweise ausfindig gemacht worden.[81] Im Friedhof von Nittenau steht heute ein großes Friedhofskreuz mit gusseisernem Korpus, der in Bodenwöhr nach dem Modell von Halbig (hergestellt 1854) gegossen wurde.[82] Die Zeit der Anschaffung ist nicht bekannt. Die Suche nach der Christus-Figur, die Graf von Treuberg gekauft hat, müsste wohl im ehemaligen Kloster Holzen bei Augsburg ansetzen, das die Grafen von Treuberg 1813 erworben hatten. Auch hier können im Rahmen dieser Arbeit keine weiteren Nachforschungen erfolgen.

3.12 Das Kreuz auf dem Kalvarienberg in Cham

Lt. Rechnungsbuch des Hüttenamtes Bodenwöhr wurde im Jahr 1860 von der Kirchenverwaltung in Cham ein lebensgroßer Christus nach dem Modell von Halbig in Gusseisen mit massivem Kreuzgestell und gusseiserner Gittereinfassung sowie zwei Statuen Maria und Johannes für 517 Gulden angefertigt.[83] In der Chronik von Cham findet man zum Jahr 1860 folgenden Eintrag: *„Im Herbste 1860 wurde auf dem hiesigen Kalvarienberg ein in Felsen eingehauenes heiliges Grab errichtet, und befindet sich in selben ein Christus gegoßen aus sogenannter Steingut-Maßa. Der zum Kalvarienberg gehörige Grund wurde mit Gestreuchen und Bäumen der Verschönerung wegen besetzt und angepflanzt. ... Am 26. Oktober 1860 wurde das gußeiserne Kreuz mit Christus und 2 eisenen Statuen unter den Kreuz und Umgebung eines eisenen Gitters mittels Prozeßionszug von der Pfarrkirche in Cham aus nach dem Kalvarienberg mit Abhaltung eines Gottesdienstes (eine heilige Meße) aufgestellt und feierlich eingeweiht."*[84] Das Kruzifix und die Figuren sind heute noch vorhanden.
Der von Halbig gestaltete Christuskorpus ist neben dem Modell nach Schwanthaler das zweite „Erfolgsmodell" des Bodenwöhrer Hüttenwerkes. 1854 hatte die Generaldirektion der königlich bayerischen Hüttenwerke dem Bildhauer Johann von Halbig (1840-1882) den Auftrag erteilt, ein Gipsmodell für eine lebensgroße Christusfigur am Kreuze «im byzantinischen Stile mit gesenktem Haupte» zu entwerfen.[85] Halbig war Professor für

Bossier- und Modellierkunst an der königlichen Polytechnischen Schule in München. Das Modell wurde nach Bodenwöhr gebracht und dort in Eisen gegossen und bronziert. Der gegossene Christuskorpus wog 624 Pfund, also über 6 Zentner, und wurde für 300 fl verkauft. Das Kreuz wurde von dem Bodenwöhrer Hüttenwerk auf der „Allgemeinen deutschen Industrie- und Gewerbeausstellung" in München 1854 präsentiert. Typisch für dieses Modell sind die waagrecht ausgestreckten Arme und das zur Brust geneigte Haupt Christi.[86] Diese Darstellung nach Halbig kann man heute noch in vielen Friedhöfen sehen.

Kurzes Resümee:
Im Hüttenwerk Bodenwöhr wurden seit dem Jahr 1829 lebensgroße Christuskorpusse im Hohlgussverfahren produziert. Das erste Modell entstand in München in der Werkstatt der Bildhauer Schwanthaler in Gips und wurde sodann in der Königlichen Eisengießerei ebenfalls in München von Stieglmaier in Eisen gegossen. Das erste Exemplar aus der Bodenwöhrer Produktion wurde 1833 an die Stadt Deggendorf geliefert und ist dort heute noch auf dem Kalvarienberg zu sehen. 1854 kam ein zweites Modell hinzu, das von dem Bildhauer Johann von Halbig entworfen wurde. Beide Modelle wurden im 19. und frühen 20. Jahrhundert mit großem Erfolg verkauft, wobei die Käufer in erster Linie Stadtgemeinden und Pfarrgemeinden waren, die diese Kreuze für Friedhofsanlagen und Kalvarienberge erwarben. Das klassizistische Modell Schwanthalers und das Modell Halbigs waren beim Volk sehr beliebt, so dass sie als sakrale Kunstwerke, die auf Bestellung in Serie produziert werden konnten, weite Verbreitung fanden. Gusseiserne Friedhofskreuze und gusseiserne, vergoldete Christuskorpusse sind auch heute noch in vielen Friedhöfen, an Wegen und auf Bergeshöhen zu sehen und werden, wenn nötig, fachgerecht restauriert.[87]

Abb. 1: Christus nach dem Modell von Schwanthaler Friedhof von Stadtamhof auf dem Dreifaligkeitsberg

Abb. 2: Christus nach dem Modell von Halbig; Alter Friedhof in Bodenwöhr

1 Die wichtigste Literatur hierzu bildet nach wie vor das materialreiche und nach archivalischen Quellen bearbeitete Werk: Wilhelm Blab, Bodenwöhr. Geschichte und kulturelle Entwicklung eines bayerischen Berg- und Hüttenortes, Bodenwöhr 1960 und ders., Aus der Geschichte des BHS-Hüttenwerkes Bodenwöhr, anläßlich seines 500jährigen Bestehens 1464 - 1964, hg. v. Hüttenwerk Bodenwöhr, München 1964. Zur Zeit wird von Jörg Gebert am Lehrstuhl für Kunstgeschichte an der Universität Regensburg eine Dissertation erstellt (vgl. hierzu den Beitrag des Doktoranden in dieser BFO-Ausgabe). Die Rechnungsbücher des Hüttenwerkes befinden sich im Staatsarchiv Amberg, Bestand: Berg- und Hüttenamt Bodenwöhr (zitiert als: StA Amberg, BHB). Rechtschriftlich sind lt. Duden die Schreibform Corpus – Corpora und Korpus – Korpusse möglich. Es wird durchgehend die eingedeutschte Schreibform verwendet.

2 Zur Geschichte des Eisengusses vgl. Gerhard Engels und Heinz Wübbenhorst, 5000 Jahre Gießen von Metallen. Fakten, Daten, Bilder zur Entwicklung der Gießereitechnik, Düsseldorf, 3. Auflage 1994, v.a. S. 79-124.

3 Vgl. Artikel „Eisengießerei", in: Meyers Konversations-Lexikon, Bd. 5, 5. Aufl. Leipzig/Wien 1895.

4 Vgl. Engels/Wübbenhorst (wie Anm. 2), S. 109 ff.

5 Vgl. „Die Geschichte des Kunstgusses in Lauchhammer" (Internetseite des Kunstgussmuseums Lauchhammer: http://www.kunstgussmuseum.de/pages/geschichte.html; aufg. 12.12.2013).

6 Vgl. Blab, Bodenwöhr (wie Anm 1), S. 198 – 248 (im Folgenden zitiert: Blab, Bodenwöhr)

7 Blab, Bodenwöhr, S. 206.

8 Vgl. Artikel „Kupolofen", in: Der große Herder. Bd. 3, 4. Aufl., Freiburg 1932, S. 472.

9 Blab, Bodenwöhr, S. 208.

10 Vgl. Engels/Wübbenhorst (wie Anm. 2), S. 110 ff.; Art. „Gießerei, 2. Formerei" in: Der große Herder, Bd. 5, 4. Aufl., Freiburg i. B. 1933, S. 474.

11 Erste Versuche fanden in Bodenwöhr seit 1765 statt, blieben allerdings erfolglos. Vgl. Blab, 500 Jahre BHS (wie Anm. 1), S. 41 f. (im Folgenden zitiert: Blab, 500 Jahre BHB).

12 Die Formverfahren werden genau beschrieben bei: Albrecht Pyritz, Tradition und Innovation. Die technische Geschichte des Eisenkunstgusses in Preußen, in: Charlotte Schreiter und Albrecht Pyritz (Hrsg.), Berliner Eisen. Die Königliche Eisengießerei Berlin. Zur Geschichte eines preußischen Unternehmens, Hannover 2007, 29-51.

13 Vgl. Blab, 500 Jahre BHS, S. 59.

14 Vgl. Blab, Bodenwöhr, S. 198.

15 Vgl. Blab, Bodenwöhr, S. 204.

16 Vgl. Blab, Bodenwöhr, S. 224; Blab, 500 Jahre, S. 62.

17 Vgl. Blab, Bodenwöhr. S. 210.

18 Vgl. Blab, 500 Jahre, S. 58.

19 Vgl. Blab, Bodenwöhr, S. 226.

20 Vergoldet wurden um 1835 nur Grabkreuze und in einzelnen Fällen Monumente. Vgl. Blab, Bodenwöhr, S. 233.

21 Vgl. Blab, Bodenwöhr, Kp. 13, S. 198 ff.

22 Vgl. Blab, Bodenwöhr, S. 216 ff.

23 Vgl. Blab, Bodenwöhr, S. 248 ff.

24 Vgl. Blab, Bodenwöhr, S. 207 ff.

25 Vgl. Blab, Bodenwöhr, S. 214.

26 Vgl. Blab, Bodenwöhr, S. 207, 224 f., 237, 242, 253.

27 Vgl. Bericht der allerhöchst angeordneten Königlich Bayerischen Ministerial-Commission über die im Jahr 1834 aus den 8 Kreisen des Königreichs Bayern in München stattgefundenen Industrieausstellung, München 1835, S. 1 f.

28 Vgl. Blab, Bodenwöhr. S. 208.

29 Vgl. Bericht der allerhöchst angeordneten Königlich Bayerischen Ministerial-Commission über die im Jahr 1835 aus den 8 Kreisen des Königreichs Bayern in München stattgefundenen Industrieausstellung, München 1836, S. 48 ff.

30 Vgl. Amtlicher Bericht der allerhöchst angeordneten Königlich Bayerischen Central-Industrie-Ausstellungs-Commission über die im Jahre 1840 aus den acht Kreisen des Königreichs Bayern in Nürnberg stattge-

habte Industrie-Ausstellung, Nürnberg 1842.
31 Vgl. Blab, Bodenwöhr, S. 237. Nach dem Tod Franz Jakob Schwanthalers im Jahr 1820 übernahm dessen Bruder Franz Anton Schwanthaler (+ 1833) zusammen mit dem Sohn Franz Jakob Schwanthalers, Luwig Schwanthaler, die Werkstatt. (Blab, S. 10).
32 Vgl. Blab, Bodenwöhr S. 253.
33 Vgl. Blab, Bodenwöhr, S. 210.
34 Bayerische Staatsbibliothek München, Signatur: Res. Bibl. mont. 3999, 1831.
35 Es könnte sich um einen Katalog aus dem Jahr 1898 handeln. Konrad Köstlin verweist in seinem Aufsatz „Totengedenken am Straßenrand. Projektstrategie und Forschungsdesign" (in: Österreichische Zeitschrift für Volkskunde 95, 1992, S. 306, Anm. 3 auf einen „Katalog Bodenwöhr 1898".
36 Vgl. Blab, 500 Jahre BHS, S. 60.
37 Vgl. Blab, Bodenwöhr, S. 224.
38 Vgl. hierzu auch die Grabmäler im alten Petersfriedhof in Straubing. Hierzu: Isolde Schmidt, Ein vergessenes Stück Straubing? Der Straubinger Petersfriedhof und seine Grabdenkmäler, Straubing 1991, S. 56-76.
39 Vgl. Engels/Wübbenhorst (wie Anm. 2), S. 110.
40 Vgl. Blab, Bodenwöhr, S. 224.
41 Vgl. Anselm Andreas Caspar Cammerer, Naturwunder, Orts- und Länder-Merkwürdigkeiten des Königreiches Bayern für Vaterlandsfreunde, sowie für Kunst- und naturliebende Reisende, Kempten 1832, S. 32 ff. (zit. auch bei Blab, Bodenwöhr, S. 225); Nennung des Kreuzes auch unter „Kalvarienberg ausserhalb Deggendorf", in: Joseph Anton Eisenmann und Karl Friedrich Hohn, Topo-geographisch-statistisches Lexicon vom Königreich Bayern, Erlangen 1832.
42 Vgl. Stadtarchiv Deggendorf, Sig. III/25/2 („Act die Aufstellung eines vom Eisen gegoßenen Kreutzes mit vergoldeten Christus-Bilde auf dem Calvarie-Berg der Königlichen Stadt Deggendorf im Jahre 1830"). Herzlichen Dank für die Bemühungen an Herrn Erich Kandler, Diplom-Archivar (FH), Stadtarchiv Deggendorf!
43 Zu den letzten Worten Jesu Christi am Kreuz vgl.: Herbert Fendrich, Bild und Wort: das Kreuz und die Evangelien, in: Kreuz und Kruzifix, Ausstellungskatalog des Dombergmuseums Freising, Bobingen, 2. Aufl., 205, S. 29 – 36, bes. 33 f.
44 Vgl. Herbert Fendrich (wie Anm. 43), S. 34.
45 Abbildung auch bei Blab, Bodenwöhr, Tafel 23, Abb. 4.
46 Kurzbiografien der Künstler Schwanthaler in: Bayerische Biographie, hg.v. Karl Bosl, Regensburg 1983, S. 708; Große Bayerische Biographische Enzyklopädie, hg. v. H.-M. Körner, Bd. 3, München 2005. S. 1799. Ferner: Die Bildhauerfamilie Schwanthaler 1633-1848, Katalog der Ausstellung im Augustinerchorherrenstift Reichersberg a.I. 1974, Linz 1974.
47 Vgl. Stadtarchiv Deggendorf, Sig. III/25/2 (wie Anm. 42).
48 Kurzbiografie in: Bayerische Biographie (wie Anm. 46), S. 756. Blab, Bodenwöhr, S. 228.
49 Vgl. Blab, Bodenwöhr, 228.; Büsten von König Ludwig I. und Königin Therese.
50 Vgl. Stadtarchiv Deggendorf, Sig. III/25/2 (wie Anm. 42).
51 Er schrieb am 6.1.1830 an den Magistrat von Deggendorf, dass die Darstellung „nach dem Gesamturtheil er bey dem Entwurf der fragl. Figur zugezogenen Künstler sicher ganz passend für öffentliche Plätze" sei. (Stadtarchiv Deggendorf, wie Anm. 42).
52 Stadtarchiv Deggendorf (wie Anm. 42), Schreiben Strebers an den Magistrat Deggendorf vom 16. Juli 1829.
53 Herbert Fendrich verweist bzgl. dieser Darstellung bei Michelangelo auf den Einfluss der Laokoonfigur, anhand derer Winckelmann das Ideal klassischer Kunst beschrieb (vgl. Fendrich, wie Anm. 43, S. 34).
54 Vgl. Stadtarchiv Deggendorf (wie Anm. 42).
55 Vgl. Stadtarchiv Deggendorf, B7, Chronik Schreiner (= eine handschriftliche Chronik von Deggendorf 1830 – 1871), zit. nach der Abschrift von 1955, S. 17 (ebf. Stadtarchiv Deggendorf).
56 Vgl. Stadtarchiv Deggendorf (wie Anm. 42).
57 Das in dem Bericht des Magistrats angesprochene Gusseisenkreuz, das Graf von Preysing unweit von Plattling aufstellen ließ, besteht heute noch und wird als „das Hohe Kreuz" bezeichnet. Es steht am Ortseingang von Burgstall bei Moos, nahe der Bundesstraße von Plattling nach Passau. Das Kreuz wurde im Hüttenwerk Mariazell in der Steiermark hergestellt und 1825 von Graf Preysing auf Moos gekauft. Vgl. Zeitungsartikel in:

„Der Bayerische Volksfreund" Nr. 103 vom 27.Juni 1829, S. 424, ferner: Werner Reinhard, Das Hohe Kreuz, in: Moos in Niederbayern – ein Heimatbuch, Deggendorf 2007, S. 342.
58 Blab, Bodenwöhr, S. 225.
59 Blab, Bodenwöhr, S. 226.
60 Vgl. Blab, Bodenwöhr, S. 229.
61 Vgl. Stadtarchiv Straubing, Ratsprotokoll 1831/32, Sitzung vom 7.6.1832.
62 Vgl. Stadtarchiv Straubing (wie Anm. 61).
63 Vgl. Bischöfliches Zentralarchiv Regensburg, Pfarrakten Straubing 22 (Friedhof St. Michael).
64 Vgl. Bischöfliches Zentralarchiv Regensburg, Pfarrakten Straubing 22.
65 Vgl. Internet http://hj-bleier.de/straubing-historischer-friedhof-friedhofskreuz/ , Aufruf v. 1.12.2013.
66 Vgl. Blab, Bodenwöhr, S. 229.
67 Vgl. Blab, Bodenwöhr, S. 230.
68 Vgl. Bernhard Weigl, Historischer Rundgang durch die Gemeinde Mantel für Einheimische, Neubürger und Gäste, Mantel 2007, S. 64.
69 Vgl. auch Codex Juris Canonici (CIC), Can. 1206: Can. 1205: „Heilige Orte sind solche, die für den Gottesdienst oder das Begräbnis der Gläubigen bestimmt sind durch Weihung oder Segnung, wie sie die liturgischen Bücher dazu vorschreiben.".
70 Vgl. Blab, Bodenwöhr, S. 236; StA Amberg, BHB 280.
71 Möglicherweise führt eine Spur in den Königlichen Holzgarten am Triftkanal in München und den Kontrolleur des Holzgartens Franz Gerhager. Vgl. „Bayerischer Volksfreund Nr. 4 vom 7.1.1837 und „Die Bayerische Landbötin" Nr. 121/1840, S. 1017. Auch im Rechnungsbuch 1836/37 (StA Amberg, BHW 278), werden drei Korpusse genannt, die Blab nicht aufgenommen hat, ebenso einen im Rechnungsbuch 1837/38 BHW 279.
72 Vgl. Blab, Bodenwöhr, S. 236.
73 Karlheinz Reim, Wanderer, Halt still und geh in dich. Flur- und Kleindenkmäler in der Gemeinde Michelsneukirchen, Michelsneukirchen 2011, S. 62.
74 Vgl. Blab, Bodenwöhr, S. 413.
75 Mitteilung von Herrn Alfred Wolfsteiner, Schwarzhofen, vom 8.1.2014. Herzlichen Dank für die Auskünfte und Fotos.
76 Vgl. Blab, Bodenwöhr, S. 237.
77 Vgl. Blab, Bodenwöhr, S. 242; ferner Denkmalliste von Landau a.d.Isar (Kalvarienberg).
78 Vgl. Blab, Bodenwöhr, S. 242.
79 Fehlt bei Blab, Bodenwöhr (Vgl. StA Amberg, BHW 281). Es wurde vom Verfasser, der das Rechnungsbuch wegen des Christuskorpus in Schwarzhofen überprüfte, gefunden und darum aufgenommen.
80 Vgl. Blab, Bodenwöhr, S. 240.
81 Mitteilung von Herrn Jakob Rester v. 11.1.2014.
82 Zum Modell von Halbig vgl. Blab, Bodenwöhr, S. 253 und Tafel 23 Abb. 5; ferner die Abbildung im Katalog des Hüttenwerks Bodenwöhr von 1898.
83 Vgl. Blab, Bodenwöhr, S. 258.
84 Stadtarchiv Cham, B 260, Chronik der Stadt Cham. Freundliche Mitteilung von Herrn Diplom Archivar (FH) Timo Bullemer, Cham vom 18.12.2013.
85 Vgl. Blab, Bodenwöhr, S.253.
86 Vgl. die Abbildung bei Blab, Bodenwöhr, Tafel 23 Abb. 5).
87 Vgl. „Der Neue Tag", Weiden, vom 21.11.2013: „Floß, (le) Schwerstarbeit leisteten Sigi und Manfred Schell, Martin Landgraf und Heinz Maciejeswki bei der Abnahme des über drei Zentner schweren Corpus am Friedhofskreuz. Das Kreuz soll in Ebnath restauriert und im Frühjahr 2014 wieder angebracht werden." (Hinweis von Anton Fleischmann, Weiden).

Marco Schmid

Das Scheiblbauernkreuz bei Hippoltsried
(Markt Neukirchen-Balbini, Landkreis Schwandorf)

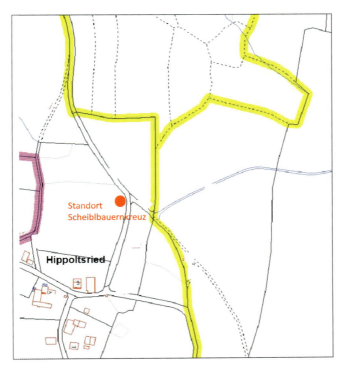

Standort: Neben einem Waldstück in der Nähe von Hippoltsried, Flurnummer 519 (Koordinaten: 49° 16' 20,13" N, 12° 27' 7,02" O)

Beschreibung: Gusseisernes Kreuz mit Blattenden (Höhe: 70 cm, Breite: 35 cm) – Christus: Gusseisen (Höhe: 25cm, Breite: 30cm), silber lackiert – Maria: Gusseisen (Höhe: 13 cm, Breite: 5 cm), silber lackiert – Rechteckiger Granitsockel (Höhe: 150cm, Seitenlänge: 29 cm x 30 cm), auf der Vorderseite mit einer Aussparung versehen (21 cm x 21 cm), in die eine Granittafel mit der Aufschrift „O Herr! gib den Verunglückten die ewige Ruhe" eingebracht ist

Geschichte: Im Jahr 1869 war auf dem Weiler Scheiblhof in der Nähe von Enzenried die Familie Stelzer ansässig. Der Bauer verkaufte in die Ortschaft Fronau ein Rind und brachte es zum Käufer. Auf dem Nachhauseweg wurde er überfallen, des Kaufpreises beraubt und erschlagen. An der Unglücksstelle in der Nähe von Hippoltsried wurde zum Gedenken dieses Kreuz errichtet.

Jürgen-Joachim Taegert

Tragen die Gusseisenkreuze die Bezeichnung „Kustermannkreuze" zu Recht?

Anmerkungen zum Referat von Leonore Böhm bei der AFO-Jahrestagung 2011 - „Kustermannkreuze – eine spezielle Kategorie ?"

Älteste Frankenpfälzer Marter von 1870 mit „Kustermann-Kreuz", Pfarrer i.R. Jürgen Joachim Taegert (Foto Manfred Reiß)

Anlässlich der AFO-Tagung 2012 lernte ich Leonore Böhm kennen, die mich auf mein 2010 erschienenes „Marterlbuch – Wenn Holz und Steine reden" ansprach. Sie nahm an der Bezeichnung „Kustermannkreuze" für die bekannten Gusseisenkreuze Anstoß, die ich, der gut 40 Jahre alten Beschreibung des ehem. Nittenauer Gymnasiallehrers Alois Bergmann in der Zeitschrift „Die Oberpfalz" 1969 („Eine Lanze für die Gußeisenkreuze") folgend, übernommen hatte.

Ich bat sie um den Text ihres Vortrages aus dem Vorjahr, den ich noch nicht kannte, und fand darin ihre „Beweisaufnahme". Sie stellt zunächst fest, dass Bergmanns damalige Beschreibung wohl die erste schriftliche Erwähnung des Ausdruck „Kustermannkreuze" sei. „Eine frühere schriftliche Nennung" habe sie bisher nicht gefunden. Ein Pressather Lehramtsstudent habe dann diese Bezeichnung übernommen. Als dritte Nennung weist sie dann, ohne Titel und Autor zu nennen, auf mein Marterlbuch hin („... eine Monographie ..."), in dem ich davon ausgehe, dass die Gusseisenkreuze in der Frankenpfalz „in der Mehrzahl ... sog. Kustermannkreuze" sind und dann Bergmann wiedergebe: „Sie wurden damals von der Eisengießerei Kustermann in Mantel in der Oberpfalz gefertigt". Bergmann hatte seinerzeit tatsächlich behauptet: „Die eigentlichen Guss-, Weg- und Grabkreuze entstanden in ihrer Masse in der Oberpfälzer Gießerei Kustermann in Mantel (Kreis Neustadt a. d. Waldnaab) und tragen daher die Bezeichnung „Kustermannkreuze", ein Massenartikel wohl, aber einer, der charakteristisch für unsere Landschaft und die alten Gottesäcker daselbst wurde." Um zweierlei ging es Leonore

Böhm: Erstens wollte sie bestreiten, dass der Begriff „Kustermannkreuze" zur Bezeichnung der bekannten Gusseisenkreuze überhaupt angebracht sei. Und zweitens wollte sie feststellen, dass in Mantel nie solche Kreuze gegossen sein können, weil es dort nie eine Eisengießerei gegeben habe. Beides, die Bezeichnung „Kustermannkreuze" und den Gießort Mantel wollte sie mit ihrem Referat, wie sie sagte, „beerdigen".
Da es mir darum geht, nicht als jemand zu erscheinen, der Sachen einfach nur abschreibt, sondern der soweit möglich seine Thesen ordentlich recherchiert, hatte ich natürlich eigene Recherchen vor der Abfassung meines Buches unternommen. Über das Ergebnis habe ich kurz nach der Begegnung mit Frau Böhm zu Klärung folgende Mail an sie geschickt, die ich hier noch einmal ergänzen und einer breiteren Leserschaft zugänglich machen möchte. Ich trete darin für die Beibehaltung von Bergmanns Begriff „Kustermannkreuze" ein, möchte mich aber, was die möglichen Gießorte angeht, mit ihr und anderen möglichen Kritikern verständigen:

Liebe Frau Böhm,
danke für Ihr interessantes, flott geschriebenes Referat und auch dafür, dass Sie mich überhaupt darauf angesprochen haben. Denn auch mir liegen die Gusseisenkreuze mit ihrer auch theologisch sehr nachdenkenswerten Aussage sehr am Herzen, sie nehmen deshalb in meinem Buch und auch in meinen Vorträgen bei katholischen und evangelischen Gruppen einen wichtigen Raum ein. Andererseits möchte ich bei meinen Recherchen auch akribisch genau sein, und auf solche Genauigkeit hebt ja Ihr Referat ab. Dennoch würde ich nach der Lektüre Ihres Referates den Begriff „Kustermann-Kreuze" nicht zurücknehmen, wohl aber revidieren wollen. Denn natürlich enthält Ihre Arbeit viel Wahres. Und nichts ziert den Forscher mehr, als wenn er sich auch infragestellen lässt. So habe ich mich bei dem Ausdruck „Kustermannkreuz" tatsächlich auf den Aufsatz von Bergmann 1969 gestützt. Durch den Bruder des verstorbenen kath. Pfarrers und Heimatforschers Hans Philipp hier bei uns in Reislas in der Frankenpfalz hatte ich dessen sorgsam seit 1936 gesammelten und liebevoll gebundenen Hefte der „Oberpfalz" geerbt, sie komplett gelesen und mir auch ein Zeichen bei Bergmanns Aufsatz eingelegt. Ich bin im Prinzip davon ausgegangen, dass, wenn so ein Begriff unwidersprochen 40 Jahre überlebt, etwas daran sein könnte und fand das bei meinen Recherchen damals tatsächlich auch bestätigt:

Zunächst einmal stellte ich durch Nachfragen bei der Fa. Kustermann in München, die ich von meiner dortigen Vikarszeit her kannte, fest, dass unter den ersten, die damals solche Friedhofs- und Marterlkreuze gossen, die Firma Kustermann war. Bereits in der Ersten Hälfte des 19. Jh. hatte der in München beheimatete Franz Seraph Kustermann in das alte Eisenhammerwerk Griesbauer im kleinen Ort Antwort bei Endorf zwischen Siemssee und Chiemsee eingeheiratet und sich damit ein neues Standbein in der Metallverarbeitung für den haushaltsnahen Bedarf geschaffen. Sein Sohn Max erweiterte dann seinerseits 1861 in München das Eisenwarengeschäft seines Vaters durch eine moderne Eisengießerei in der Nähe des Ostbahnhofs.

Neben Inneneinrichtungen für Ställe, Treppen, gusseiserne Säulen, Öfen, Gullideckeln etc. stellte Kustermann „zum Teil heute noch erhaltene **Friedhofskreuze**" her und gab auch als erster in Europa einen Katalog für seine Metallwaren heraus.
Dies passt mit dem Befund zusammen, dass die erhaltenen Gegenstände dieser Art einschließlich der Gusseisenkreuze, Kuhstall- und Bahnsteigsäulen gerade in dieser Zeit erstmals auf den Markt kamen. Genau dies, dass die Gussfirmen in dieser Zeit neue Märkte für ihre Produkte suchten, habe ich ja dann auch in meinem Buch geschrieben. Diese Gießereien standen damals am krisenhaften Übergang vom jahrhundertalten Eisenkunstguss zum Industrieguss.
Der Begriff „Kustermannkreuze", der durch den Bericht des ehemaligen Nittenauer Gymnasiallehrers Alois Bergmann in der Zeitschrift „Die Oberpfalz" 1969 und 1970 geläufig ist, dürfte also hier seine Wurzel haben. Ob es stimmt, dass, wie die Kustermanns mir gegenüber annahmen, seinerzeit auch ein Zweig der Familie in die Oberpfalz gezogen ist, konnte ich bislang noch nicht verifizieren, man müsste es einmal sorgfältig überprüfen. Auf jeden Fall sollte man die Nachricht von den „Kustermannkreuzen", die Alois Bergmann 1969 offenbar noch geläufig war, nicht leichtfertig ignorieren oder vorschnell für beerdigt erklären, auch wenn wir ihn selbst dazu leider nicht mehr befragen können.
Nicht nachweisen lässt sich, dass die Kustermanns überhaupt die „Erfinder" dieser Gusskreuze sind, was aber bisher auch niemand behauptet hat. Möglich wäre es dennoch. Denn damals boomte dieser neue Markt der Gusseisentechnik für Friedhofskreuze und Martern sofort. Einer, vielleicht also Kustermann, machte ohne Patent- und Musterschutz den Anfang, und viele Nachahmer sprangen auf den Zug auf. Nun war Edles für den breiten Geschmack leicht und in großer Stückzahl herstellbar, und die Friedhöfe quollen in den nächsten 70 Jahren davon über. Wer da was erfunden oder nur geklaut hat, dürfte sich im Nachhinein schwer beweisen lassen. Ich kann zumindest nachweisen, dass auch die Fa. MAN, von der das sicher niemand vermuten würde, damals solche „von Künstlern entworfenen" Gusseisenkreuze gefertigt und in einem Katalog angeboten hat. Diese Kreuze unterscheiden sich zwar nicht im Typus, aber doch in der individuellen künstlerischen Ausgestaltung von den in der Frankenpfalz und Oberpfalz vorherrschenden Formen. Man hat also damals nicht einfach „abgekupfert", sondern sich um eine individuelle Qualität bemüht.

[Ergänzend hierzu sei auf den wertvollen, reich bebilderten Aufsatz von Angela Mohr „Grabkreuze aus Gusseisen" hingewiesen, den sie mit großer Gründlichkeit 1997 für die Oberösterreichischen Heimatblätter verfasst hat, und der dort im Jg. 51, Heft 1/2 erschienen und auch im Internet einsehbar ist. Darin macht sie auf das Phänomen aufmerksam, dass die Gusskreuze eigentlich erst in einer sehr späten Phase des Eisengusses entstanden sind. Diese Gusstechnik hatte, neben allerhand militärischen und zivilen Produkten, eigentlich schon lange vorher auffällige religiöse Produkte auf den Markt gebracht, etwa mit gusseisernen Totengedenkplatten oder Engel- und Mariensäulen. Die stattliche gegossene Mariensäule von 1680 mit den vier großen ebenfalls gegossenen Putten in Fichtelberg am Nordrand unserer Frankenpfalz stellt in dieser Hinsicht ein staunenswertes Meisterstück dar.

Wieso es aber plötzlich ab etwas 1860/70 zu dieser Schwemme von Gusskreuzen kommt, kann auch Angela Mohr nicht recht erklären. Sie weist aber nach, dass sich diese Kreuze wie eine Mode binnen kurzem über große Teile Mitteleuropas von Böhmen, Österreich, Bayern, bis Westfalen, Frankreich, Belgien und Holland ausbreiteten. Auch kann sie zeigen, dass eine Reihe bedeutender Eisengießerfirmen, die solche Kreuze herstellten, ihren Sitz in Südbayern, Böhmen und Österreich hatten. Besonders faszinierend sind ihre beigefügten Auszüge aus damaligen Katalogen, nach denen die Steinmetze und ihre Kunden diese Gusseisenkreuze bestellen konnten.

Wir müssen uns also von dem Gedanken freimachen, als sei die Eisengießerei in Bodenwöhr, die Angela Mohr auch erwähnt, die einzige gewesen, die solche Produkte auf den Markt gebracht hat. Deren erhalten gebliebener Katalog hilft uns heute immerhin, diese Marterkreuze von den Mustern anderer Firmen zu unterscheiden und einigermaßen korrekt zuzuordnen, auch wenn Frau Mohr immer wieder davor warnt, hier vorschnelle Urteile zu fällen. Denn einen Gebrauchsmusterschutz gab es ja wie gesagt für diese Zeichen nicht. Sie tragen in der Regel auch keine Gießvermerke. So wurde auch schon damals hemmungslos kopiert und mit Dumpingangeboten gearbeitet, es herrschte ein wüster Konkurrenzkampf. „Jede größere Eisenhandlung hatte solche Kreuze lagernd", sagt Angela Mohr.]

Nehmen wir also einmal an, Herr Bergmann wollte in der „Oberpfalz" damals sagen, dass es sich um den Typ der Münchner bzw. Rosenheimer Gusseisenkreuze handelt, und dass er sie deshalb auch so nennt, eben „Kustermannkreuze"; nehmen wir weiter an, dass diese Kreuze in der damals eingerichteten Firma „bei Mantel", also in Weiherhammer bzw. Bodenwöhr etc., für große Bereiche der Oberpfalz und auch der Frankenpfalz gefertigt wurden, dann sind wir der Wahrheit wahrscheinlich doch dichter auf der Spur, als Ihr Referat uns hoffen lässt. Das von Ihnen ausgerufene „Begräbnis der Kustermannkreuze" kann also vielleicht doch abgesagt werden.

Der von Ihnen zitierte Student hat wohl nicht so genau hingeschaut, sondern mehr nur abgeschrieben, was ich für meine Person nicht ganz so gelten lassen würde. Ich habe im Zusammenhang mit meinen ausführlichen Recherchen damals nicht nur telefoniert, sondern ich war immerhin auch persönlich in Mantel, aber noch nicht in Weiherhammer. Und ich fand in dem angegebenen Haus auch eine Nachfolge-Firma vor, die allerdings von diesen Dingen nichts mehr wusste. Aber das ist ja ohnehin typisch für unsern industriellen Wandel, so dachte ich mir, und ließ die Dinge deshalb bislang auf sich beruhen: Wenn eine Firma nicht tatsächlich auf ihre Historie achtet, sondern nur aufs Alltagsgeschäft, geht hier viel verloren.

So gibt es leider unter den heute noch existierende Firmen kaum welche, die selbst Kataloge ihrer damaligen Produkte, also auch dieser Gusseisenkreuze, haben. Von Kustermann in München konnte ich immerhin zwei Blätter ihrer späten Kreuz-Produkte bekommen. MAN hat mir wenigstens schriftlich bestätigt, dass sie einst solche Kreuze

produzierten und mich im Übrigen auf das Archiv der Industrie- und Handelskammer verwiesen.
Für mich würde das Abenteuer einer weiteren Erforschung dieser Thesen darin bestehen, ein Phänomen aufzuklären, das mich beschäftigt:
- Erstens, dass man über einen religiösen Artikel, der so tausendfach aufgestellt und zugleich so differenziert und liebevoll gestaltet worden ist, wie die Gusseisenkreuze, bis heute so wenig, nämlich fast nichts weiß;
-Zweitens, dass man auch von der sozialen, kulturellen, geschichtlichen und wirtschaftlichen Situation der betreffenden Menschen zur Zeit der Aufstellung nichts erfährt;
- Und drittens: dass auch die Glaubensaussagen dieser kleinen Zeichen bislang so wenig analysiert worden sind. Nachdem unser Christentum heute immer rudimentärer und armseliger wird, können uns solche scheinbar armseligen und lange Zeit missachteten Zeichen vielleicht doch wieder auf die richtige Spur führen. Nachdem ich da auch bei Ihnen ein entsprechendes Feuer wahrnehme, würde ich gern mit Ihnen zusammen nachdenken, wie wir unsere Erkenntnisse, die ich nicht als unwichtig empfinde, ein bischen einer breiteren Diskussion und Öffentlichkeit zugänglich machen könnten.
Viele Dank, und viele herzliche Grüße,
Ihr Jürgen Taegert

Sebastian Schmidmeier

Mahnmal erinnert an den Todesmarsch im April 1945
(Deuerling, Landkries Regensburg)

„[...] da kumma vo Daierling wieda so Armselige hinter marschiert. So Leit, de mehr schleppa als wia genga. Des hot ma kennt, dass de Leit Gfangene warn. [...] Und de san in Richtung [...] Pittmansdorfer Berg. Und do drübn, wo de Paintner Straß' geht, [...] da is oana zam gsackt. Und dann hob is gsegn, wia nan zwoa backt hom und hom nan weidergschleppt übern Berg affe. [..] Und am Pittmansdorfer Berg, [...] da woar a kloana Rechtskurven vo untn nach obn. Da is a Kreuzl durt gstana. A Holzkreuz aus zwoa Äst' zamgsteckt, zambundn. Des is etliche Zeit durt gwen."[01]

Mit diesen Worten schildert der Zeitzeuge Josef Schmidmeier die Eindrücke des sogenannten „Todesmarsches", die sich dem damals zehnjährigen Buben ein Leben lang eingeprägt haben. 67 Jahre später fasste der Holzschnitzer seine Erinnerungen in Holz. In Bronze gegossen und an einem Stein angebracht, erinnert dieses Relief am Standort des damaligen Beobachters an die Geschehnisse im April 1945.

Das Bronzerelief – Todesmarsch durch Deuerling 1945

Das KZ Außenlager Hersbruck und die Todesmärsche

Mit den insgesamt rund 9000 nach Hersbruck deportierten Häftlingen, zählt das KZ Hersbruck nach Dachau und Flossenbürg zu einem der größten Konzentrationslager im süddeutschen Raum. In diesem KZ-Außenlager von Flossenbürg schufteten in den Jahren zwischen 1944/45 KZ-Häftlinge aus 23 verschiedenen Nationen vorwiegend in Stollen, um eine unterirdische Produktionsanlage für Flugzeugmotoren (der Firma BMW) nach Willen der NS-Führung zu errichten.[02] Wer in den Konzentrationslagern von Flossenbürg oder Hersbruck nicht ums Leben kam, wurde angesichts der anrückenden alliierten Truppen Anfang April 1945 „evakuiert". *„Die Evakuierung oder treffender gesagt ‚Todesmärsche' gehörten zu den grausamsten Kapiteln des Konzentrationslagers Flossenbürg und zeigten die unmenschliche Unterwerfungs- und Vernichtungsabsicht einer Schreckensherrschaft bis zu ihrem Ende."*[03] In Hersbruck traten am 8. April ca. 3360 Häftlinge zu Fuß einen mehrwöchigen und mit vielen verschiedenen Routen äußerst chaotischen Marsch in Richtung Dachau an.[04]

Der Todesmarsch durch Deuerling

Über Lauterhofen, Schmidmühlen, Kallmünz und Pielenhofen erreichte eine Gruppe des Todesmarsches am 19. April 1945 aus Richtung Laaber kommend die Gemeinde Deuerling.[05] Der damals 14-jährige Schmiedelehrling Richard Kuffer erinnerte sich folgendermaßen an den Durchmarsch der KZ-Häftlinge:

„Wir ham a Wangradl oder an Roaf afzogn ... auf jedn Fall hab i mia denkt, was durt denn da a so? Woaßt, wenn da a Herd' Leit geht. De ham na was gsagt a. Also des Marschieren mit ernane Schlappen des is' so richtig schaurig gwen. [...] Turban umme, so a Binden umme und a Kappl, alles so zam. In Zivilkleidung und oa ham a so Streifen dro ghabt ... mindestens auf a Fahrbahnbreite... kannst song, dass de mindestens zu viert, zu fünft ganga san. Des Schaurige is des gwen, weilst de redn ghört hast und des Geh auf da Straß'. Des is' mia lang nochganga sowas."[06]

Begleitet durch das Wachpersonal mit Karabinern und scharfen Hunden, bewegte sich dieser Zug ortsauswärts in Richtung Deuerling Am Bach, entlang der heutigen B 8, an den Ort, wo der bereits zitierte Zusammenbruch eines KZ-Häftlings beobachtet worden war. Weitere Recherchen bestätigten das beschriebene Holzkreuz am sogenannten Pittmansdorfer Berg. Zwei tote KZ-Häftlinge seien demnach von einem Bauern aus Pittmansdorf nach Hohenschambach gebracht worden. Bestattet im Hohenschambacher Friedhof, exhumierte man die Leichname aber später wieder.[07] Als man im Jahre 1950 den KZ-Friedhof in Painten erneuerte, wurden *„sechs Tote aus dem südlichen Landkreis Parsberg beigesetzt. [Der Paintner Pfarrer] Rothfischer sprach von ‚noch in der Gegend v. Deuerling, Hohenschambach verscharrten unbekannten Kzler[n]'"*.[08] Wenn diese zwei toten KZ-Häftlinge zu den 1950 überführten Leichen gehören, dann wurden diese 1957 nach der Auflösung des Friedhofs in Painten nach Flossenbürg gebracht, wo man die Toten aus Painten noch heute im Feld F, in der Reihe 2a und 2b mit den Grabnummern 3586 und 3616 findet.[09] Für viele KZ-Häftlinge war aber dieser Todesmarsch noch nicht zu Ende. Über Painten, Saal a. D. bis nach Dachau und z.T. noch in Richtung Alpen wurde der Zug fortgesetzt. Von den rund 9000 Häftlingen im KZ Hersbruck überlebte fast die Hälfte der Gefangenen das Kriegsende nicht.[10]

Ulrich Fritz (rechts) von der Stiftung Bayerischer Gedenkstätten während der Einweihunsfeier im April 2013
(Foto: Manfred Kox)

Ein Stück regionaler Erinnerungskultur

Der Holzschnitzer Josef Schmidmeier am Ort der Erinnerung

Als im Jahr 2012 Josef Schmidmeier diese Erinnerungen in Holz fasste, ergriff die Deuerlinger Gemeinderätin Frau Dr. Anke Janssen die Initiative, um einen Erinnerungsort an diese Ereignisse zu schaffen. Zahlreiche Spenden aus dem ganzen Landkreis Regensburg ermöglichten den Bronzeguss durch die Firma Huber & Brandner in Haslbach. Den großzügigen Spendern sei an dieser Stelle besonders gedankt. Mit drei Veranstaltungen gedachte man im Frühjahr 2013 den Opfern des Todesmarsches. Ulrich Fritz von der Stiftung Bayerischer Gedenkstätten konnte für einen Abendvortrag gewonnen werden. Zusammen mit dem Verfasser des Textes referierte Herr Fritz über den Todesmarsch im Allgemeinen und in Deuerling im Speziellen. Für Jugendliche organisierte Frau Dr. Janssen eine Lesung des Autors und Illustrators Helmut Höhn aus dessen Buch „Adi Adler" mit anschließender Diskussionsrunde.

Die Einweihung des Mahnmals erfolgte schließlich am 14. April 2013 im Beisein von ca. 50 interessierten Gästen, dem Deuerlinger Bürgermeister Wich-Fähndrich und Ulrich Fritz. Für die musikalische Umrahmung sorgte die Deuerlinger Blasmusik. Mit dem Mahnmal wurde für Deuerling ein Stück regionaler Erinnerungskultur geschaffen:

„Dieses Bild hat sich dem heutigen Künstler so sehr eingeprägt, dass er es jetzt auf der Tafel des Mahnmals in erschütternder Weise darstellte. Das Relief zeigt alles: das Leiden, die Strapazen, die Verzweiflung und die Hoffnungslosigkeit der Menschen, die auf die Todesmärsche geschickt wurden."[11]

Quellennachweis

01) Wortprotokoll, Gespräch mit Josef Schmidmeier (Jahrgang 1934) vom 14.02.2013. Zur Wahrung der Authentizität sind die Zeitzeugenaussagen im Originalton wiedergegeben.
02) Vgl. FAUL, Gerhard: Sklavenarbeiter für den Endsieg. KZ Hersbruck und das Rüstungsprojekt Dogger, hg. von der Dokumentationsstätte KZ Hersbruck e.V., Hersbruck 2003, S. 119-121.
03) HEIGL, Peter: Konzentrationslager Flossenbürg in Geschichte und Gegenwart, Regensburg ³1994, S. 7.
04) Vgl. wie Anm. 2, S. 139-147.
05) Für diese Auskunft bedanke ich mich bei Ulrich Fritz von der Stiftung Bayerischer Gedenkstätten.
06) Wortprotokoll, Gespräch mit Richard Kuffer (Jahrgang 1930) vom 12.03.2013.
07) Vgl. Wortprotokoll, Gespräch mit Hubert Hollnberger (Jahrgang 1930) vom 26.03.2013.
08) MÜLLER, Josef: Painten in der Zeit von 1918-1946, in: Painten in Geschichte und Gegenwart, hg. von der Marktgemeinde Painten, Painten 2005, S. 147-234, hier: S. 215.
09) Vgl. ebda., S. 217.
10) Vgl. wie Anm. 2, S. 145-147.
11) Auszug aus der Mittelbayerischen Zeitung vom 24. April 2013: „Ein Bronzerelief erinnert an den Todesmarsch"

Wilhelm Koch

Asphaltkapelle Etsdorf
(Freudenberg, Landkreis Schwandorf)

Erster Standort: Asphaltkapelle Altötting 2001
Vom 22. Juni bis 8. Juli 2001 war die bekannte Wallfahrtsstadt Altötting Schauplatz der 13. Oberbayerischen Kulturtage und Jugendkulturtage. Über 10.000 Besucher kamen zu den rund 70 Veranstaltungen. Unter dem Motto „Kraft und Magie" präsentierten bildende Künstler rund um den Kapellplatz ihre Arbeiten. ... Wilhelm Koch nahm mit seinem Asphalthaus die tradierten Strukturen des Sakralen auf: die Hausform, zeichenhafte Lichteffekte, die Dreizahl; ergänzte sie mit der spezifischen Assoziation der Schwärze und fügte antithetisch funktional besetzte Alltagsmaterialien und -zeichen ein: Asphalt und Ampel. Der Asphalt (griechisch Erdpech) steht für die unbewusstdunkle Kraft, welche aus der Erde fließt.

Dr. Markus Wimmer (Landshut):

„Aus der Hitze, von der noch das Schwarz spricht, entstand dieses kleine monumentale Haus und weist an der Stirnseite der Giebelfassade als einziges zusätzliches Element drei mundgeblasene Gläser in Rot, Gelb und Grün auf: Stehen, Achtung, Gehen, Achtung, Stehen. Transformiert: Tod, Tor, -Leben oder Sterben, Wendepunkt, Geburt; Actio, Null, Passio. Im Gegensatz zur Ampel an der Straße, werden die drei Farben von der Sonne beleuchtet, sie verschmelzen hierin zum Zeichen für Werden und Vergehen. Die lineare Zeit des rituellen Wechsels von Rot, Gelb und Grün der Straßenampel transformiert zur Gleichzeitigkeit, zur Durchdringung und letztlich Gleichheit dieser in der menschlichen Welt gegensätzlichen und sich widersprechenden Ebenen von Leben und Tod. Werden und Vergehen, Rot, Gelb, Grün sind nicht hinterfragbar, sie sind! Die Sakralität des Raumes bezieht sich nicht auf den Verlauf der Menschheitsgeschichte, was das explizite Thema des Christentums ist, sie verdichtet Sein, die Anwesenheit, sie bestätigt: es ist so wie es ist. Und darin bekommt das Asphalthaus eine Beziehung zu den hermetischen Heiltumsräumen des Judentums, der Bundeslade oder der islamischen Kaaba in Mekka. Mit der Ampel im schwarzen Haus gelingt Wilhelm Koch ein absoluter Raum, ein Konzentrat, ein Abstraktum. Und mehr noch: Wer hier IST und wieder in die Welt tritt, wird an jeder Ampel mit der Erfahrung dieses Ortes und mit dem Geheimnis des SEINS konfrontiert. Jedes Stehen und Gehen/Fahren, von der Ampel signalisiert, ist auf diesen Raum bezogen. Jede Benutzung der Ampel gehört zu einem postreligiösen Kult des Verkehrszeitalters."

Zweiter Standort: Asphaltkapelle Etsdorf 2002
2002 Wiederaufbau am nördlichen Waldrand in Etsdorf in der Oberpfalz im Landkreis Amberg-Sulzbach, im gleichen Jahr Weihe als Kapelle durch Pfarrer Norbert Götz, begleitet vom Kirchenchor Etsdorf. Seit 2005 hat die Kapelle ein eigenes Taufbecken,

gestiftet von der Keramikerin Christine Lottner.
2005 erste katholische Taufe - 2006 zwei evangelische Taufen.

Daten

Das Objekt entspricht dem Urtyp eines Gebäudes, rechteckiger Grundriss mit Satteldach. Die begehbare Skulptur besteht aus massiven Asphaltwänden (schwarz), einer Eingangsöffnung (0,7 x 2,1 Meter) und drei Scheiben aus mundgeblasenem Glas in den Farben rot, gelb und grün. Das alltägliche schwarze Alltagsmaterial Gussasphalt nimmt Bezug zum schwarzen Innenraum der Gnadenkapelle mit der schwarzen Madonna in Altötting. Der erste Standort der Asphaltkapelle war 2001 auf dem Kapellplatz in Altötting. Die beiden Alltagsmaterialien bzw. -objekte Asphalt und „Ampel" bilden einen mystischen Ort und werden in ihrer elementaren Struktur unmittelbar erlebt und wahrgenommen. Licht und Dunkelheit treffen als alltägliche, materialgewordene Elemente aufeinander. Die Glassteine durchdringen die dunkle Asphaltwand an der Stirnseite, farbiges Licht dringt in den Raum.

Idee, Plan und Realisierung: Wilhelm Koch; Statik: Thomas Beck, München;
Ausführung: Deutsche Asphalt, Garching; Größe: 2 x 5 x 3 Meter

Wilhelm Koch

KreuzeWeg Etsdorf
(Freudenberg, Landkreis Schwandorf)

Der „KreuzeWeg" entstand als Hinführung zur Asphaltkapelle Etsdorf.
Mich interessieren die unterschiedlichen künstlerischen Interpretationen zum Thema Kreuz.
Der übliche „Kreuzweg" soll nicht illustriert oder aufgegriffen werden.
Bei der Gestaltung gibt es keine Vorgabe oder inhaltliche Einschränkung.
Bei Materialität und Ausdruck können und sollen neue Gestaltungen gefunden werden.

Erstes Kreuz:
Claussner & Rauch, Amberg (von den Bildhauern 2009 gestiftet).
Geweiht am 17.5.2009 durch den Neupriester Christian Preitschaft aus Etsdorf.
Material: Granit.
Gewidmet: Christian Preitschaft, anlässlich seiner Primiz 2009.

Zweites Kreuz:
„Corpus inside", Günter Unterburger, Berlin (vom Künstler 2010 gestiftet).
Vorlage für den Corpus:
Kreuz von Enghausen, es gilt als das älteste monumentale lebensgroße Kruzifix und damit als älteste monumentale Christusdarstellung überhaupt. Das Werk aus Holz befindet sich in der Filialkirche in Enghausen (Gemeinde Mauern) im Landkreis Freising.
Material: Beton.
Gewidmet: Pater Henrik Jendryczka, 1987 bis 2011 als Pfarrer in Etsdorf tätig.

Drittes Kreuz:
Franz Pröbster Kunzel, Forchheim/Opf. (Entwurf vom Künstler 2011 gestiftet).
Das über 2 Meter hohe Kreuz ist aus Stahl gefertigt, mit hauchdünnen Einschnitten. Im Zentrum ist ein Kreis ausgeschnitten, der gefüllt ist mit kleinen Weidenstäben. Die Hölzchen sind vergänglich und müssen immer wieder nachgesteckt werden. Für den Künstler symbolisieren sie die Menschen, die den Glauben immer wieder neu leben und die das eigentliche Zentrum von Spiritualität, Glaube und Kirche bilden. In der Abendsonne scheint das Licht durch die Einschnitte des Kreuzes.
Material: Stahl, wurde vom Verein der Freunde der Glyptothek finanziert.
Gewidmet: Peter Butz, Etsdorf, seit 1989 Kirchenpfleger; In diese Zeit fielen die umfangreichen Arbeiten der Kirchenrenovierung und -erweiterung, der Friedhofserneuerung, der Renovierung des Pfarrhauses und des Baus des neuen Pfarrheimes.

Viertes Kreuz:
„Er trägt", Hans Lankes, Regensburg - viertes Künstlerkreuz (2012).

Auf den Schultern/Armen trägt er die wichtigsten Tiere der Menschen (Nutztiere: Rind, Schaf, Schwein, Fisch, Huhn; Lieblingstiere: Katze, Hund), außerdem Tiere aus allen Erdteilen und einen Apfelbaum als Symbol für die Pflanzen und natürlich auch als Hinweis auf Adam & Eva. Er selbst steht für die Menschen. Die Figur ist auch ein Bild vom Leben und Sein auf der Welt.
Der Entwurf wurde gestiftet vom Künstler Hans Lankes.
Metall und Laserarbeiten: gestiftet von der Firma Quadrus Metallbearbeitung, Schmidgaden.
Stützrohre und Montage steuerte Peter Butz aus Etsdorf bei.
Organisation, Digitaldruck, Montage vor Ort: Verein der Freunde der Glyptothek Etsdorf.

Fünftes Kreuz:
„Reflektor", Stefan Wischnewski, München, 2013; der Künstler entwarf das neue Kreuz, fertigte und stiftete es. Die Größe ist 180 x 115 cm; es besteht aus Warndreieck-Reflektoren auf witterungsbeständigem Vierkantholz.
Anlässlich des 11. Asphaltkapellenfestes in Etsdorf wurde am 5.5.2013 das nun fünfte Kreuz durch Pfarrer Klaus Eberius (Rieden) gesegnet.
Ein Kreuz aus Warndreieck-Reflektoren signalisiert keine Panne, sondern verweist hier symbolisch auf die Wirkung eines am Wegesrand platzierten „Flurkreuzes".
Die „artverwandte" Verkehrstechnik-Materialsprache der nur unweit entfernten Asphaltkapelle ist auch beim Reflektor-Kreuz mehrdeutig lesbar.
Das Kreuz strahlt einfallendes Licht bevorzugt in die Richtung zurück, aus der es kommt. Die rötlichen Reflektoren stehen sinnbildlich für Leben, Energie, Wärme, Freude, Leidenschaft und Liebe. Rot aber auch als Reizfarbe für Aggression und Zorn. Das Wegkreuz ist ein Rückstrahler im doppeldeutigen Sinn. Es weist uns nicht nur den Weg, sondern erleuchtet schon von weiter Ferne sichtbar rot/gold schimmernd durch das einfallende Sonnenlicht.
Gewidmet ist das „Reflektor"-Kreuz dem am 21.?1.?1900 in Rottendorf (Etsdorf gehörte bis 2001 zur Pfarrei Rottendorf) geborenen Priester Josef Losch, der im November 1944 vom Volksgerichtshof in Berlin zum Tod verurteilt und am 29. Januar 1945 in Berlin Brandenburg wegen seiner aufrechten Gesinnung und Predigten gegen die NSDAP von den Machthabern der damaligen Zeit hingerichtet worden war.

1. Kreuz

2. Kreuz

3. Kreuz

4. Kreuz

5. Kreuz

Marita Haller

Die Anger-Kapelle – eine Kapelle aus Glas
(Zwiesel, Landkreis Regen)

In der Glasstadt Zwiesel steht am so genannten Anger eine außergewöhnliche Kapelle. Es dürfte die einzige Kapelle in ganz Europa sein, die aus handwerklich gegossenen Glassteinen errichtet wurde. Das Schmuckstück der Volksfrömmigkeit steht ebenso für Stadtgemeinschaft, denn nur durch Spenden der Bewohner konnte es erbaut werden.
Dieses religiöse Kleinod ist der Heiligen Mutter Maria geweiht. Bei Stadtfesten und im Monat Mai werden hier gerne Andachten gefeiert. Das Kirchlein ist zu einem viel bestaunten Symbol für die Glasstadt geworden.

Die Idee entstand bei einer launigen Unterhaltung im Bierzelt, beim Grenzlandfest in Zwiesel im Jahr 2001. Der bekannte Glasdesigner und Bildhauer Walter Wenzl aus Bernried (Kreis Deggendorf) – er hat schon für viele namhafte Firmen im In- und Ausland gearbeitet - hörte am Nebentisch, wie einige Anger-Bewohner darüber sprachen, dass ihre einst abgebrannte Holzkapelle wieder errichtet werden sollte. Wenzl schaltete sich in das Gespräch mit ein und regte für die Glasstadt Zwiesel eine Kapelle aus Glas an. Die „Angerer" zeigten sich von der Idee begeistert. Der Zwieseler Ferdinand Bernreiter nahm die Sache in die Hand und schon wurden Nägel mit Köpfen gemacht.
Nur wenige Wochen danach erstellte Walter Wenzl eine Skizze, nach der ein Metallgerüst geschweißt wurde, mit dem die Stabilität der Kapelle gewährleistet wurde. Glasmacher der Glasfachschule Zwiesel fertigten in mühevoller Arbeit per Handguss 131 strukturierte, dreifarbige Glassteine für den Kapellenkörper und den Altar. Die drei Farbschichten braun, grün und blau stehen für Erde und Bodenständigkeit, Natur und Wachstum und den Himmel. Die Glassteine wurden dann einzeln in das Metallgerüst eingepasst.

Gemäß dem Leitspruch der Stadt Zwiesel „Fein Glas und gut Holz sind Zwiesels stolz" erhielt die Kapelle einen Dachstuhl aus Holz und auch der Herrgott wurde aus Holz geschnitzt. Er hängt in der Kapelle an einem Kreuz aus Glas. Zu guter letzt erhielt das Türmchen eine rote, mundgeblasene Glasglocke als Symbol der Liebe. Sie trägt die Inschrift: „geweiht im Frieden der Stadt Zwiesel".
Über dem Eingang der Glaskapelle erkennt der Betrachter ein Unendlich-Zeichen mit Kreuz. Das Zeichen „unendlich" wurde der Überlieferung nach bereits in der Zeit der Alchimisten für Glas verwendet. Dieses Symbol bedeutet: Es ist ein unendlich Kreuz Glas zu machen. Heute fügen die Glasmacher noch gerne hinzu: Und hochwertiges Glas zu verkaufen.
Die Kapelle wurde im Jahr 2002 vollendet und im Jahr 2003 geweiht.
Wird die Glocke in der Kapelle geläutet, klingt das wie ein Versprechen: Das Versprechen, dass auch in Zukunft hochwertiges Glas in der Glasstadt Zwiesel gefertigt wird.

Marita Haller

Die St. Hermann-Kapelle auf der Zell über Frauenau
Ein VW-Bus wurde zum Gotteshaus
(Frauenau, Landkreis Regen)

Die St. Hermann Kapelle, im Volksmund auch als Eisch-Kapelle bekannt, ist wohl die ungewöhnlichste Kapelle die es in Bayern gibt. Künstlerhände bauten sie im Frauenauer Ortsteil Zell zum Gedächtnis des Ortsgründers über einen stehenden VW-Bus. Über die extravagante Form und das Innenleben des Sakralbaus wurde zur Bauzeit viel diskutiert.

Der gewählte Standort dieser außergewöhnlichen Kapelle hat historische Bedeutung. 1324 soll der Rinchnacher Klosterbruder Hermann seine Zelle an gleicher Stelle errichtet und somit Frauenau gegründet haben.

Helmut Koller, ein kreativer Architekturstudent, begann 1968 zusammen mit Glaskünstler Erwin Eisch an der Idee zu arbeiten eine Kapelle zu errichten, die sich von allen anderen Sakralbauten abheben sollte. Mit dem fahruntüchtig gewordenen VW-Bus ihres amerikanischen Freundes wurde auch die künstlerische Form der heutigen Kapelle geboren.

Zum Erstaunen vieler Frauenauer verputzten die Freunde das aufgestellte Skelett des VW-Busses auf der Zell und schickten sich an, daraus eine Kapelle zu schaffen. Noch während des Baus verunglückte Helmut Koller bei einem Verkehrsunfall tödlich. Erst 3 Jahre später vollendete Erwin Eisch das unkonventionelle gemeinsame Werk. Die Malerei im Innenraum des Gotteshauses, der über einen kurzen Tunnel erreichbar ist, erinnert an das tragische Schicksal seines Freundes. Er verbrannte in seinem Auto. Aber auch die Jahrhunderte alte Glasmachertradition des Ortes Frauenau wurde im Kapelleninnenraum in Bildern verewigt. Eine Sonnenuhr am Kapellenturm, gestaltet von Gretel Eisch, mahnt die Vergänglichkeit des Lebens an.

Ein steinerner Stuhl am Ende des Tunnels steht für Ruhe und Frieden. Ein Fuß und Fußspuren, die in Richtung Frauenau führen, rufen den täglichen Gang des Glaubensboten Hermann hinunter in das Dorf ins Gedächtnis.

Im Juli 1972 weihte Abt Placidus des Klosters Niederaltaich dieses einmalige Kunstwerk der Schmerzensmutter Maria. Die Kapelle wurde, neben der Erinnerung an den Hl. Ortsgründer auch zu einer Gedächtnisstätte für einen verstorbenen Freund.

Die moderne Kapelle ist heute ein beliebtes Ausflugsziel beispielsweise ab dem Dorf Flanitz bei Zwiesel, auf dem Wanderweg nach Zell-Frauenau (Info-Tafel Flanitz).

Quellennachweis:
Erzählungen: Alfons Hannes, Klaus Kainz
Heft „Die Kapelle auf der Zell" herausgegeben von Walter Stübinger und Erwin Eisch,
Druck: Morsak Verlag

Beate Geier

Neubau der Hafner-Kapelle
(Wörth-Hafnerhof, Landkreis Regensburg))

Die Hafnerkapelle
vor dem Abriss
(Foto: Walter Groß)

Das Weihwasser kam am Sonntagnachmittag von oben bei der Einweihung und Segnung der schmuckvollen Hafnerkapelle. Aber das hielt den Ansturm der gut 80 Gläubigen nicht zurück, und unterstrich einmal mehr, dass der Glaube in vielen Herzen tief verwurzelt ist. Pfarrer Johann Baier dankte Martin Stierstorfer für sein gelungenes Werk, ein Kleiod an idyllischer Stätte. Voll des Lobes für die Eigeninitiative waren auch Pfarrer Lorenz Schnitt, die Kreisräte Hans Jeserer, Franz Grundner und Herbert Schötz, die Stadträte Ekkehard Hollschwandner, Harald Dietlmeier und Beate Ostermeier sowie zweiter Bürgermeister Gerhard Schmautz. Auch der AFO (Arbeitskreis für Flur- und Kleindenkmalforschung in der Oberpfalz e.V.) war mit 2. Vorsitzendem Bernhard Frahsek aus Lappersdorf und Schriftführer Max Wolf aus Wiesent vertreten.

Abordnung der Stadtkapelle
während der Feier (Foto:
Bernhard Frahsek)

Pfarrer Johann Baier segnet
das kleine Gotteshaus
(Foto: Beate Geier)

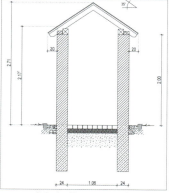

Schnitt (Carmen Jörgl)

Viele Jahrhunderte hinweg haben Menschen Erfahrungen gemacht, dass die Muttergottes in höchster Not geholfen hat. Und so wurden und werden oftmals private Kapellen meist als Versprechen oder Gelübde errichtet. Hier drücken gläubige Menschen ihren Dank gegenüber der Schöpfung aus. So auch bei der Errichtung der ersten Kapelle vor gut 150 Jahren. Nach mündlichen Überlieferungen ereignete sich an dieser Stelle ein Fuhrwerksunfall, wohl mit einem Ochsenkarren. Aus Dank, dass niemand zu Schaden kam, wurde diese Dankesstätte errichtet.

„Der Zahn der Zeit nagte an der Kapelle und immer öfter wenn ich daran vorbei fuhr, reifte das Verlangen, dieses kleine Gebetshaus wieder herzurichten. Nach genauerem Hinsehen wurde aber deutlich, dass der Zustand einfach zu schlecht war und ein

Neubau eher in Betracht kommen würde", so der Hafnerbauer. Nach Absprache mit Ortsheimatpfleger Fritz Jörgl sowie einem Ortstermin mit Dr. Thomas Feuerer vom Landratsamt Regensburg und dem AFO war ein Abriss unumgänglich. „Wir sind zwar eigentlich Gegner eines Abrisses, aber man muss eben auch entscheiden, wann etwas zu erhalten ist oder in Anlehnung am Ursprung, hier der oberpfälzer Bauweise, neu zu errichten ist. Einfach toll finde ich die Einbringung und den Mut von Martin Stierstorfer. Diese Kapelle ist eine Würdigung für diesen wundervollen Ort", so der 2. Vorsitzende der Flur- und Kleindenkmalforschung. Zahlreiche Gespräche mit Behörden mussten geführt werden, bis sich Carmen Jörgl an die Planung machen konnte. Ein Baggereibetrieb wurde beauftragt, um die alte Kapelle abzureißen. Das Fundament errichtete Stierstorfer eigenhändig, für die Mauerarbeiten beschäftigte er einen Helfer. Das Dach wurde von Firmen aus der Region erstellt. Der Weg vor dem Gotteshaus wurde in Zusammenarbeit mit dem Bauhof neu bekiest und fest gerüttelt. Die schmiedeeiserne Türe stammt vom Abbruch des Riekofener Pfarrhofs vor sieben Jahren und wurde vom Alteisensammler sichergestellt. „Diese muss nur noch sandgestrahlt und neu lackiert werden", so der Erbauer.

Das Marienbild wurde getreu der hölzernen Vorlage, die sich in Besitz von Stierstorfer befindet, nachgebildet. Der Ledacolor Kreativberater und Lüftlmaler Friedrich Baumgartner aus Straubing, der vorwiegend für Kindergärten und Schulen tätig ist und ebenso wie Stierstorfer Oldtimerfreund ist, hat in rund 20-stündiger Arbeit dieses Werk farbenfroh gestaltet.

„Ein sehr aktiver Mann, der Martin," unterstrich Hans Jeserer, Vorstandssprecher der Oldtimerfreunde Gemütlichkeit Dengling. Der Kreisrat lobte das Engagement und war mit einer Abordnung des Vereins gekommen, bei dem Stierstorfer Vorstandschafts- und Gründungsmitglied ist.

Musikalisch begleitet wurden die Andacht und das spätere Verweilen durch eine Abordnung der Stadtkapelle. Der historische Arbeitskreis sorgte für Kaffee und Kuchen, der Reinerlös wurde Martin Stierstorfer noch vor Ort übergeben.

Ein schöner Ort, an dem kurz verweilt werden sollte, besinnlichen Gedanken hingegeben und mit einem Vater unser ein kleines Dankeschön gesagt werden sollte, regte Anna Schötz an.

Hafnerkapelle im neuen Glanz (links) und Marienbild (Original, Hafnerhof) (Fotos: Bernhard Frahsek)

Thomas Feuerer und Martina Oeter

Die neugotische Kapelle in Friesenhof
(Markt Beratzhausen, Landkreis Regensburg)

Am nördlichen Rand des Tangrintels, der Jurahochebene zwischen Altmühl und Schwarzer Laber, liegt unweit der Kreisstraße R 11 von Hemau nach Beratzhausen die Einöde Friesenhof. Auf diesem Anwesen, das derzeit als Reiterhof bewirtschaftet wird, steht neben dem Wohnhaus und diversen landwirtschaftlichen Nebengebäuden auch eine kleine, im Jahre 1904 erbaute und jüngst renovierte Kapelle.[1] Deren Entstehungs- und Restaurierungsgeschichte soll im Folgenden anhand der erhaltenen Archivalien rekonstruiert werden.

Beschreibung
Außen

Die Kapelle auf dem Friesenhof wurde über einem Fundament aus Feldsteinen im neugotischen Stil in Ziegelsteinen mit hölzernem stehendem Dachstuhl und Blechdeckung des Daches ausgeführt.[2] Das Mauerwerk ist komplett verputzt, die Wandflächen sind außen mit einem ockerfarbenen Kalkanstrich versehen. Lediglich der ein wenig hervortretende Sockelbereich und die Gliederungsflächen, also die Lisenen, Fensterspiegel und -laibungen sowie die Gesimse sind in Weiß gehalten. Der kleine Sakralbau hat eine annähernd symmetrische Form: Es handelt sich um einen giebelständigen, 4,15 m x 4,15 m messenden quadratischen Saalbau mit einem Satteldach bzw. einem halbseitigen Krüppelwalmdach, an welchem an der Nordostseite ein Chor mit 5/8-Schluss und abgewalmtem Satteldach eingezogen ist.
An der Nordwestseite dieser polygonalen Apsis ist unter einem Pultdach eine etwas niedrigere Lourdesgrotte angebaut. Der Giebel an der Südwestseite wird von einem kleinen quadratischen, mittels schmalen Gesimsen in drei Zonen gegliederten Dachreiter mit spitzem Pyramidendach und Turmknopf sowie aus der Gebäudeachse gedrehtem Turmkreuz überragt. In dessen Mittelzone befindet sich sowohl an der Südost- als auch an der Nordwestseite je ein kleines spitzbogiges Schallfenster für die darin aufgehängte Glocke, in der Giebelzone an allen Seiten je ein winziges kreisrundes Blendfenster. Den einzigen Zugang zur Kapelle bildet das über eine steinerne Antrittstufe zugängliche, dekorativ mit einem breiten Putzband umrahmte, fast die gesamte Gebäudehöhe einnehmende spitzbogige Portal an der Südwestseite, über dem im Giebelfeld der Fassade ein kleines rundes Blendfenster angebracht ist. Die Tür selbst ist aus Holz und mit zwei Glasfeldern sowie einem schweren Kastenschloss versehen, der Spitzbogen darüber mit Bleiverglasung geschlossen. Links daneben gibt es in der Wand eine kleine spitzbogige Einlassung, bei der es sich um den Einwurf für einen Opferstock handelt. An den beiden Seitenfronten befindet sich mittig je ein großes spitzbogiges Fenster mit Bleiverglasung. Mit Ausnahme der Nordostseite sind an allen Fassaden breite Lisenen

angebracht. Diese setzen sich an der Südwestseite auch am Ortgang fort, während die beiden Seitenfronten zum Dach hin mit einem gestuften Gesims abgeschlossen sind. Auch die Polygonalapsis weist ein umlaufendes gestuftes Gesims auf, die Ecken sind hier aber nur mit vergleichsweise schmalen Putzbändern betont. An deren Südost- und an der Nordostseite befinden sich kleine spitzbogige Fenster mit Bleiverglasung, an der Nordwestseite ist die auf der gesamten Länge der Apsis über die Flucht der Kapellenwand hinausreichende Lourdesgrotte angebaut. Deren unmittelbar an die Apsis anstoßende Teil besteht wie der Rest der Kapelle aus verputztem Ziegelmauerwerk; der über die Wandflucht hinausreichende, durch eine deutliche Baufuge abgesetzte Teil dagegen wurde mit einem Mischmauerwerk aus Feld- und Kieselsteinen ausgeführt und ist nach oben hin abgerundet. Das mit einer spitzbogigen Öffnung erschlossene Innere der Grotte, in der hinter einem halbhohen schmiedeeisernen Gitter eine hölzerne Marienstatue aufgestellt ist, ist mit Granitstein- und Glassplittern verkleidet.

Innen

Die Kapelle wird durch die an der Südwestfassade befindliche Tür betreten. Für die Belichtung des Innenraums sorgen zwei im oberen Bereich der Tür eingesetzte Fensterelemente sowie ein spitzbogiges Verglasungselement über der Tür. Weitere Belichtung erfolgt durch die je zwei spitzbogigen, teilweise gelb verglasten Fenster in Hauptraum und Chor, die den Kapellenraum in gelbliches Licht tauchen. Der Fußboden ist mit ockerfarbigen und blauen Zementfliesen ausgelegt. Im Zentralraum ist der diagonal im Schachbrettmuster verlegte Belag von einem Randstreifen aus blauen Fliesen eingefasst, in dem um eine Stufe (Beton) erhöhten Chor wurden die Fliesen im geraden Verband verlegt.
Sowohl der Hauptraum als auch der Chor sind flach gedeckt. Hierfür wurde eine Verschalung aus Fichtenholzbrettern mit Rohrmatten armiert. Decke und Wände sowie der massiv gemauerte Chorbogen sind mit Kalkputz glatt verputzt. Der gesamte Innenraum ist im neugotischen Stil ausgemalt. Besonders reich ausgestaltet wurden der Chorbogen sowie die Fensterlaibungen und vor allem die Decke des Hauptraums. Letztere zeigt neben im ganzen Raum anzutreffender ornamentaler Malerei auch figürliche Malerei.
Die hell violettfarbene Grundfläche der quadratischen Decke ist mit kleinen grauen Sternen verziert und stellt einen Sternenhimmel dar. Darauf liegen eine ockerfarbige Deckenumrahmung und ein zentrales ockerfarbenes Kreuz mit aufschablonierten grünen Kreuzblüten, das die Decke in vier Grundquadrate aufteilt. Hierauf sitzt ein in die Raumecken eingespanntes ultramarinblaues sphärisches Viereck mit weißen Ornamenten, die an Akroterien erinnern. Die Spitzen des Vierecks erweitern sich zu Dreipässen, in denen die vier Evangelistensymbole dargestellt und mit Schriftbändern bezeichnet sind. Zentral auf der Deckenmitte befindet sich ein rundes Medaillon, darin das Lamm Gottes, welches auf dem Buch mit den sieben Siegeln liegt und eine Fahne mit der Aufschrift „Agnus Dei" hält. Das Medaillon wird umrahmt von zwei ockerfarbenen

Bändern mit unterschiedlichen Ornamenten.
Kräftige farbige Linierungen in Ultramarinblau, Schwarz und Dunkelrot übernehmen die Gliederung der einzelnen Deckenelemente und korrespondieren mit weiteren Linien, die von der Deckenfläche in die Wandflächen überleiten. Die Wandflächen des Hauptraums sind hell ockerbeige gefasst und durch eine mittelbraune Quadermalerei gegliedert. Eine weitere, durch kräftig ocker- und rotfarbige Linierung erzielte Akzentuierung erfahren die Eingangstür, die beiden Fenster und der Chorbogen. An den Fenstern und dem Chorbogen sitzen auf der äußeren Einfassung zusätzlich noch ockerfarbige Krabben, am Chorbogen des Weiteren ein Kreuz als Bekrönung und ein darunter schwebendes Schriftband. Die Laibung des Chorbogens trägt ein ockerfarbiges Flechtband mit verschiedenen floralen und rautenförmigen Verzierungen in Blau, Grün, Braun und Grau. Hiermit korrespondieren die ebenso bunt gestalteten Kettenbänder in den beiden Fensterlaibungen.

Im Chorraum wiederholt sich der Grundton der Wandflächen, jedoch wurde hier auf eine Quaderung verzichtet und stattdessen die polygonale Form des eingerückten Raumes durch vertikale Feldgliederung der einzelnen Wandflächen hervorgehoben. Jedes der fünf Wandfelder schließt oben mit einer dreigliedrigen Maßwerkmalerei ab. Die gedeckt hellblau gefasste Decke nimmt die Polygonalgliederung auf und steigert das Prinzip durch eine Radialaufteilung in 14 Felder, die von einem zentralen Kreisornament mit Blütenfüllung ausgeht. Die Laibungen der Chorfenster sind mit schlichten grauen Bändern und rotbraunem Rautenmotiv gestaltet.

Ausstattung

Die Kapelle beinhaltet einen kleinen, im neogotischen Stil angefertigten Altar, der einem spätgotischen Flügelaltar nachempfunden ist. Der nach oben mit einem Spitzbogen abgeschlossene nischenförmige Mittelteil besitzt als Rückwand ein auf Holz gemaltes Altarblatt. Dargestellt ist vor einem hellblauen Hintergrund aufrecht stehend Maria mit dem bekleideten Kind auf dem Arm. Rechts und links wachsen Lilien empor. Der untere Bildbereich wird durch eine gemalte Stange mit einem grünen Vorhang mit goldenen Ornamenten abgedeckt. An dem Spitzbogen sind geschnitzte Dreipassornamente angebracht. Darüber erhebt sich ein Wimperg mit geschnitzten Krabben und einer Mittelfiale mit Kreuzblume. Rechts und links des zurückgesetzten Mittelteils wird das Altarblatt von zwei vorgesetzten Säulen flankiert, die sich oben in zwei weiteren Fialen mit Kreuzblumen fortsetzen. Die feststehenden Seitenflügel übernehmen die Form des Mittelteils, sodass der Eindruck eines aufgeklappten Flügelaltars entsteht. Im oberen Bereich befindet sich jeweils ein vegetabiles, schleierbrettartiges geschnitztes Ornament vor blauem Grund. Darunter steht unter abgeflachten Spitzbögen jeweils eine als Flachrelief geschnitzte Heiligenfigur. Die Heiligendarstellungen verweisen auf den bäuerlichen Hintergrund der Kapelle: Im linken Flügel ist der hl. Leonhard als Schutzpatron der Tiere im schwarzen Mönchsgewand mit Kette und Stier dargestellt; im rechten Flügel erscheint der hl. Florian als Schutzpatron des Hauses im antiken

Gewand mit brennendem Haus und Wasserkübel. Die Rückseite des Schreins und der Flügel sind glatt und unbemalt. Der Schrein wird von einer Predella getragen, in der auf der Vorderseite ein Schleierbrett eingesetzt ist. Das Retabel steht auf einer hölzernen Mensa. Der als Platte ausgebildete obere Abschluss setzt sich durch ein stark profiliertes Gesims von dem Unterbau ab. In der Vorderseite der Mensa befindet sich eine in drei Felder geteilte Füllung mit geschnitzten Ornamenten. Rahmen und Architekturteile sind aus Nadelholz gefertigt. Die Ornamente und Skulpturen sind aus Lindenholz. Der Altar ist mit Ölfarbe vollständig farbig gefasst. Für die Metallauflagen an den geschnitzten Ornamenten, diversen Hohlkehlen und Leisten wurden statt Blattgold verschiedene Schlagmetalle oder Bronzen verwendet.

Entstehungsgeschichte

Hofgeschichte

Es ist hier nicht der Ort, die noch weitgehend unerforschte Geschichte des Friesenhofes ausführlich darzustellen. In der einschlägigen Literatur finden sich lediglich zwei relevante Hinweise. Die erste schriftliche Erwähnung könnte in das 12. Jahrhundert fallen. Eine zwischen dem 11. Dezember 1138 und dem 30. Juni 1139 zu datierende Traditionsnotiz des Klosters Prüfening berichtet davon, dass Bischof Otto I. von Bamberg von einem gewissen Wernher von Haag eine Wiese bei Hemau zugunsten des Klosters gegen eine klösterliche Hube in *Vrisinbrand* tauschte.[3] Dabei handelte es sich vielleicht um den heutigen Friesenhof, gesichert ist das allerdings nicht.[4]

Die zweite Erwähnung findet sich erst wieder einige Jahrhunderte später. Im Dreißigjährigen Krieg wurde der Tangrintel schwer in Mitleidenschaft gezogen, vor allem als umherziehende Schweden 1634 die ganze Gegend verwüsteten. Der Hemauer Stadtchronist Johann Nepomuck Müller wusste kurz nach der Mitte des 19. Jahrhunderts zu berichten, dass damals u. a. auch der Friesenhof „mehr als ein halbes Jahrhundert unbebaut" blieb.[5] Wann die Hofstelle wieder aufgesiedelt wurde, ist aber nicht überliefert.

Vorgängerbau

Eine Kapelle in Friesenhof, welcher damals übrigens zur Pfarrei Hohenschambach gehörte, wird in einer Beschreibung des Landgerichts Hemau aus dem Jahre 1801 noch nicht erwähnt.[6] Erst im Liquidationsprotokoll für den Friesenhof vom 6. November 1835 wurde eine solche unter der laufenden Plannummer 1097 als „Grasgarten mit der Kapelle" aufgeführt.[7] Dieser „Grasgarten mit Kapelle" erscheint dann auch im sog. Urkataster der Steuergemeinde Haag von 1837 und im Renovierten Kataster von 1856.[8] Es muss sich dabei um das im Uraufnahmeplan eingezeichnete kleine Gebäude am Weg Richtung Labertal gehandelt haben. Näheres über diesen Vorgängerbau ist jedoch nicht bekannt.[9] Im Jahre 1903 erwähnt der damalige Pfarrer von Beratzhausen, Anton Lang,[10] in einem Schreiben an den Regensburger Bischof Ignatius von Senestréy,[11] worin er um die Erlaubnis zum Bau einer neuen Kapelle bittet, „daß bereits früher in einiger Entfernung vom jetzigen Bauplatze eine kleine Kapelle vorhanden gewesen sein soll, aber durch die Nachläßigkeit der früheren Hofbesitzer zusammengefallen ist".[12] Wann genau dies geschah, muss allerdings offen bleiben.[13] Weiter heißt es hier noch: „Um nun das Versprechen, das Karl Müller seiner sterbenden Ehefrau gegeben hat, zu erfüllen, will er die Kapelle an einem anderen Platze und etwas grösser wieder erbauen".

Bauvoranfrage

Karl Müller war der damalige Hofbesitzer.[14] Spätestens im Sommer des Jahres 1903 muss er den Beschluss gefasst haben, den Neubau einer Kapelle auf dem Friesenhof in Angriff zu nehmen. Zuerst scheint er sich an den Pfarrer von Beratzhausen, den besagten Anton Lang, gewandt zu haben, denn jener schrieb in dieser Angelegenheit wie schon erwähnt am 10. August 1903 an den Bischof in Regensburg und bat um Erlaubnis zur Erbauung einer Privatkapelle auf dem Friesenhof.[15] Dabei vergaß er nicht zu erwähnen, dass Müller sich verpflichtet habe, „sich für den baulichen Unterhalt der Kapelle und für die Erhaltung der inneren Einrichtung derselben aufzukommen solange er Besitzer des Hofes ist. Nach seinem Weggange wird er dafür sorgen, daß ein Kapital von 400 M. erlegt wird zum Unterhalt der Kapelle". Das Antwortschreiben des bischöflichen Ordinariats datiert vom 14. August.[16] Darin wurde der Antrag unter folgenden Bedingungen genehmigt: a) Bei der Pfarrkirchenverwaltung muss ein Kapital von 400 Mark hinterlegt werden. b) Beim zuständigen Bezirksamt muss die baupolizeiliche Genehmigung eingeholt werden. c) Der Bauherr ist darüber zu verständigen, „daß die oberhirtliche Erlaubnis zur Celebration der heiligen Messe in derselben Kapelle weder jetzt gegeben noch für später in Aussicht gestellt werden kann".

Genehmigungsverfahren

Nach diesem positiven Bescheid konnte die konkrete Planung beginnen und das behördliche Genehmigungsverfahren seinen Lauf nehmen. Da letzteres in diesem Fall ausgesprochen gut dokumentiert ist, soll es im Folgenden ausführlich dargestellt werden: Müller beauftragte umgehend den Maurermeister Theobald May aus Hemau mit der Anfertigung eines Bauplans, der am 13. September 1903 vollendet war und anschließend bei der Gemeindeverwaltung Haag eingereicht wurde. Mit dem Vermerk, „daß vom Standpunkte der Ortspolizei keine Erinnerungen gegen die beabsichtigte Bauausführung veranlaßt sind", leitete ihn der dortige Bürgermeister Preuschl unter dem Datum des 14. Oktober an das Königliche Bezirksamt Parsberg weiter, wo er laut Eingangsstempel am 18. Oktober vorlag. Dargestellt sind sowohl eine südliche und eine westliche Ansicht als auch ein Grundriss und ein Schnitt jeweils im Maßstab 1:100 sowie ein Lageplan im Maßstab 1:1000. Der Plan ist unter anderem von einem gewissen Justin Nikola oder Nikoler als Bauleiter unterschrieben, ferner vom Zimmermann Josef Jäger und vom Maurer Joseph Jochum.[17]

Die vom Bezirksamt aufgeworfenen Fragen konnten bis Mitte November beantwortet werden.[18] Unter anderem wollte man in Parsberg wissen, „ob die Kapelle bloß zur Privatandacht oder auch zu öffentlichen kirchlichen oder gottesdienstlichen Verrichtungen dienen soll", und „wer die Kosten der Erbauung und Unterhaltung der Kapelle trägt." Außerdem sei der Bauherr zu veranlassen, „für die Unterhaltung der Kapelle eine ausreichende Sicherheit, am besten Hypothek, zu bestellen". Die Gemeindeverwaltung Haag teilte daraufhin mit, dass die Kapelle „bloß zur Privatandacht dienen soll". Die Kosten der Erbauung und Unterhaltung trage einzig und allein der Bauherr Karl Müller. Dieser habe erklärt, dass „in Betreff Unterhaltung der Kapelle auf seinem Anwesen eine Hypothek sich nicht bestellen läßt, daß vielmehr die Unterhaltung der Kapelle von ihm bestritten wird, und daß er auch seinen Besitznachfolgern die Auflage macht, die Kapelle zu unterhalten".

Nun wurden die Pfarrämter Laaber und Beratzhausen vom Bezirksamt über den geplanten Kapellenbau informiert und um Stellungnahmen gebeten.[19] Während der Laaberer Pfarrer lediglich darauf hinwies, «daß in meiner Pfarrei ein Friesenhof nicht liegt», ließ der Pfarrer von Beratzhausen wissen, «daß diese Angelegenheit schon durch das Hochwürdigste Bischöfliche Ordinariat Regensburg geregelt worden ist».

Unmittelbar nachdem diese Rückmeldungen eingegangen waren, wurden die Unterlagen dem Distriktstechniker Dürr zur Planrevision vorgelegt. Zwei Tage später, am 6. Dezember 1903, ordnete jener an, dass beim Kapellenbau zu beachten sei, dass „1.) 10 cm unter Fußbodenhöhe eine Folienschichte angebracht wird, 2.) die Giebelchen am Turm höher gemacht werden, 3.) der Turmknopf nicht direkt auf der Kuppel, sondern 50 cm höher gesetzt wird, 4.) der Spitzbogen am Giebel in Wegfall kommt».[20]

Am 9. Dezember schließlich wurden die inzwischen „erwachsenen Verhandlungen an die Königliche Regierung der Oberpfalz und von Regensburg, Kammer des Innern zur geneigten Würdigung in Vorlage" gebracht.[21] Diese wandte sich wiederum am 14. Dezember an das Bischöfliche Ordinariat Regensburg, welches am 22. Dezember noch einmal seine Zustimmung zum Kapellenbau erklärte. Sie band diese jedoch wieder an einige Auflagen, welche anschließend wörtlich in den Genehmigungsbescheid der Regierung aufgenommen wurden.[22]

Am 2. Januar 1904 schließlich gab die Regierung grünes Licht, indem sie erklärte: „Im Einverständnis mit dem Bischöflichen Ordinariate Regensburg wird gegen die Erbauung einer lediglich zur Privatandacht bestimmten Feldkapelle in Friesenhof durch den dortigen Oekonom Karl Müller unter der Bedingung keine Erinnerung erhoben: 1.) daß die oberste Stufe 60 cm breit und die Türe 1 m breit hergestellt und die Fenster an den Schrägseiten der Apsis angebracht werden; 2.) daß die Unterhaltung der Kapelle für alle Zukunft dadurch sichergestellt wird, daß bei der Pfarrkirchenstiftung Beratzhausen ein Kapital von 200 M erlegt wird, das von der Kirchenverwaltung gesondert von dem Stiftungsvermögen zu verwalten und dessen Zinsen zu admassieren und zur Unterhaltung der Kapelle zu verwenden sind; 3.) daß der Eigentümer der Kapelle sich verbindlich macht, für den guten Verschluß der Kapelle stets Sorge zu tragen; 4.) daß ein Opferstock in der Kapelle nicht aufgestellt wird".[23] Diese Regierungsentschließung wurde dem

Bauherrn Karl Müller samt Bauplan am 27. Januar durch die Gemeindeverwaltung Haag ausgehändigt.[24]

Bauausführung

Wann der Bau tatsächlich begonnen wurde und wie der genaue Ablauf war, darüber liegen leider keine Nachrichten vor. Bekannt ist lediglich, dass er spätestens am 12. Juni 1904 vollendet war.[25] Kurz nachdem das Bezirksamt Parsberg den Distriktstechniker Dürr am 23. Juni 1904 um Vornahme der Baukontrolle ersucht hatte,[26] stellte Karl Müller am 9. August den Antrag, „auf seiner Feldkapelle eine Glocke (56 Pfund schwer) anbringen zu dürfen", und auch dieses Schreiben wurde an den Distriktstechniker mit der Bitte um Prüfung weitergeleitet.[27] Am 15. September – an welchem scheinbar die offizielle Bauabnahme erfolgt ist – meldete jener zurück, „daß gegen vorliegende Bauausführung technischerseits keine Erinnerung besteht" und „daß gegen Aufstellung der Glocke keine Erinnerungen bestehen".[28] Erst danach, am 23. September 1904, wandte sich das Bezirksamt Parsberg wegen der Glocke auch noch einmal an das Pfarramt Beratzhausen „zur gefelligen Kenntnisnahme und etwaiger Äußerung"; schon tags darauf erteilte Pfarrer Anton Lang seine Zustimmung.[29] Am 26. September 1904 beauftragte das Bezirksamt Parsberg die Gemeindeverwaltung Haag, den Bauherrn Karl Müller persönlich über die ergangenen Bescheide zu informieren und ihm dabei auch das Planduplikat auszuhändigen.[30] Dies geschah am 29. September 1904 in aller Form.[31] Rund zwei Wochen später, spätestens aber am 17. Oktober 1904, wurde die Kapelle vom Beratzhausener Pfarrer Anton Lang benediziert.[32] Jener hatte mit Schreiben vom 5. Oktober beim Bischof um eine entsprechende Erlaubnis nachgesucht, und am 11. Oktober war ihm vom Ordinariat gestattet worden, „durch Besprengung mit Weihwasser und Abbetung des Psalmes Miserere sowie der Oratio pro benedictione loci" sowohl die Kapelle als auch die Glocke und „eventuell auch die in der Kapelle befindlichen Bilder und Statuen zu benediciern".[33] Nachdem die Kapelle am 29. Oktober 1904 schließlich auch noch vom Vermessungsamt eingemessen wurde,[34] war die Baumaßnahme wohl endgültig abgeschlossen.

Bei genauem Hinsehen fällt übrigens auf, dass die im Plan und im Genehmigungsbescheid gemachten Auflagen nur zum Teil umgesetzt worden sind. Zwar wurde der Turmknopf tatsächlich nicht direkt auf die Kuppel gesetzt, der Spitzbogen am Giebel auf der Westseite weggelassen, und die Tür 1 m breit ausgeführt. Aber die Außenmaße der Kapelle sind 15 cm größer als geplant (4,15 m x 4,15 m statt 4,00 m x 4,00 m), die oberste Stufe am Portal ist mit 42 cm nicht wie gefordert 60 cm breit, die Fenster im Polygonalchor sind nicht an den Schrägseiten angebracht und neben der Eingangstür wurde trotz des ausdrücklichen Verbotes ein Opferstock eingemauert. Damit nicht genug, wurde an der Nordseite des Chores die erwähnte Lourdesgrotte angebaut, die im Plan überhaupt nicht vorgesehen war.[35] Zumindest der direkt an die Apsis anstoßende hintere Teil dieser Grotte ist definitiv bauzeitlich, wie man auf dem anlässlich der Einmessung des Gebäudes am 29. Oktober 1904 angefertigten Fortführungsriss eindeutig erkennen kann. Aber auch sonst lassen sich am Mauerwerk der Kapelle keinerlei Anhaltspunkte dafür finden, dass die erwähnten Abweichungen vom Bauplan erst später vorgenommen wurden. Einmal mehr zeigt sich an diesem Beispiel also die an sich bekannte Tatsache, dass historische Baupläne, so genau und schön sie auch gezeichnet sein mögen, immer nur den Charakter von „Bauabsichtserklärungen" haben und entsprechend mit quellenkritischer Vorsicht zu gebrauchen sind.[36]

Ausmalung und Innenausstattung

Leider haben sich keinerlei archivalische Nachrichten über die Ausmalung und die Innenausstattung erhalten.[37] Es erscheint zwar wahrscheinlich, dass sie zum Zeitpunkt der Benedizierung Mitte Oktober 1904 bereits vorhanden waren, gesichert ist dies aber nicht.
Die hohe Qualität der Ausmalung zeigt sich in umfangreicher Abschattierung und Konturierung der fast vollständig frei Hand ausgeführten Dekoration. Unklar ist freilich, von wem genau sie stammt. Zwar befinden sich auf der nordöstlichen Seite des Chorbogens Fragmente einer Signatur, mit Sicherheit zu entziffern ist hier aber lediglich der Nachname „Spitzner". Sollte die Annahme, dass die Kapelle bereits unmittelbar nach ihrer Erbauung im Laufe des Sommers bzw. des Frühherbsts des Jahres 1904 ausgemalt worden ist, tatsächlich zutreffen, dann käme als ausführender Künstler am ehesten der 1852 in Velburg geborene und seit 1879 in Parsberg lebende Kirchenmaler Johann Nepomuk Spitzner († 1922) in Frage.[38] Er hat zum Beispiel 1878 den Kreuzweg in Schrotzhofen (Markt Beratzhausen, Lkr. Regensburg) gemalt[39] und war 1882 in der Pfarrkirche in See (Markt Lupburg, Lkr. Neumarkt i. d. Opf.) tätig (15 Bildfelder mit den Geheimnissen des Rosenkranzes auf der Flachdecke des Langhauses) sowie 1887 in der Filialkirche in Rasch (Markt Breitenbrunn, Lkr. Neumarkt i. d. Opf.; großes Deckenfresko der Krönung Mariens auf der Flachdecke im Schiff).[40]
Der Altar wiederum ist zwar nicht signiert, dafür befindet sich aber auf seiner Rückseite ein kleiner, teilweise beschädigter Aufkleber mit dem Aufdruck: „Kgl. Bayer. Staatseisenbahnen. Regensburg", auf dem nachträglich das Datum 2. Januar 1904 aufgestempelt worden ist. Dies legt die Vermutung nahe, dass er spätestens im Jahre 1903 in Regensburg angefertigt und dann zu Jahresbeginn 1904 per Bahn nach Beratzhausen bzw. auf den Friesenhof geschickt worden ist. In welcher Werkstatt er entstanden ist, muss freilich offen bleiben. In Frage kämen zum Beispiel die des Bildhauers Hans Loibl oder eventuell auch jene der Gebrüder Goss, die beide in Stadtamhof ansässig waren.[41]

Restaurierung 2011 - 2013

Gut hundert Jahre lang waren an der Kapelle lediglich kleinere Reparaturen oder Neuanstriche vorgenommen worden. Bedingt durch fehlende Wartung und handwerklich schlecht ausgeführte Ausbesserungen befand sie sich zu Beginn des 21. Jahrhunderts in einem desolaten Zustand. Nachdem es bereits 2005 erste, damals aber noch vergebliche Bemühungen um eine Rettung gegeben hatte, wurde ab dem Jahr 2011 ein neuer Anlauf unternommen, die Kapelle dauerhaft zu sichern. Dazu wurde unter Mithilfe des Bayerischen Landesamts für Denkmalpflege zunächst ein umfangreiches Sanierungskonzept ausgearbeitet, dessen Grundlage die Ergebnisse statisch-konstruktiver und restauratorischer Voruntersuchungen waren.[42]

Ausgangslage

An der Fassade war zunächst die starke Durchfeuchtung der bodennahen Wandbereiche auffällig. Besonders die Nordwestwand, aber auch die Südwestecke und der Chorbereich der Kapelle wiesen Feuchtigkeitsflecken, Salzausblühungen und Putzzersetzung auf. Auch im nordöstlichen Giebelbereich zeugte ein Putz- und Mauerwerksschaden von einer schadhaften Wasserführung. Die am südöstlichen und nordwestlichen Chor angebrachten Fallrohre endeten etwa 40 cm oberhalb der Geländekante, so dass das sich auf dem Dach sammelnde Wasser direkt die Mauersohle durchfeuchtete. Das Blechdach war an diversen Stellen undicht geworden und Wasser konnte in den Baukörper eindringen. Ein weiteres auffälliges Schadensbild stellten die sowohl im Innenraum wie außen sichtbaren statischen Risse an allen Gebäudeseiten dar. Laut statischem Gutachten waren die Wandbewegungen und Abrisse auf nicht ausreichende Gründung oder zu große Lastabtragungen aus dem Dachtragwerk zurückzuführen. An den Holzbauteilen waren Schäden im Traufbereich der Dachkonstruktion und hier vor allem an der Mauerschwelle und dem Fußpunktbereich der Sparren und Zerrbalken festzustellen.

Auch im Innenraum gab es umfangreiche Schäden. Die den Deckenputz tragende Brettschalung, vor allem im südwestlichen Deckenbereich unterhalb des Turms und entlang der südöstlichen und nordwestlichen Mauerlatte, war von Fäulnis befallen. Der Putz hatte sich in diesen Bereichen vom Träger gelöst und war im westlichen Bereich und in der Südostecke des Hauptraums bereits abgestürzt. Einige kleinere Putzreparaturen zeugten von dem Versuch, den Deckenputz bei früheren Maßnahmen zu stabilisieren. Auch die Wandflächen wiesen durch Feuchtigkeit verursachte Putzschäden bis ca. 1,80 m Höhe auf. In diesem Bereich wurde der Putz bei früheren Renovierungsphasen bereits mehrmals erneuert bzw. ausgebessert. Durch diese großflächigen Putzerneuerungen, aber auch durch kleinere Putzausbesserungen sowie durch Putzabplatzungen, Salzausblühungen, Malschichtabhebungen und auch Übertünchungen waren an den Wandflächen und an Teilen der Kirchenraumdecke Bereiche der Ausmalung verloren gegangen.

Auch der Altar hatte unter den schlechten Raumbedingungen gelitten. Wenngleich der hölzerne Aufbau weitgehend stabil war, wies das Holz an den Flügeln und in den verschiedenen Ornamenten starke Schwundrisse auf. Teile der Ornamente waren abgebrochen und fehlten. Die farbige Fassung war zum Teil stark ausgeblichen und hat sich an Figuren und Gemälde partiell gelockert bzw. war bereits an zahlreichen Stellen abgefallen. Die Schlagmetalle und Bronzierungen waren weitgehend oxidiert.

Befundungsergebnisse

Die restauratorische Befundung ergab, dass der Außenputz zum großen Teil noch ein aus der Erbauungszeit stammender Kalkputz ist, der jedoch in einigen Bereichen bei früheren Renovierungen der Kapelle erneuert bzw. überputzt wurde. An der Fassade konnten bis zu 6 Fassungsphasen nachgewiesen werden. Am Südwestgiebel (Eingang) und am Sockel konnten darüber hinaus unter der 1. Fassung Reste eines kühlgrauen Anstriches festgestellt werden. Allerdings ist der Farbton nur in diesem begrenzten Bereich nachweisbar und es wird vermutet, dass es sich hier um Reste eines Musteranstriches handelt.

Die bauzeitliche Farbgebung der Fassade war ein ockerfarbener Kalkanstrich auf allen Wandflächen. Hierzu wurden die Gliederungsflächen weiß abgesetzt. In der zweiten Gestaltungsphase wurde dann interessanterweise eine Farbigkeit aufgenommen, die der Farbgebung im Bauplan nahezukommen scheint:[43] Fassung der Wandflächen in einem erdigen Grün, der Architekturgliederung in Weiß und ockerfarbene Abfassung des Sockels. Bei der dritten Fassadengestaltung wurde ein Grau mit weißer Abfassung der Glattputzflächen gewählt. Dieses Farbkonzept wurde auch bei der folgenden Renovierung beibehalten, die im Übrigen auch umfangreiche Putzausbesserungen beinhaltete. Der fünfte Anstrich nahm dann die Farbigkeit des Erstanstriches wieder auf. In einer letzten Phase vor der Restaurierung wurden Teilflächen mit bauschädlichen Dispersionsfarben überarbeitet.

Der Innenraum hat Überarbeitungen und Ausbesserungen erfahren, die jedoch nicht eindeutig einer Renovierungsphase zugeordnet werden können. So zeigten sich im Chor Reste einer in erdigem Rot gehaltenen Sockelbemalung mit großen Schablonenmustern, die die Höhe der Fensterverglasung auf 1,45 m aufnahm. Im Hauptraum dagegen wurden die Quaderflächen durch eine laienhaft ausgeführte etwas hellere, ockerbeige Zweitfassung abgedeckt, jedoch die Bemalung um die Fensterlaibung grob ausgespart. Diese Überfassung zog sich auch 15 cm in die Deckenfläche hinein und überdeckte dabei das ockerbraune mit grünen Kreuzblüten schablonierte Band.

Auch der Altar hat mindestens eine partielle Überarbeitung erfahren. Verschiedene Architekturteile und die Figuren wurden hier ganz oder teilweise überfasst. Die letzten Jahre war der Altar nach einer angekündigten aber nicht durchgeführten Renovierung im Dachraum des Bauernhauses zwischengelagert.

Sanierungskonzept

Angesichts dieser Befunde sah das Sanierungskonzept zunächst vor, dass der nahe an der Kapelle stehende Baum, der eine Gefahr für die Kapelle darstellte, gefällt werden sollte.[44] Das Gelände beim Eingang sollte im Zuge der Sanierung etwas abgetragen werden, um den Regenwasserablauf zu optimieren. Die bestehende Verblechung sollte möglichst gehalten werden und notwendige Reparaturen und ein Neuanstrich ausgeführt werden. Vom beteiligten Statiker wurde der Einbau von Wandankern sowie

eine ringförmige Unterfangung vorgeschlagen. Die stark geschädigten Putze sollten abgenommen und geschädigte Mauerziegel ersetzt werden. Für die Neuverputzung wurde ein konventionelles Putzsystem vorgeschlagen. Aufgrund des zum Teil extrem stark angegriffenen Zustandes der Raumschale wurde eine umfassende Maßnahme mit dem Ziel einer weitgehenden Rekonstruktion der originalen Fassung von 1904 ins Auge gefasst. Erhaltenswerte Putz- und Malereibereiche sollten gesichert und konserviert bzw. restauriert werden.
Der bereits über Jahre hinweg ausgelagerte Altar sollte restauriert und wieder an seinem ursprünglichen Ort im Kapellenraum aufgestellt werden.

Ausführung

Die von Diplom-Restaurator Bruno Fromm aus Parsberg koordinierten Arbeiten begannen im Jahr 2011 mit Sicherung, Bergung und Transport des Altares in die Restaurierungswerkstatt, wo dieser anschließend bearbeitet wurde.[45] Im Frühjahr 2012 wurde dann an zwei Stellen das Fundament erkundet und darauf aufbauend die statischen Sicherungsarbeiten durchgeführt. Hierfür wurde zur Ausbildung eines Ringankers eine Unterfangung mit konstruktiver Bewehrung eingebaut. Unterhalb der Traufe wurde für die Reduzierung der Mauerkronenbewegung eine Spannankerlage zur Ausbildung eines Ringbalkens eingebaut. Erdverankerungsplatten im Langhaus wurden verdeckt eingebaut. Die statischen Risse wurden freigelegt, ausgespült, kraftschlüssig verpresst und geschlossen. Bereichsweise fand hier eine reißverschlussförmige Vernadelung statt. Es folgte die statische Sanierung des Dachstuhls und die Restaurierung der Blechdachhaut einschließlich Anstrich und Neuvergoldung der Turmkugel sowie der Einbau einer neuen Dachentwässerung. Die Altputzbereiche wurden restauratorisch gesichert und es wurden kleinteilige Putzausbesserungen durchgeführt. Nur einige stark geschädigte Bereiche des Außenputzes wurden abgeschlagen, das Mauerwerk mit Ziegelvollsteinen ergänzt und in diesen Bereichen ein der originalen Putzstruktur angepasster Neuputz aufgebracht. Es folgte ein Anstrich gemäß der letzten Gestaltung. Die Fensterreisen wurden entrostet, Brüche geschweißt, die Fenster gestrichen und Schwitzwasserrinnen eingebaut. Die beschädigten Fensterscheiben wurden demontiert und durch neue Scheiben ersetzt. Für die gelben Scheiben des Hauptraums konnte kein Ersatz gefunden werden, so dass hier modernes gelbes Glas eingesetzt werden musste. Die Reste des historischen Gelbglases wurden als Primärdokumente in das Ostfenster hinter dem Altar eingebaut. Durch den Schreiner wurden die umfangreichen Schäden an der Eingangstür saniert und zwei neue Schallläden an der Glockenöffnung des Turms angebracht. Die Glocke wurde ebenfalls instand gesetzt und ein neues Glockenseil in den Kapellenraum geführt. Ende 2012 konnten die Arbeiten an der Fassade abgeschlossen werden.
Im Innenraum wurden zunächst an der Decke die morschen Bretter ersetzt, mit einem Putzträger aus Schilfrohrmatten versehen und anschließend alle Fehlbereiche mit Kalkputz zweilagig verputzt. In einigen Bereichen musste der Altputz durch

Hinterspritzmörtel gesichert und Risse und kleine Fehlstellen zugeputzt werden. Die nicht mehr rekonstruierbaren Reste der originalen Deckenmalerei wurden mit Glasflies kaschiert und mit einer schützenden dünnen Kalkglätte überzogen. An den Wänden wurden schadhafte Altputze erneuert sowie Fehlstellen und Risse geschlossen. Auf Basis einer Fotodokumentation, Befundung und Bemaßung wurde 2013 die malerische Raumfassung restauriert bzw. rekonstruiert. Zunächst wurden Pausen der malerischen Details erstellt und die malerische Grundanlage auf die vorbereiteten Wand- und Deckenflächen appliziert. Nach einer farbigen Abfassung der Detailflächen wurden die malerischen Details rekonstruiert, Linien gezogen und die Ornamentik schattiert und konturiert bzw. schabloniert. Als letzter Schritt der Rekonstruktion wurden die vier Evangelisten und die Schriftbänder gemalt. Gut erhaltene Teilflächen der originalen Malerei wurden gefestigt und retuschiert und in die Rekonstruktion der umgebenden Malerei integriert. Der historische Kapellenboden wurde intensiv gereinigt und gelockerte Bodenplatten neu verlegt. Am Altar wurde eine Oberflächenreinigung und Festigung der gelockerten Farbfassungsschollen vorgenommen. Gelöste Holzverbindungen wurden wiederverleimt und einige fehlende Teile schnitzerisch ergänzt. Nach der Kittung der Fehlstellen erfolgte eine Abnahme der Übermalungen und eine Retusche. Abschließend konnte der Altar im Herbst 2013 wieder im Kapellenraum aufgestellt werden.

Würdigung

In der zweiten Hälfte des 19. Jahrhunderts galt die Neugotik, die zu den frühesten stilistischen Unterarten des Historismus zählt, nicht nur für die Sakralbaukunst als die adäquateste Formensprache, orientierte sie sich doch an einem idealisierten Mittelalterbild und knüpfte an einen der Höhepunkte der Kirchenbautätigkeit im Mittelalter und damit vor der Spaltung des Christentums an.[46] Auf sie griff man daher bei wichtigen Großbauten wie Parlamenten, Rathäusern und Universitäten genauso zurück wie bei Postämtern, Schulen, Bahnhöfen und Kirchen – und eben auch bei relativ unbedeutenden Feld- und Hofkapellen. In der Erzdiözese Köln wurde 1852 sogar eigens eine Behördenverordnung erlassen, die für Kirchenneubauten jedweder Art ausschließlich den gotischen Stil zuließ.[47] Schon bald war der Historismus jedoch selbst unter Kunsthistorikern als Eklektizismus verrufen, als Baustil ohne eigene Qualität. Die Neugotik etwa wurde nunmehr als „Steckerl-" oder „Schreinergotik" diffamiert. Die einseitige Negativbewertung des Historismus führte seit den 1950er Jahren zu einer Zerstörung ungeheuren Ausmaßes von Bauwerken dieser Stilrichtung. Erst seit Mitte der 1970er Jahre ist die Kunst des 19. Jahrhunderts wieder erkannt und ihre Bedeutung anerkannt worden.[48] „Historische Kirchen sind Kinder ihrer Zeit", hat Christian Karl Steger diese neue Wahrnehmung erst jüngst in Worte gefasst, „in ihnen begegnet uns die Zeitgeschichte des ausgehenden 19. Jahrhunderts, der Kulturkampf, die Selbstbehauptung der Kirche angesichts einer sich rasant verändernden Welt, in der man sich kraftvoll mit seinem kompletten Angebot von Glauben aufstellte und formierte. Eine historistische Kirche neugotischer Art etwa stellt sich ihrer Zeit von damals wie heute als ein Zeugnis des Irrationalen, es ist das komplette Gesamtkunstwerk, das künstlerisch wie pastoral genau abgestimmt wurde und als Ganzes begriffen werden muss."[49]

Auch in unseren Breiten erfreute sich die Neugotik in ihrer Blütezeit einiger Beliebtheit. So waren bis zur Nachqualifizierung in der Denkmalliste für den Landkreis Regensburg 176 Kapellen verzeichnet, von denen immerhin elf als neugotisch bezeichnet wurden (dies entspricht ca. 14,5 %).[50] Seit der Nachqualifizierung sind darin sogar insgesamt 16 neugotische Hof-, Weg- und Dorfkapellen verzeichnet, dazu ein neugotischer Kapellenanbau, 2 neugotische Nebenkirchen und eine neugotische Expositurkirche, insgesamt also 20 neugotische Sakralbauten. Neben der hier ausführlich behandelten Hofkapelle in Friesenhof sind dies im Einzelnen:

- die sog. Lindenkapelle in Eltheim (Gemeinde Barbing, bez. 1855),[51]
- die nahe gelegene St. Anna-Kapelle in Beilnstein (Markt Beratzhausen, 1877/78),[52]
- das sog. Gangerlkircherl in Hemau (Stadt Hemau, 1861),[53]
- die Dreifaltigkeits-Kapelle in Kumpfhof (Stadt Hemau, 1849),[54]
- die Hofkapelle in Langenkreith (Stadt Hemau, 2. Hälfte 19. Jahrhundert),[55]
- die dem hl. Sebastian geweihte Wegkapelle auf dem Schlossberg in Laaber (Markt Laaber, 2. Hälfte 19. Jahrhundert),[56]
- die sog. Buslkapelle in Lappersdorf (Markt Lappersdorf, bez. 1894),[57]
- die Wegkapelle in Mangolding (Gemeinde Mintraching, 1882),[58]
- die Dorfkapelle St. Maria in Pollenried (Markt Nittendorf, 1842),[59]
- die Hofkapelle St. Maria in Poign (Gemeinde Pentling, um 1850),[60]
- die Wegkapelle St. Maria in Haselhof (Gemeinde Pettendorf, 3. Viertel 19. Jahrhundert),[61]
- der Kapellenanbau an die Kath. Pfarrkirche in Riekofen (Gemeinde Riekofen, 1869),[62]
- die Wegkapelle in Abbachhof (Gemeinde Wenzenbach, um 1875),[63]
- die Kath. Nebenkirche St. Bartholomäus in Dietersweg (Gemeinde Wiesent, bez. 1896),[64]
- die Hofkapelle 14 Nothelfer in Lehmhof (Gemeinde Wiesent, um 1880),[65]
- die sog. Lindenkapelle in Wiesent (Gemeinde Wiesent, 1831-32),[66]
- die Hofkapelle in Giffa (Stadt Wörth a. d. Donau, um 1880),[77]
- die Kath. Expositurkirche St. Michael in Hofdorf (Stadt Wörth a. d. Donau, 1880-83),[78] und schließlich
- die Wegkapelle St. Maria in Weihern (Stadt Wörth a. d. Donau, 2. Hälfte 19. Jahrhundert).[79]

Die im Vergleich zu diesen hier aufgelisteten oft schlichten Bauwerken bemerkenswert filigrane Kapelle auf dem Friesenhof, die dem Typus einer verkleinerten Dorfkirche entspricht, ist somit nicht nur eines der wenigen Exemplare ihrer Art, das die große historistische Säuberungswelle der Nachkriegszeit mehr oder weniger unbeschadet überlebt hat,[80] sondern laut aktueller Denkmalliste auch die jüngste neugotische Kapelle im Landkreis Regensburg sowie die einzige dieser Stilrichtung in der Region aus dem

20. Jahrhundert. Ihre gerade abgeschlossene denkmalgerechte Sanierung ist daher außerordentlich zu begrüßen und ein weiterer wichtiger Schritt hin zur Rehabilitierung neugotischer (Sakral-)Architektur.

1 Die wichtigste Literatur hierzu bildet nach wie vor das materialreiche und nach archivalischen Quellen bearbeitete Werk: Wilhelm Blab, Bodenwöhr. Geschichte und kulturelle Entwicklung eines bayerischen Berg- und Hüttenortes, Bodenwöhr 1960 und ders., Aus der Geschichte des BHS-Hüttenwerkes Bodenwöhr, anläßlich seines 500jährigen Bestehens 1464 - 1964, hg. v. Hüttenwerk Bodenwöhr, München 1964. Zur Zeit wird von Jörg Gebert am Lehrstuhl für Kunstgeschichte an der Universität Regensburg eine Dissertation erstellt (vgl. hierzu den Beitrag des Doktoranden in dieser BFO-Ausgabe). Die Rechnungsbücher des Hüttenwerkes befinden sich im Staatsarchiv Amberg, Bestand: Berg- und Hüttenamt Bodenwöhr (zitiert als: StA Amberg, BHB). Rechtschriftlich sind lt. Duden die Schreibform Corpus – Corpora und Korpus – Korpusse möglich. Es wird durchgehend die eingedeutschte Schreibform verwendet.
2 Zur Geschichte des Eisengusses vgl. Gerhard Engels und Heinz Wübbenhorst, 5000 Jahre Gießen von Metallen. Fakten, Daten, Bilder zur Entwicklung der Gießereitechnik, Düsseldorf, 3. Auflage 1994, v.a. S. 79-124.
3 Vgl. Artikel „Eisengießerei", in: Meyers Konversations-Lexikon, Bd. 5, 5. Aufl. Leipzig/Wien 1895.
4 Vgl. Engels/Wübbenhorst (wie Anm. 2), S. 109 ff.
5 Vgl. „Die Geschichte des Kunstgusses in Lauchhammer" (Internetseite des Kunstgussmuseums Lauchhammer: http://www.kunstgussmuseum.de/pages/geschichte.html; aufg. 12.12.2013).
6 Vgl. Blab, Bodenwöhr (wie Anm 1), S. 198 – 248 (im Folgenden zitiert: Blab, Bodenwöhr)
7 Blab, Bodenwöhr, S. 206.
8 Vgl. Artikel „Kupolofen", in: Der große Herder. Bd. 3, 4. Aufl., Freiburg 1932, S. 472.
9 Blab, Bodenwöhr, S. 208.
10 Vgl. Engels/Wübbenhorst (wie Anm. 2), S. 110 ff.; Art. „Gießerei, 2. Formerei" in: Der große Herder, Bd. 5, 4. Aufl., Freiburg i. B. 1933, S. 474.
11 Erste Versuche fanden in Bodenwöhr seit 1765 statt, blieben allerdings erfolglos. Vgl. Blab, 500 Jahre BHS (wie Anm. 1), S. 41 f. (im Folgenden zitiert: Blab, 500 Jahre BHB).
12 Die Formverfahren werden genau beschrieben bei: Albrecht Pyritz, Tradition und Innovation. Die technische Geschichte des Eisenkunstgusses in Preußen, in: Charlotte Schreiter und Albrecht Pyritz (Hrsg.), Berliner Eisen. Die Königliche Eisengießerei Berlin. Zur Geschichte eines preußischen Unternehmens, Hannover 2007, 29-51.
3 Vgl. Blab, 500 Jahre BHS, S. 59.
4 Vgl. Blab, Bodenwöhr, S. 198.
5 Vgl. Blab, Bodenwöhr, S. 204.
6 Vgl. Blab, Bodenwöhr, S. 224; Blab, 500 Jahre, S. 62.
7 Vgl. Blab, Bodenwöhr. S. 210.
8 Vgl. Blab, 500 Jahre, S. 58.
9 Vgl. Blab, Bodenwöhr, S. 226.
20 Vergoldet wurden um 1835 nur Grabkreuze und in einzelnen Fällen Monumente. Vgl. Blab, Bodenwöhr, S. 233.
21 Vgl. Blab, Bodenwöhr, Kp. 13, S. 198 ff.
22 Vgl. Blab, Bodenwöhr, S. 216 ff.
23 Vgl. Blab, Bodenwöhr, S. 248 ff.
24 Vgl. Blab, Bodenwöhr, S. 207 ff.
25 Vgl. Blab, Bodenwöhr, S. 214.
26 Vgl. Blab, Bodenwöhr, S. 207, 224 f., 237, 242, 253.
27 Vgl. Bericht der allerhöchst angeordneten Königlich Bayerischen Ministerial-Commission über die im Jahr 1834 aus den 8 Kreisen des Königreichs Bayern in München stattgefundenen Industrieausstellung, München 1835, S. 1 f.
28 Vgl. Blab, Bodenwöhr, S. 208.
29 Vgl. Bericht der allerhöchst angeordneten Königlich Bayerischen Ministerial-Commission über die im Jahr

1835 aus den 8 Kreisen des Königreichs Bayern in München stattgefundenen Industrieausstellung, München 1836, S. 48 ff.
30 Vgl. Amtlicher Bericht der allerhöchst angeordneten Königlich Bayerischen Central-Industrie-Ausstellungs-Commission über die im Jahre 1840 aus den acht Kreisen des Königreichs Bayern in Nürnberg stattgehabte Industrie-Ausstellung, Nürnberg 1842.
31 Vgl. Blab, Bodenwöhr, S. 237. Nach dem Tod Franz Jakob Schwanthalers im Jahr 1820 übernahm dessen Bruder Franz Anton Schwanthaler (+ 1833) zusammen mit dem Sohn Franz Jakob Schwanthalers, Luwig Schwanthaler, die Werkstatt. (Blab, S. 10).
32 Vgl. Blab, Bodenwöhr S. 253.
33 Vgl. Blab, Bodenwöhr, S. 210.
34 Bayerische Staatsbibliothek München, Signatur: Res. Bibl. mont. 3999, 1831.
35 Es könnte sich um einen Katalog aus dem Jahr 1898 handeln. Konrad Köstlin verweist in seinem Aufsatz „Totengedenken am Straßenrand. Projektstrategie und Forschungsdesign" (in: Österreichische Zeitschrift für Volkskunde 95, 1992, S. 306, Anm. 3 auf einen „Katalog Bodenwöhr 1898".
36 Vgl. Blab, 500 Jahre BHS, S. 60.
37 Vgl. Blab, Bodenwöhr, S. 224.
38 Vgl. hierzu auch die Grabmäler im alten Petersfriedhof in Straubing. Hierzu: Isolde Schmidt, Ein vergessenes Stück Straubing? Der Straubinger Petersfriedhof und seine Grabdenkmäler, Straubing 1991, S. 56-76.
39 Vgl. Engels/Wübbenhorst (wie Anm. 2), S. 110.
40 Vgl. Blab, Bodenwöhr, S. 224.
41 Vgl. Anselm Andreas Caspar Cammerer, Naturwunder, Orts- und Länder-Merkwürdigkeiten des Königreiches Bayern für Vaterlandsfreunde, sowie für Kunst- und naturliebende Reisende, Kempten 1832, S. 32 ff. (zit. auch bei Blab, Bodenwöhr, S. 225); Nennung des Kreuzes auch unter „Kalvarienberg ausserhalb Deggendorf", in: Joseph Anton Eisenmann und Karl Friedrich Hohn, Topo-geographisch-statistisches Lexicon vom Königreich Bayern, Erlangen 1832.
42 Vgl. Stadtarchiv Deggendorf, Sig. III/25/2 („Act die Aufstellung eines vom Eisen gegoßenen Kreutzes mit vergoldeten Christus-Bilde auf dem Calvarie-Berg der Königlichen Stadt Deggendorf im Jahre 1830"). Herzlichen Dank für die Bemühungen an Herrn Erich Kandler, Diplom-Archivar (FH), Stadtarchiv Deggendorf!
43 Zu den letzten Worten Jesu Christi am Kreuz vgl.: Herbert Fendrich, Bild und Wort: das Kreuz und die Evangelien, in: Kreuz und Kruzifix, Ausstellungskatalog des Dombergmuseums Freising, Bobingen, 2. Aufl., 205, S. 29 – 36, bes. 33 f.
44 Vgl. Herbert Fendrich (wie Anm. 43), S. 34.
45 Abbildung auch bei Blab, Bodenwöhr, Tafel 23, Abb. 4.
46 Kurzbiografien der Künstler Schwanthaler in: Bayerische Biographie, hg.v. Karl Bosl, Regensburg 1983, S. 708; Große Bayerische Biographische Enzyklopädie, hg. v. H.-M. Körner, Bd. 3, München 2005. S. 1799. Ferner: Die Bildhauerfamilie Schwanthaler 1633-1848, Katalog der Ausstellung im Augustinerchorherrenstift Reichersberg a.I. 1974, Linz 1974.
47 Vgl. Stadtarchiv Deggendorf, Sig. III/25/2 (wie Anm. 42).
48 Kurzbiografie in: Bayerische Biographie (wie Anm. 46), S. 756. Blab, Bodenwöhr, S. 228.
49 Vgl. Blab, Bodenwöhr, 228.; Büsten von König Ludwig I. und Königin Therese.
50 Vgl. Stadtarchiv Deggendorf, Sig. III/25/2 (wie Anm. 42).
51 Er schrieb am 6.1.1830 an den Magistrat von Deggendorf, dass die Darstellung „nach dem Gesamturtheil er bey dem Entwurf der fragl. Figur zugezogenen Künstler sicher ganz passend für öffentliche Plätze" sei. (Stadtarchiv Deggendorf, wie Anm. 42).
52 Stadtarchiv Deggendorf (wie Anm. 42), Schreiben Strebers an den Magistrat Deggendorf vom 16. Juli 1829.
53 Herbert Fendrich verweist bzgl. dieser Darstellung bei Michelangelo auf den Einfluss der Laokoonfigur, anhand derer Winckelmann das Ideal klassischer Kunst beschrieb (vgl. Fendrich, wie Anm. 43, S. 34).
54 Vgl. Stadtarchiv Deggendorf (wie Anm. 42).
55 Vgl. Stadtarchiv Deggendorf, B7, Chronik Schreiner (= eine handschriftliche Chronik von Deggendorf 1830 – 1871), zit. nach der Abschrift von 1955, S. 17 (ebf. Stadtarchiv Deggendorf).
56 Vgl. Stadtarchiv Deggendorf (wie Anm. 42).

57 Das in dem Bericht des Magistrats angesprochene Gusseisenkreuz, das Graf von Preysing unweit von Plattling aufstellen ließ, besteht heute noch und wird als „das Hohe Kreuz" bezeichnet. Es steht am Ortseingang von Burgstall bei Moos, nahe der Bundesstraße von Plattling nach Passau. Das Kreuz wurde im Hüttenwerk Mariazell in der Steiermark hergestellt und 1825 von Graf Preysing auf Moos gekauft. Vgl. Zeitungsartikel in: „Der Bayerische Volksfreund" Nr. 103 vom 27.Juni 1829, S. 424, ferner: Werner Reinhard, Das Hohe Kreuz, in: Moos in Niederbayern – ein Heimatbuch, Deggendorf 2007, S. 342.
58 Blab, Bodenwöhr, S. 225.
59 Blab, Bodenwöhr, S. 226.
60 Vgl. Blab, Bodenwöhr, S. 229.
61 Vgl. Stadtarchiv Straubing, Ratsprotokoll 1831/32, Sitzung vom 7.6.1832.
62 Vgl. Stadtarchiv Straubing (wie Anm. 61).
63 Vgl. Bischöfliches Zentralarchiv Regensburg, Pfarrakten Straubing 22 (Friedhof St. Michael).
64 Vgl. Bischöfliches Zentralarchiv Regensburg, Pfarrakten Straubing 22.
65 Vgl. Internet http://hj-bleier.de/straubing-historischer-friedhof-friedhofskreuz/ , Aufruf v. 1.12.2013.
66 Vgl. Blab, Bodenwöhr, S. 229.
67 Vgl. Blab, Bodenwöhr, S. 230.
68 Vgl. Bernhard Weigl, Historischer Rundgang durch die Gemeinde Mantel für Einheimische, Neubürger und Gäste, Mantel 2007, S. 64.
69 Vgl. auch Codex Juris Canonici (CIC), Can. 1206: Can. 1205: „Heilige Orte sind solche, die für den Gottesdienst oder das Begräbnis der Gläubigen bestimmt sind durch Weihung oder Segnung, wie sie die liturgischen Bücher dazu vorschreiben.".
70 Vgl. Blab, Bodenwöhr, S. 236; StA Amberg, BHB 280.
71 Möglicherweise führt eine Spur in den Königlichen Holzgarten am Triftkanal in München und den Kontrolleur des Holzgartens Franz Gerhager. Vgl. „Bayerischer Volksfreund Nr. 4 vom 7.1.1837 und „Die Bayerische Landbötin" Nr. 121/1840, S. 1017. Auch im Rechnungsbuch 1836/37 (StA Amberg, BHW 278), werden drei Korpusse genannt, die Blab nicht aufgenommen hat, ebenso einen im Rechnungsbuch 1837/38 BHW 279.
72 Vgl. Blab, Bodenwöhr, S. 236.
73 Karlheinz Reim, Wanderer, Halt still und geh in dich. Flur- und Kleindenkmäler in der Gemeinde Michelsneukirchen, Michelsneukirchen 2011, S. 62.
74 Vgl. Blab, Bodenwöhr, S. 413.
75 Mitteilung von Herrn Alfred Wolfsteiner, Schwarzhofen, vom 8.1.2014. Herzlichen Dank für die Auskünfte und Fotos.
76 Vgl. Blab, Bodenwöhr, S. 237.
77 Vgl. Blab, Bodenwöhr, S. 242; ferner Denkmalliste von Landau a.d.Isar (Kalvarienberg).
78 Vgl. Blab, Bodenwöhr, S. 242.
79 Fehlt bei Blab, Bodenwöhr (Vgl. StA Amberg, BHW 281). Es wurde vom Verfasser, der das Rechnungsbuch wegen des Christuskorpus in Schwarzhofen überprüfte, gefunden und darum aufgenommen.
80 Vgl. Blab, Bodenwöhr, S. 240.
81 Mitteilung von Herrn Jakob Rester v. 11.1.2014.
82 Zum Modell von Halbig vgl. Blab, Bodenwöhr, S. 253 und Tafel 23 Abb. 5; ferner die Abbildung im Katalog des Hüttenwerks Bodenwöhr von 1898.
83 Vgl. Blab, Bodenwöhr, S. 258.
84 Stadtarchiv Cham, B 260, Chronik der Stadt Cham. Freundliche Mitteilung von Herrn Diplom Archivar (FH) Timo Bullemer, Cham vom 18.12.2013.
85 Vgl. Blab, Bodenwöhr, S.253.
86 Vgl. die Abbildung bei Blab, Bodenwöhr, Tafel 23 Abb. 5).
87 Vgl. „Der Neue Tag", Weiden, vom 21.11.2013: „Floß, (le) Schwerstarbeit leisteten Sigi und Manfred Schell, Martin Landgraf und Heinz Maciejeswki bei der Abnahme des über drei Zentner schweren Corpus am Friedhofskreuz. Das Kreuz soll in Ebnath restauriert und im Frühjahr 2014 wieder angebracht werden." (Hinweis von Anton Fleischmann, Weiden).

Bernhard Frahsek

Wappen-Stelen am Kreisverkehr
(Markt Lappersdorf, Landkreis Regensburg)

Die Kreisstraße R15 führt von Regensburg in nordwestlicher Richtung über Kareth, Oppersdorf, Hainsacker und Schwaighausen weiter bis Kallmünz. Seit dem Bau des Landkreisgymnasiums in Lappersdorf wurde auch eine zusätzliche Querstraße erforderlich, sodass es sinnvoll war, am Ortsausgang von Kareth den Verkehrsfluss durch einen Kreisverkehr zu lenken. Die Insel wurde vom Landschaftsarchitekturbüro Schreiner & Wild geplant und gestaltet.
Ein Kreis verbindet und verteilt nach allen Richtungen – das tut nun der Kreisverkehr schon seit einiger Zeit. Diese Verteilung nach allen Richtungen trifft auch für die historischen Besitztümer auf der Fläche des Marktes zu. Deswegen ist es naheliegend, diese Besitztümer in Form einer künstlerischen Gestaltung auf der mit Lavendel bepflanzten Insel wieder in Erinnerung zu rufen.
Der Kreisverkehr befindet sich an einer erhöhten Stelle mit guter Rundumsicht. Von dort aus kann man in alle Richtungen auf Gebiete schauen, die einst auch historische Besitztümer aufwiesen oder sogar noch heute im Besitz alter Stiftungen sind.
Besonders bekannt ist die Nähe zur historischen Grenze zwischen Pfalz-Neuburg und dem Landgericht Burglengenfeld (Grenzsteine mit „H" und „L"). Nicht weniger bedeutsam sind Besitzungen, die einst bestanden oder sogar heute noch Gültigkeit haben, wie z.B. Karthaus-Prüll (Grenzstein „St. Vitus"), die Lazarus-Stiftung (Grenzsteine mit Klapper und Klingelbeutel), das Almosenamt (Grenzsteine mit „AA") und das St.-Katharinen-Spital (Grenzsteine mit dem Bischofsstab).

Gleichzeitig besteht direkter Blickkontakt nach Nordwesten zum Prüller Berg, auf dessen Anhöhe eine moderne Mittelpunkts-Stele mit der Nennung aller Gemeindeteile des neuen Marktes Lappersdorf geplant ist, also ein Blick von der Historie in die Gegenwart.

Die örtlichen und historischen Vorgaben lagen also auf der Hand, sodass Ortsheimatpfleger Bernhard Frahsek von Bürgermeister Dollinger den Auftrag erhielt, sich Gedanken über die künstlerische und symbolische Darstellung zu machen.

Die kuppelförmige Erhebung des Kreisverkehrs bot sich an, um Stelen aufzustellen. Diese Wappenstelen sollten aber keine Kopien historischer Grenzsteine werden, das hätte zu negativ nach einem Denkmal-Disneyland ausgesehen und ist unter Denkmalpflegern deshalb auch verpönt (negativ auch Grenzsteinnest genannt!).

Der Gedanke war also, schlichte Steinsäulen aus einheimischem Gestein in einem Geviert aufzustellen, die reliefartig die im Markt vorhandenen historischen Wappen zeigen.

Diese Stelen sollten nicht überdimensioniert als „Bekrönung" den Hügel dominieren, sondern in einer Größe von ca. 140x40x40 cm kreuzartig auf Lücke (relativ) zueinander stehen gemäß der Straßenführung, die ebenfalls aus vier Straßenrichtungen besteht.

Die Steinmetzbetriebe Birkenseer und Wunderlich wurden beauftragt, anhand der Entwurfsskizzen des Ortsheimatpflegers und der Vorlagen historischer Wappen jeweils zwei gegenüber stehende Stelen zu entwerfen.

Diese an die Vorlage angelehnten Motive wurden in die Steine gehauen:
1) Lazarus-Grenzsteine mit „*Klapper + Klingelbeutel*" (Schwaighausener Forst)
2) Vitus-Grenzstein mit dem „*hl. Vitus, gesotten im* Ölkessel" (Oppersdorf)
3) Grenzsteine des Landgerichts Burglengenfeld mit „*L*" (Grenze zu Kareth)
4) Spital-Grenzsteine des St. Katharinenspitals Stadtamhof (Regensburg) mit „*Bischofstab und/oder StKS*" (im Schwaighausener Forst und Hainsacker)
5) Grenzsteine des Augustiner-Chrorherrenstifts St. Mang zu Stadtamhof (Regensburg) mit „*S X M + 1697*" (in den Karether Fluren)
6) Grenzsteine des Herzogtums Pfalz-Neuburg mit „*H*" (in den Karether Fluren)
7) Grenzsteine des Kollegiatstifts St. Johann in Regensburg mit „*SI*" (in den Karether Fluren)
8) Grenzsteine des Almosenamts in Regensburg mit „*AA + 1749*" (Schwaighausener Forst)

Der großen Linie folgend sollten es natürlich einheimische Steine sein, nach Möglichkeit auch unterschiedlicher Art. Hier die verwendeten unterschiedlichen Gesteinsarten:
1) + 2) >>   Lazarus-Grenzstein und Grenzstein St. Vitus:
              Material Jura-Kalkstein, Bruch Dietfurt;
3) + 4) >>   Landgericht Burglengenfeld, St. Katharinenspital:
              Material Dietfurter Dolomit, Bruch Dietfurt;
5) + 6) >>   Grenzstein St. Mang, Herzogtum Pfalz-Neuburg:
              Material Auerkalk aus Kelheim;
7) + 8) >>   Grenzstein St. Johann, Almosenamt:
              Material Kirchheimer Muschelkalk, Kernstein, Würzburg;
Bearbeitung: geriffelt, Kanten geschliffen, teilweise gebürstet;
              Reliefs, Schrift und Bildhauerarbeiten „frei vom Hieb".

Im Dezember 2013 wurden während eines extremen Schneesturms die Säulen aufgestellt. Anschließend fand eine kleine Feier und Enthüllung auf dem Hügel des Kreisverkehrs statt.
Bürgermeister Erich Dollinger und Ortsheimatpfleger Bernhard Frahsek enthüllten in Anwesenheit von Maria Schreiner, Oliver Schild (Bauhof) und den Steinmetzen Wolfgang Birkenseer und Ralf Wunderlich stellvertretend eine der vier Säulen, der Ortsheimatpfleger erklärte anschließend die Motive.

Für den interessierten Bürger werden diese Wappen auf einer Schautafel am Rande des Kreisverkehrs im „Landkreis-Eichenhain" ab 2014 in knappen Texten erklärt.

Fotos (alle Bernhard Frahsek, außer Nr. 07: Markt Lappersdorf)

01 Wolfgang Birkenseer in der Erprobungsphase

02 Ralf. Wunderlich beim Anbringen der Entwurfsskizzen

03 Schneesturm beim Einheben der zweiten, dritten und vierten Stele

04 Das Motiv *„Bischofstab und StKS"* des St. Katharinenspitals Stadtamhof (Regensburg)

05 Einheben der ersten Stele

06 Stele mit dem schlichten Motiv „SI" des Kollegiatstifts St. Johann in Regensburg

07 Feier und Enthüllung auf dem Hügel des Kreisverkehrs mit (v.l. Ortsheimatpfleger Bernhard Frahsek, Wolfgang Birkenseer, Oliver Schild (Bauhof), Ralf Wunderlich, Bürgermeister Erich Dollinger, Maria Schreiner (Schreiner&Wild)

08 Stele mit dem Motiv „*S X M + 1697*" des Augustiner-Chrorherrenstifts St. Mang zu Stadtamhof (Regensburg)

09 Stele mit dem Motiv „H" des Herzogtums Pfalz-Neuburg

10 Stele mit dem Motiv „*Bischofstab und StKS*" des St. Katharinenspitals Stadtamhof (Regensburg)

11 Stele mit dem Motiv „AA + 1749" des Almosenamts in Regensburg

Jürgen-Joachim Taegert

Seelsorgerliche Zeichen der „Religion von unten"
Die theologische und religiöse Deutung der Martern

„Nicht jedes Marterl ist eine Marter", - so titelte das Oberpfalznetz als sein erstes Lernergebnis nach der 32. Jahrestagung des AFO am 4. Mai 2013 im oberfränkischen Speichersdorf. Mit 100 anderen Zuhörern aus dem ganzen nord-bayerischen Raum hatten sie gebannt dem Referat gelauscht, das der evangelische Ruhestandspfarrers Jürgen-Joachim Taegert, der in der Frankenpfalz am südlichen „Balkon" des Fichtelgebirges zu Hause ist, über diese „Landschaft der 100 Martern und Wegzeichen" gehalten hatte.

Frankenpfälzer Marter bei Kirchenpingarten

Sehr offen hatte Taegert dabei auch auf die Missverständnisse zwischen Evangelischen und Katholischen bei der jeweils gegenseitigen Betrachtung ihrer Frömmigkeit hingewiesen und eine Lanze gebrochen für ein gemeinsames ökumenisches Verständnis der Martern als „seelsorgerliche Zeichen der Religion von unten". In beiden Konfessionen hätte die Frömmigkeit ihre gemeinsame Mitte in der Betrachtung des Kreuzes Jesu, der als der Gekreuzigte und Auferstandene selbst den Weg durch den Tod ins Leben gegangen sei, und der die Menschen auch in ihrem Alltag begleite. Jesu Passion, seine „Marter" werde in diesen „Andachtsbildern" aus Holz, Stein und Eisen, die oft unscheinbar und verwittert am Wegesrand stehen, seit jeher verehrt. Deshalb sollte man auch nur solche Zeichen „Marter" nennen, die diese Marter Jesu an Geißelsäule, Kreuzweg oder Kreuz zeigen.

Die religiösen Motive, welche alle die tragischen oder ermutigenden Geschichten verbinden, die uns diese Mar-tern von ihren jeweiligen Stiftern erzählen können, ließen sich allesamt unter den Worten des Psalm 103 subsummieren: „Lobe den Herrn, meine Seele, und vergiss nicht, was er dir Gutes getan hat." Gott nicht zu vergessen in Klage, Lob und Dank sei das eigentliche Anliegen aller Martern, Bildstöcke und Wegkreuze in der Frankenpfalz und sicher gleichermaßen auch an anderen Orten.

Die nachmittäglichen Bus-Exkursion führte dann auf teils abenteuerlichen Wegen auch in seine faszinierende Ruhestandsheimat der Frankenpfalz vor den Anhöhen des Fichtelgebirges. Beim weiten Ausblick in die ausgebreitete Landschaft der „Frankenpfalz-Flednitz" machte Pfarrer Taegert die Teilnehmer auf die Entwicklung der „Frankenpfälzer Marter" als eigener geprägter Typ und ihre religiöse Aussage aufmerksam. Weil dieser religiöse Aspekt beim Umgang mit den „Kleindenkmälern" der Oberpfalz und der angrenzenden Gebiete sicher recht selten beachtet wird, hat die Leitung des AFO den Referenten gebeten, uns eine Kompaktversion seines Referats, das außerordentlich viel Aufmerksamkeit und Zuspruch bekam, für die Jahresausgabe der AFO zusammenzustellen:

Ein evangelischer Pfarrer mit einem „katholischen" Thema?

Mein Bericht hat den Titel: „Wenn Holz und Steine reden ... Die Martern der Frankenpfalz". Wie komme ich als evangelischer Pfarrer zu diesem Thema?

Als wir, das heißt: meine Frau, unsere jüngste damals noch schulpflichtige Tochter und ich, vor einigen Jahren mit Ruhestandsbeginn vor allem aus Kostengründen in der Frankenpfalz an der „Riviera des Fichtelgebirges" zuzogen, wussten wir, dass wir mit den anderen Evangelischen zusammen dort nur eine kleine Minderheit von knapp 10% der Bevölkerung darstellen. Dennoch wir haben unsere neue Heimat rasch schätzen gelernt. Ich nenne sie in meinem „Marterbuch" bewusst die „Landschaft der 100 Martern", weil uns dort solche religiösen Zeichen auf Schritt und Tritt begegnen. So habe ich mich auch bald gefragt: Was bedeuten diese Zeichen für die katholischen Christen? Aber auch: Was können sie uns, den Evangelischen, bedeuten? Können sie vielleicht sogar ein wichtiger Beitrag für unseren gemeinsamen ökumenischen Weg sein?

So ist das Buch entstanden, das den gleichen Titel trägt, wie das Referat, und das mit einem Vorwort des Bürgermeisters, des katholischen Ortspfarrers und der evangelischen Regional-Bischöfin versehen ist. Seither haben unzählige Gruppen und Kreise aus beiden Konfessionen die Frankenpfalz besucht und sich kürzere oder längere Etappen auf einem der fünf im Buch beschriebenen „Marterlwege" spirituell führen lassen oder mich zu Bildreferaten eingeladen. Solche „Marterlwege", welche die einzelnen Zeichen und ihre Geschichte erschließen, haben jeweils eine Länge von 8-12 km, sie können also leicht von Pilgern oder Familien als Halbtagswanderung bewältigt, aber auch abgekürzt begangen werden.

Gebiet der Frankenpfalz-Flednitz am Fichtelgebirge

Die Frankenpfalz am Südrand des Fichtelgebirges, von der Oberpfalz aus auf dem halben Wege nach Bayreuth gelegen, ordnet sich ein in den größeren Bereich der *Frankenpfalz-Flednitz*, ein Kunstbegriff, mit dem wir Heimatforscher versuchen, den geschichtlich gewachsenen Gesamtzusammenhang dieser Landschaft zu verdeutli-chen. In den drei Begriffsteilen „Franken", „Pfalz" und „Flednitz" kommen sprachlich die drei unterschiedlichen Kulturträger zusammen, die diese Gegend seit über 1.300 Jahren geformt haben: die Franken, Bayern und die Slaven. Diese drei Volksstämme haben sich hier in einem gemeinsamen Siedlungsraum in Frieden zusammenge-rauft, sie sind aber durch den wechselvollen Verlauf der Geschichte konfessionell und politisch durch scharfe Grenzziehungen geteilt: Hier katholisch, dort evangelisch, manchmal von einem Ort zum anderen wechselnd, verteilt auf die Bezirke Oberfranken und Oberpfalz und auf die Landkreise Bayreuth und Tirschenreuth. Erst durch gemeinsame Projekte, wie das „Naturschwimmbad" Immenreuth, wächst nun als „Schwimmbadregion" allmählich wieder zusammen, was historisch zusammengehört. Auch die Ökumene, etwa mit den gemeinsamen Himmelfahrtsgottesdiensten an der bekannten Gänskopfhütte, weist in die Zukunft.

Freilich sind die alten Grenzen oft noch in den Köpfen spürbar. Die früher befohlenen scharfen Grenzziehungen haben viele bittere Früchte hervorgebracht: Massive Vorurteile bestanden zwischen Protestanten und Katholiken noch bis lange nach dem letzten Krieg. Ein längerer Verbleib von evangelischen Flüchtlingen nach dem Krieg war praktisch ebenso unmöglich, wie Heiraten zwischen Evangelischen und Katholischen. Auch politisch galt Kirchenpingarten und die Frankenpfalz lange als die schwärzeste Gegend im ganzen Landkreis Bayreuth.

Aber seit ein paar Jahren ist ein allmählicher Wandel spürbar: Politisch dominieren derzeit die Freien Wähler. In den Gemeinderat wurde ich gewählt, obwohl ich lutherischer Pfarrer bin. Wir haben gemeinsame ökumenische Projekte wie den „Jakobusweg Fichtelgebirge" verwirklicht, der die katholische Jakobskirche von Kirchenpingarten mit der weiteren katholischen Jakobskirche von Marktschorgast und den zwei evangelischen Jakobskirchen von Weißenstadt und Creußen verbindet und einfügt in den großen Jakobsweg von den neuen ostdeutschen Ländern über Hof nach Nürnberg bis nach Santiago de Compostela. Wir haben das ökumenische Marterlweg-Projekt und die Bücher „Spurensuche Frankenpfalz" und „Martern der Frankenpfalz" realisiert, die als Gemeinschaftswerke mit Beteiligung des Gemeinderates und auch der katholischen bzw. evangelischen Pfarrämter entstanden sind. Inzwischen ist Ökumene hier „in".

Das Kreuz Christi als Mitte

Die anerzogenen und geerbten Vorurteile zwischen Evangelischen und Katholischen haben aber lange nachgewirkt, nicht nur hier, sondern auch anderenorts. Das zeigt sich auch in der Einstellung zu den Martern und betrifft jeweils den Kern des Glaubens: Es gibt da auf der einen Seite den **protestantischen Vorwurf** gegen die Katholiken, sie beteten die Martern an, sie betrieben also Götzendienst, ihr Glaube sei eine

„Werkgerechtigkeit", die mit ihrem frommen Tun Gott gefallen möchte. Gegen diesen Vorwurf setze ich den Versuch, meinen evangelischen Glaubensgenossen die tatsächliche theologische und religiöse Bedeutung der Martern, wie sie sich mir erschlossen hat, als „seelsorgerliche Zeichen der Religion von unten" (vergl. meine Hauptthese weiter unten) zu vermitteln.

Das Kreuz Christi ist Mitte der Ökumene: links in der evang. St.Michaelskirche Weidenberg, rechts an der katholischen St. Jakobskirche Kirchenpingarten

Es gibt auf der anderen Seite den **katholischen Vorwurf**, Protestanten hätten keine Beziehung zur Verehrung des Kreuzes, und sie seien überhaupt Heiden. Dagegen setze ich die oben bereits kurz vorgestellte Information, dass das Kreuz in Wahrheit die Mitte und ein „Erkennungszeichen" jeder protestantischen Kirche ist, ja, dass das Kreuz überhaupt die theologische Mitte des protestantischen Glaubens ist. Es gibt viele eindrucksvolle Darstellungen des gekreuzigten Christus im Protestantismus. Wahrscheinlich haben sogar die Schöpfer der vielfältigen Gusseisenkreuze in der Oberpfalz viele Anregungen und Vorbilder für ihre Christusdarstellungen aus dem protestantischen Bereich übernommen.

Auch für das Auge offensichtlich wird diese gemeinsame Mitte des Kreuzes, wenn man direkt aus unserer Nähe z.B. das evangelische gotische Kreuz in der Weidenberger St. Michaelskirche und das Katholische Gusseisenkreuz draußen vor der der Kirchenpingärtner Kirche St. Jakobus nebeneinander stellt. Sie sind einander verblüffend ähnlich.

Deshalb interessiert mich bei der Betrachtung der Martern weniger der Aspekt eines „Denkmals"; ich kann mit dem Begriff „Kleindenkmal" auch nichts anfangen, denn es klingt, als wäre es von irgendwelchen Ämtern oder Behörden erdacht und aufgestellt worden. Sondern wichtig finde ich, ein Verständnis für den **theologischen, religiösen und biografischen Hintergrund der Martern** zu entwickeln. Nur so kann man ihnen gerecht wer-den.

Dabei geht es im Licht der Bibel nicht um irgendwelches Holz, Steine oder Metall, also nicht um Material- oder Stilfragen. Sondern es geht um Holz und Steine, die „reden" und die für uns zu Zeugen werden für das Glau-bensgeschehen zwischen Gott und den Menschen.

Der theologische Hintergrund bei der Aufstellung von Holz und Steinen

Solcher „religiöser Gebrauch" etwa der Steine ist ja tief verwurzelt in der religiösen Urgeschichte der Menschen. Wir brauchen nur an die Menhire oder die daraus abgeleiteten „Hinkelsteine" des Obelix zu denken, meist 1-3 m große längliche Steine, die senkrecht aufgestellt und oft mit Zeichen versehen wurden, und die man auf der ganzen Welt findet.

Solchen religiösen Gebrauch von Steinen spiegelt auch die **Bibel** an vielen Stellen wider. Das bedeutendste „Kleindenkmal" dieser Art in der Bibel ist sicher der Stein, den der Stammvater des Gottesvolkes Jakob nach der Nacht seines großen Traumes aufstellt (1.Mose, 28,10ff). Auf der Flucht vor seinem wütenden Zwillingsbruder Esau legt er sich unterwegs müde schlafen und nimmt einen Stein als Kopfkissen. Nachts sieht er im Traum den geöffneten Himmel und die auf- und absteigenden Boten Gottes und hört Gottes Verheißung, die ihm zusichert, ihn zu behüten und heil wieder herzubringen. Anderentags nimmt Jakob diesen

Obelix' Hinkelstein: ursprünglich ein religiöses Symbol

Stein und stellt ihn als Zeugen auf für ein Versprechen: Wenn Gott ihn wirklich heil heimbringt, will er ihm seinerseits die unbedingte Glaubens-Treue im versprechen.

Dieser Gedanke des gegenseitigen religiösen Versprechens kehrt wieder bei allen Martern, Wegkreuzen, Bildstöcken und Kapellen, zumindest in der Frankenpfalz, sie sind ihrem Gebrauch nach **Votivzeichen**. Sie sind Dank für Bewahrung, sie sind Bitte um weiteres Geleit. Und sie sind vor allem Versprechen der unbedingten Treue. Solche Versprechen sind insbesondere in den Weltkriegen von vielen Frankenpfälzern gemacht und dann auch als eine ganz persönliche Sache zwischen dem Stifter und Gott eingelöst worden. – Das unterscheidet auch die „Marter" als Dankzeichen von der vor allem in Süddeutschland weit verbreiteten Deutung des „Marterl" als Unglückszeichen.

Wie beim Gebrauch von Steinen, so ist auch die Verwendung von **Holz** für die Gestaltung religiöser Zeichen, wie etwa von Wegkreuzen, uralt: Als „Lebensbaum des Paradieses" begegnet das Holz schon in der Schöpfungsgeschichte. Im Kreuz Jesu verwandelt sich das römische Schandmal für Verbrecher zum „Baum des Leben", wie auch das zeitgenössische Passionslied singt:

„Holz auf Jesu Schulter, von der Welt verflucht, ward zum Baum des Lebens und bringt gute Frucht; Kyrie eleison, sieh wohin wir gehen, ruf uns aus den Toten, lass uns auferstehn ...".

Gerade diese hier beschriebene Verbindung von Kreuz und Lebensbaum kehrt auf fast allen Martern der Frankenpfalz wieder. Bunte Knospen, Blätter und Früchte sprießen aus dem schwarzen Holz. Hinter dem Kopf des Gekreuzigten leuchtet die Auferstehungssonne. So wird im Kreuz immer schon die Auferstehung sichtbar, im Tod erscheint neues Leben.

Fassen wir die theologische Deutung der Martern zusammen:

Holz, Stein und Eisen, die uns als Material der „Kleindenkmäler" begegnen, wollen also mehr sein, als tote Materie. Sie wollen vielmehr theologisch gedeutet werden als Zeichen, die reden und uns Jesus Christus veran-schaulichen. Christus nimmt Anteil am Los des Menschen; er zeigt uns damit die Gottesnähe des Menschen in jeder Lebenssituation.

Von dieser „theologischen" Deutung der Martern möchte ich ihre „religiöse" Deutung bewusst trennen. „Theologisch" betrifft mehr unser Gottesbild, also unsere Theorie von Gott, also etwa: „Der Christus, der in diesen Matern gezeigt wird, ist der Gott, der an unserm Leben Anteil nimmt". Das ist eine „theologische" Rede. „Religiös" betrifft mehr unsere Praxis im Glauben. Also hier: Welche religiöse Praxis verbinden die Menschen mit ihren Martern? Betreiben sie hier einen „Götzendienst", wie die Protestanten früher den Katholiken unterstellten, wollen sie sich die Gnade Gottes hier durch ihre teuren Versprechen „verdienen?"

Die religiöse Deutung der Martern

Religiös betrachtet sind Martern, Wegkreuze etc. in erster Linie Zeichen des einfachen Volkes, die etwas erzählen wollen von der besonderen Bindung ihrer Stifter an Gott. Sie sind zunächst einmal „Andachtsbilder" dieser Menschen, welche unsere Sinne hinsichtlich der Kreuzigung Jesu ansprechen und zur Sympathie,

Lebensbaum-Motiv und Auferstehungssonne an einem „Kustermannkreuz" der Frankenpfalz

zur seelsorgerlichen Anteilnahme, einladen wollen, ähnlich wie auch eine Krippe ein Andachtsbild ist, das unsere Sinne hinsichtlich der Geburt Jesu ansprechen will. Jesus Christus steht in der Mitte. Die Martern erzählen von diesem Christus, der am Leben der Menschen in Freude und Leid Anteil nimmt. Seine Marter, seine Kreuzigung ist gemeint, wenn wir von Marter sprechen.

Dies bedeutet aber auch eine notwendige Einschränkung im Sprachgebrauch für den Begriff „Marter". **Wir sollten nur dort von Marter sprechen, wo auch Jesus Christus die Mitte ist**. In dieser Hinsicht haben die Frankenpfälzer einen eher schlampigen Sprachgebrauch. Sie nennen alles „Marter", was an religiösen Zeichen in der Landschaft steht, auch wenn kein Christus darauf zu sehen ist, z.B. auch reine Marienbildstöcke.

Wichtig für die angemessene Deutung der Martern ist, immer zu bedenken, wer die Stifter sind. Dies dokumentiert sich am klarsten in den Eigentumsverhältnissen: 5/6 der Zeichen in der Frankenpfalz sind heute noch in Privateigentum, 1/6 sind im Eigentum der Gemeinde Kirchenpingarten. Wenn nicht manche der früheren Besitzer ohne Nachkommen verstorben wären, dann wären 6/6, also alle, auch heute noch in Privatbesitz. Die Ortsgemeinde tritt hier gleichsam nur als „Nachlassverwalter" auf und bemüht sich möglichst, in ihrem Sinn zu handeln. Alle Martern, Bildstöcke und Wegkreuze sind also letztlich Andachtsbilder von solchen einfachen Menschen einer nichtgelenkten „Religion von unten".

Dabei muss eine traurige Erfahrung in Erinnerung gebracht werden, welche die Geschichte der Frankenpfalz mit der Geschichte der Oberpfalz und von Altbayern gemeinsam hat. Wie wohl jede katholische Gegend hatte auch die Frankenpfalz seit jeher ihre typischen religiösen Zeichen. Der große Einschnitt ist aber, wie auch in der Obe-ren Pfalz und in Altbayern, die Säkularisation ab 1802. Damals sind ja binnen kurzem auf staatliche Anweisung und mit Billigung der katholischen Kirchenleitung diese religiösen Kleindenkmäler zu Hunderten und Tausenden vernichtet worden. Plötzlich galten sie als Zeichen eines überholten Aberglaubens. Der große Kahlschlag erfolgte aufgrund der Säkularisation, also der Anpassung an die weltliche „Vernunft", die der damalige bayerische Superminister des ersten neuen Königs Maximilian, Josef de Garnerin, genannt Graf Montgelas, durchsetzte. Auch die kirchlich-katholische Obrigkeit wollte damals, den Trends der Zeit entsprechend, als „aufgeklärt" gelten und hat deshalb diese Maßnahmen damals gebilligt und gutgeheißen.

Nur diese acht Zeichen haben in der Frankenpfalz den Bildersturm der Säkularisation ab 1802 überdauert: zwei Steinkreuze, drei Barocksäulen, zwei Nepomukfiguren und eine Marter

Diesen Kahlschlag haben in der Frankenpfalz ganze acht Zeichen überlebt: zwei alte Steinkreuze, drei große Barockmartern, zwei Nepomukfiguren und eine Marter um 1800. Die Rettung dieser wenigen Zeichen gelang hier, wie auch woanders, nur, indem diese Zeichen vorübergehend „entsakralisiert", d.h. als religiöse Zeichen unkenntlich gemacht wurden. Man sägte die Kreuze ab oder brach die Bilder heraus. Das ging solange, bis in

Bayern dieser Minister abgesetzt war und wieder liberalere Zeiten anbrachen.

Merkwürdigerweise wird heute selten öffentlich über die Säkularisation und ihre tief greifende Auswirkung auf die Seelen der Menschen gesprochen. Doch die kleinen Leute bei uns haben diesen Gewaltakt damals im kollektiven Unterbewusstsein gespeichert. Seitdem haben sie innerlich eine unabhängige, fast protestantische Haltung zu ihrer Kirche eingenommen, ohne freilich nach außen hin zuzugeben, dass sie halbe Protestanten sind, um Gottes Willen, was würde die Oma, die Nachbarn oder der Pfarrer sagen! Nach außen gibt man sich fast protestanten-feindlich, zum Selbstschutz, um sich nicht angreifbar zu machen gegenüber seiner Kirche, sozusagen „überkorrekt".

Doch die Martern der Frankenpfalz verraten dieses sorgsam gehütete Geheimnis. Man kann sie deshalb mit Recht als „seelsorgerliche Zeichen der Religion von unten nennen", weil die kleinen Leute seit 200 Jahren ihre Bindung an Jesus Christus hier auf eigene Faust praktizierten, notfalls auch an der kirchlichen Obrigkeit vorbei.

Meine Hauptthese also zur religiösen Deutung der Martern ist also die folgende:

Im Kern sind die Marterkreuze „protestantische" Zeichen im Katholizismus, nämlich Zeichen der eigenständigen katholischen Religion „von unten", eine Religion, die sich aufgrund der Erfahrungen der Geschichte, über die noch zu reden sein wird, von den Herren oben nichts drein reden lässt, weder von ihrer Kirche noch von der Politik. So ist auch tatsächlich die Praxis der Marteraufstellung in der Frankenpfalz bis heute gleich geblieben: Die Stifter, in der Regel einfache Menschen wie du und ich, erdenken sich aus einem bestimmten Grund des Gotteslobs ihr „Marterl" und geben den liebevollen Entwurf für teures Geld in Auftrag; der Pfarrer wird als letzter informiert und um Segnung gebeten. Es sind also Zeichen, die man aus dem Lebensbezug der kleinen Leute zu ihrer Religion heraus deuten muss.

Von dieser Deutung aus dem Lebensbezug heraus soll abschließend die Rede sein.

Die Deutung der Martern aus dem religiösen Lebensbezug

Die Martern reden in dreifacher Weise von der religiösen Bindung des Menschen an Gott:
1. in Lob und Dank,
2. in Klage und Bitte,
3. mit Votiv-Versprechen.

Leitendes religiöses Motiv bei allen Matern ist der schon genannte Psalm 103, der in der lutherischen Fassung so lautet: *„Lobe den Herrn meine Seele und vergiss nicht, was er dir Gutes getan hat"*. Der Psalmbeter erwartet von Gott nicht nur seelisches Heil, sondern er erwartet auch körperliche Heilung. *„... der dir deine Sünde vergibt und heilet alle deine Gebrechen ..."* Gott loben und danken heißt für ihn: Sich für Gottes heilende Kräfte öffnen. Das soll gleichermaßen für die guten, wie auch für die leidvollen

Augenblicke des Lebens gelten.

Schauen wir uns diese drei Weisen der religiösen Bindung genauer an, dann fällt ihre Verknüpfung mit dem Biografischen im Leben dieser Stifter auf, d.h. alle Zeichen reden vom Glauben in konkreten Lebenserfahrungen von einzelnen Menschen. Und es ist immer wieder spannend, über die rein historischen Daten eines solchen Zeichens hinaus auch diese Lebensbezüge aufzudecken: In welcher Situation loben und danken diese Menschen, oder bitten und klagen usw.?

Vier Beispiele aus der Frankenpfalz mögen das Gesagte illustrieren:
Bei Dennhof ist eine Marter aufgestellt, die **Lob und Dank** sagt für eine Schiffsreise anno

Dank nach gelungener Schiffsreise: Marter bei Dennhof mit Rauhem Kulm im Hintergrund

Trauer um verstorbene Kinder: Marter am Kirchenpingärtner Kirchweg

1895. Sie kann ein hilfreicher Denkanstoß sein für die Betrachtung des gegenwärtigen Lebens und unserer Haltung dazu: Wie dankbar sind wir, wenn wir, etwa nach einer Dienst- oder Urlaubsreise um den halben Globus, wieder heil und sicher zu Hause angekommen sind? Wäre uns das auch die Aufstellung einer Marter wert? Oder sind wir sauer, dass wir 10 Minuten Verspätung hatten?

In dieser Weise sind etwa die Hälfte aller Zeichen in der Frankenpfalz Lob- und Dankzeichen; ihre Aufstellung fällt seinerzeit zeitlich zusammen mit dem wirtschaftlichen Aufschwung hier um 1900 in der Landwirtschaft. Der Einsatz von Dünger und Maschinen, gefördert durch den weitsichtigen Pfarrer Ludwig Wiesbeck, hat der vorher armen arbeitsreichen Gegend nun zu Arbeitserleichterungen und mehr

Einkommen verholfen. Viele „Frankenpfälzer" Martern entstehen in dieser Zeit. Manche werden direkt am Hof aufgestellt, andere an einem bedeutenden Punkt über dem eigenen Grundstück, einige am Kirchweg für die sonntags vorbeiziehende Allgemeinheit. Für manchen ist seine Marter vielleicht auch ein Statussymbol, das zeigen soll, dass man etwas erreicht hat. Doch ebenso stehen diese Martern für eine ganz schlichte Frömmigkeit: als Dankzeichen an Gott, den man auch in solchem Aufschwung nicht vergessen will.

Daneben stehen auch in der Frankenpfalz Zeichen mit „klassischen" Motiven: Martern, die Leid und Unglück bedenken. Bei ihnen überwiegt die **Klage und Bitte** nach dem Versprechen von Psalm 103: „Der dir alle deine Sünden vergibt und heilet alle deine Gebrechen." Entscheidend ist, dass der Mensch auch die Dramen, die er erlebt, vor Gott bringt.

Da sind in einer Familie vier Kinder verstorben. Manchmal vergisst man heute diese einstigen fast alltäglichen Dramen der hohen Kindersterblichkeit. Bis zur Hälfte eines Jahrgangs erreichten nie das Erwachsenenalter! Sarkastisch formulierte man damals: Die Übrigbleibenden sind um so zäher. Doch wer ermisst die Trauer der damals Leidtragenden? Dass sie trotz allem ihr Geschick vor Jesus bringen, wollen die Martern zum Ausdruck bringen. Sie vertrauen darauf, dass Jesus, der selbst den Weg des Leidens gegangen ist, ihr Leid versteht.

Fließend ist der Übergang dieses Motivs „Klage und Bitte" zum **Votivzeichen**, also zum gegenseitigen Glaubensversprechen, ähnlich dem schon beschriebenen Jakobsstein: Wegen Kinderlosigkeit hat damals eine Bäuerin „ihr" Marterl aufgestellt. Und, - sie empfing damals dann wirklich noch ihre männlichen Hoferben, der Hof lebt heute noch! Als die Enkelin, die heutige Jungbäuerin, ihrerseits Zwillinge empfing und der Arzt ein bedenkliches Gesicht machte, weil das eine Kind vielleicht eine schwere Augenkrankheit davongetragen habe, die zum Verlust des Augenlichtes führen könne, da stellte sie auch ihrerseits ein weiteres Marterl auf, mit einem alten Gusseisenkreuz auf einem Findling. Diesem Kind geht es heute gut, wie seinem Zwilling. Wir sprechen hier also, wenn wir von Martern und ihrem Segen reden, von einem fast esoterischen Bereich des Glaubens, wenn nicht das Wort des Psalms 103 da wäre, das in solchen Steinen reden will: „... *und heilet alle deine Gebrechen*".

Eine letzte Anmerkung geht über diesen Bereich von Esoterik noch hinaus und mündet ein in die Psychologie. Tatsache ist, wie schon oben gesagt, dass viele Martern, Wegkreuze und Bildstöcke in der Frankenpfalz aufgestellt wurden als Versprechen im Krieg. Auch viele der kleinen hölzernen Wegkreuze bei uns sind „Votivzeichen" von Versprechen, gegeben irgendwo in einem Schützengraben, mit der Bitte um ein gesundes Heimkommen. Auch bei diesen Votivzeichen steht in der Regel Christus in der Mitte. Er wird angefleht, weil er diesen Weg der Hoffnung gegangen ist: durch den Tod ins Leben, und das gleiche erhofft sich der Mensch, der ihm nachfolgt. Die aufgestellten Zeichen sind also die Zeugnisse für erfüllte Hoffnungen und Gebete.

Nun gibt es aber als weitere Beispiele solcher Kriegsversprechen auch Votiv-Bildstöcke mit der Gestalt der Maria, ja, sogar eine Marienkapelle. Da steht also nun nicht Christus, sondern Maria in der Mitte, obwohl die Leute auch dazu „Marter" sagen. Diese Marienverehrung ist für die Frankenpfalz eher untypisch, hier war bis zum letzten Krieg eine fast reine Christusfrömmigkeit typisch. Was ist geschehen? Sind dies die Früchte der Glaubenswerbung marienverehrender Päpste oder Bischöfe? Die Sache geht wohl tiefer und hat direkt mit der Erfahrung des Krieges zu tun.

Votivkreuz: Dank für glückliche Heimkehr vom Krieg   Gebet zum „weiblichen Herzen Gottes": Marienbildstock in Lienlas

Es ist wohl tatsächlich so, dass viele Männer in dieser Hölle des letzten Krieges irre geworden sind an dem Bild eines *männlichen* Gottes: Wie kann Gott das alles zulassen? Aber sie wollten Gott nicht ganz loslassen.
So haben sie sich gewissermaßen an das „weibliche Herz Gottes" gewandt. Maria ist für viele Menschen in der Frankenpfalz seitdem das „weibliche Herz Gottes"; ihr wurden von Kriegsheimkehrern solche Bildstöcke und Kapellen gestiftet, nicht anders, als würden sie Gott gestiftet, der einen „tröstet, wie einen seine Mutter tröstet" (Jes. 66, 13).

Zudem ist aber auch die frühere, mehr christuszentrierte Frömmigkeit im katholischen Kirchenvolk der Frankenpfalz durch den Einfluss mancher Pfarrer, Bischöfe und Päpste weiter zurückgegangen. Das sehe ich als Protestant, der sehr an der Ökumene interessiert ist, auch ein bisschen kritisch. Denn zwar achten auch Protestanten die Maria, aber doch nur aufgrund der Bibel. Für sie ist sie kein Ersatz für Gott, sondern bleibt „des Herren Magd". Mich tröstet aber, dass für alle Pfarrer der Frankenpfalz, die ich mittlerweile persönlich kennengelernt habe, und das sind mittlerweile auch schon drei, Christus in einer zeitgemäßen Bibelauslegung stets deutlich wieder in der Mitte ihrer Botschaft steht. So bin ich, als protestantischer Pfarrer, voll des Lobes über diese Predigten meiner katholischen Kollegen und hoffe, dass sie nicht nur mich, sondern auch das katholische Kirchenvolk der Frankenpfalz erreichen.

Wenn ich diesen Teil über den theologischen, religiösen und biografischen Hintergrund der Martern zusammenfasse, dann möchte ich betonen: Martern müssen stets von der Absicht der Aufstellenden her gedeutet werden. Einfache Menschen wollen mit dem kostspieligen Aufstellen solcher Zeichen Gott danken für sein Geleit und ihm die Treue versprechen. Ankerpunkt und Mitte ihres Vertrauens ist dabei der gekreuzigte und auferstandene Christus, der den Lebensweg des Menschen begleitet, durch den Tod ins Leben.

Jürgen-Joachim Taegert

Martern und Wegkreuze der Frankenpfalz auf den Urkarten von 1840 und heute

Die Säkularisation 1802-04 vernichtete viele unersetzliche Kulturgüter
Heute ist die Frankenpfalz um Kirchenpingarten das Gebiet mit der größten Dichte an Martern, Bildstöcken und Wegkreuzen im Landkreis Bayreuth. Weit über 100 solcher religiösen Zeichen finden sich hier. Doch die meisten von ihnen sind erst nach 1870 errichtet worden. Lediglich acht Zeichen aus einer ursprünglich viel größeren Fülle haben den Bildersturm der Säkularisation überlebt, der in den Jahren 1802-04 Altbayern und die Obere Pfalz heimsuchte.
Diese „Demolierung" der Martern, Kreuze und Kapellen ist im öffentlichen Bewusstsein weitgehend verdrängt und wird im Volksmund manchmal völlig ungeschichtlich den „Calvinern" zugeschoben, weil man dem Bayerischen Staat und der katholischen Kirche ein solches unbegreifliches Kulturverbrechen eigentlich nicht zutraut. Doch in Wahrheit ließ damals tatsächlich der bayerische Staats- und „Superminister" Josef de Garnerin, genannt Graf Montgelas, unterstützt von katholischen Kirchenbehörden, tausende Flurkapellen und religiösen Kleindenkmäler als „Symbole eines rückständigen Aberglaubens" vernichten.
Übrig blieb damals nur, was auf Dachböden versteckt werden konnte, wie manche Blechschnittfigur, oder was in Gärten zweckentfremdet aufgestellt werden konnte, wie einzelne Nepomukstatuen, oder was zu Schulen umfunktioniert werden konnte, wie einige Kapellen. Anderes erfuhr als „ortsbildendes Denkmal" Gnade und wurde nur „entsakralisiert", d.h. der religiösen Symbole beraubt. In der Frankenpfalz

überlebten so die beiden mittelalterlichen Steinkreuze am Waizenreuther Berg und bei Dennhof, die drei Pestsäulen von 1718/19 in Reislas, Kirchenpingarten und Lienlas, die beiden Nepomukstatuen von 1732 in Kirchenpingarten und Kirmsees, sowie die im Jahr 1800 kurz vor der Säkularisation aufgestellte Tressauer Kirchwegmarter, die damals noch oben auf dem Kirchbühel stand *(Bild, jetzt am neuen Standort an der Straße nach Kirmsees).* Diese acht unter großen Mühen vor der Vernichtung bewahrten Zeichen sind auch auf dem „Urkataster" von 1840 nachweisbar, welches das Bayerische Königtum im Rahmen der Grundstücksvermessungen ab 1808-1864 zum Zweck einer gerechten Grundsteuererhebung anfertigen ließ.

Nun weisen aber diese Uraufnahmeblätter in der Frankenpfalz insgesamt 32 solcher religiösen Zeichen aus, also 24 mehr, als damals gerettet wurden. Fast perlenschnurartig und in z.T. auffallenden Abständen ziehen sie sich auf diesen

Marter von 1800 vom alten Tressauer Kirchweg

Karten in West-Ost- und Nord-Süd-Richtung durch das ganze Gebiet der Frankenpfalz. Von diesen 24 Zeichen stehen 17 an Stellen, an denen sich auch heute solche religiöse Zeichen finden; sie sind dort aber nach 1870 erneuert worden, nachdem offenbar den Menschen in der Frankenpfalz der Erhalt ihrer Martern sehr am Herzen lag. An sieben auf dem Urkataster 1840 bezeichneten Plätzen findet sich heute kein Zeichen mehr, während an vielen anderen Plätzen bis in unsere Zeit eine Fülle neuer Zeichen hinzugekommen sind.

Wann wurden die auf der Urkarte 1840 erkennbaren jüngeren Zeichen errichtet, was ist aus ihnen geworden?

Hölzerne Martern und Wegkreuze künden nach 1804 von mehr religiöser Toleranz

Schon in den amtlichen Berichten über den Bildersturm der Säkularisation wird 1804 erwähnt, dass im ganzen Land, so auch in der Gegend um Kirchenpingarten, wieder alte und neue Kreuze und Martersäulen aufgetaucht seien. Absicht des Landgerichtes Kemnath war, sie ebenfalls niederzureißen, da sonst „dadurch Eltern und Kinder in den alten eingewurzelten Vorurteilen bestärkt werden". Bis auf die datierte Säule auf dem Tressauer Kirchbühel von 1800 ist aber über das Schicksal der übrigen damals neu errichteten Zeichen nichts bekannt. Die Tressauer Säule wurde wahrscheinlich vorübergehend ebenfalls „entsakralisiert", d.h. ihres Kreuzes beraubt und als reines Flurdenkmal betrachtet; dafür spricht, dass der jetzige Kreuzaufsatz erheblich jüngeren Datums ist; er stammt aus der Zeit der sg. „Kustermann-Kreuze", also der Gusseisenkreuze um 1870.

Zum Glück war diese schlimme bayerische „Kulturrevolution", die in der Bevölkerung viel Verbitterung hinterließ, nur von begrenzter Dauer. Bereits 1817 wurde Graf

Blechschnitt-Wegkreuz vor Muckenreuth

Montgelas wegen seiner bevölkerungsfeindlichen Politik gestürzt. Möglicherweise noch zu seiner Amtszeit, bestimmt aber in der Regierungszeit des liberaleren Nachfolgers von König Maximilian, seines Sohnes Ludwig I. (König seit 1825), konnten auch in der Frankenpfalz wieder offiziell Martern und Wegkreuze aufgestellt werden.

Sie waren zunächst freilich wohl nur aus Holz gefertigt. Auf dem hölzernen Kreuz mit dem charakteristischen drachenförmigen Dach hat man meist einen aus Blech ausgeschnittenen und bunt bemalten Corpus des gekreuzigten Christus angebracht, darunter manchmal die Figur der Maria. Diese alte Form der Blechschnittkreuze findet sich noch heute an drei Stellen in der Frankenpfalz: An der Kurve der Ortsdurchfahrt Tressau, am Feldrain vor Muckenreuth *(Bild)* und am Wanderparkplatz vor Hahnengrün. Nach den Erzählungen der Bevölkerung haben die Kreuze, d.h. ihre Blechfiguren, ein hohes Alter; dies lässt auch der Augenschein vermuten, der auch manche unbeholfene Reparaturversuche erkennen lässt.

Möglicherweise stammen diese drei großen, heute noch existierenden Wegkreuze der Frankenpfalz aus dieser ersten Zeit unmittelbar nach dem Bildersturm, vielleicht sind sie aber auch älter und wurden zwischenzeitlich versteckt. Ihre geringere Haltbarkeit mag den Befund erklären, dass von den 24 auf der Urkarte 1840 erkennbaren jüngeren Zeichen nur diese drei bis auf die heutige Zeit gekommen sind. Aus den Symbolen der Kartenzeichner lässt sich entnehmen, dass es sich auch bei den übrigen religiösen Zeichen wohl überwiegend um solche hölzernen Wegkreuze, vereinzelt aber auch um hölzerne Bildstöcke und Steinmartern gehandelt haben wird.

Von den sieben gänzlich verschwunden Zeichen stand eines bezeichnenderweise an der Flur „Kreuzbühl" vor Grub, also offensichtlich an einem Platz, an dem schon seit erdenklichen Zeiten ein Wegkreuz gestanden hatte, das einst der Flur ihren Namen gegeben hat.

Die neue „Frankenpfälzer Marter" zeigt im „Kustermannkreuz" die „Marter Jesu"

Von den übrigen 24, unmittelbar nach der Säkularisation neu errichteten religiösen Zeichen, die auf der Urkarte von 1840 zu erkennen sind, sind sieben gänzlich verschwunden. 17 haben an ihrem Standort ab dem Jahr 1870 als Nachfolgerinnen die wesentlich haltbareren zweiteiligen typischen „Frankenpfälzer Martern" bekommen. Diese schlanken, mannsgroßen und neugotisch behauenen Säulen aus Fichtelgebirgs-Granit oder Sandstein sind meist mit dem charakteristischen gusseisernen Kreuzaufsatz versehen, der von der Oberpfalz herkommt.

Damals haben bekannte Eisengießerfirmen in Deutschland und ganz Europa neue Märkte für ihre Produkte gesucht. Sie „erfanden" z.B. Eisensäulen und Verzierungen für Bahnsteigdächer oder sogar dorische Säulen für Kuhställe oder eben Friedhofs- und Marterkreuze. Unter den ersten, die solche Friedhofs- und Marterlkreuze gossen, war das Eisenhammerwerk Griesbauer im kleinen Ort Antwort am Chiemsee, in welche der in München beheimatete Franz Seraph Kustermann einheiratete, dessen Vater dort einen Eisenwarenhandel hatte; er erweiterte seinerseits 1861 in München den Betrieb um eine moderne Eisengießerei in der Nähe des Ostbahnhofs, die durch eine der ersten Dampfmaschinen in München energiebetrieben wurde. Diese Gießerei wurde aber 1902 wieder eingestellt.

Kustermann stellte wohl als erster, neben Inneneinrichtungen für Ställe, Treppen, gusseiserne Säulen, Öfen etc., auch Gusseisenkreuze her. Der Begriff „Kustermannkreuze", der seit einem Bericht des ehem. Nittenauer Gymnasiallehrers Alois Bergmann in der Zeitschrift „Die Oberpfalz" 1969 und 1970 für Gusseisenkreuze geläufig ist, dürfte hier seine Wurzel haben. Andere damals tätige Firmen waren die Maschinenfabrik Augsburg-Nürnberg MAN, damals noch Klett & Comp. in Nürnberg, oder die Eisengießerei in Bodenwöhr in der Oberpfalz. Letztere erweiterte die Formensprache dieser Kreuze erheblich und fertigte noch weit ins 20. Jh. hinein solche Kreuze in sehr vielfältigen Gestalten; sie lieferte seinerzeit wohl alle Gusseisenkreuze, die in der Frankenpfalz aufgestellt wurden.

Solche Kreuze konnte man zwar nach Katalogen bestellen, die teilweise erhalten geblieben sind. Aber sie sind doch alle sehr individuell von Künstlerhand entworfen und werden heute auch von den Sachverständigen als „Kunst" anerkannt. Religiös haben sie uns sowohl als Katholische als auch als Evangelische eine Menge zu sagen, denn sie stellen nach der Art der älteren Martern die „Marter Jesu", also seine Kreuzigung und Auferstehung in die Mitte. Sie preisen Jesus als den, der am Leben der Menschen Anteil nimmt und ihnen den Weg durch den Tod ins Leben vorausgeht. Sie machen zugleich deutlich, was eine „Marter" ist, nämlich ein Andachtsbild von der Passion Jesu.

Laterne der „Schwarzen Marter" bei Reislas

Die Menschen der Frankenpfalz sagen zwar zu allen religiösen Zeichen, die draußen in der Natur stehen, „Marter", also z.B. auch zu Bildstöcken, obwohl dort meist Maria in der Mitte steht. Es soll hier aber vorgeschlagen werden, den Begriff „Marter" auf solche Andachtssäulen im Freien zu beschränken, die wirklich die Marter Jesu zeigen, also seine Passion und Auferstehung, wie sie schon die Laterne an der Steinsäule der imposanten „Schwarzen

Die erste „Frakenpfälzer Marter" 1870 bei Lienlas

Marter" von 1718 bei Reislas zeigt *(Bild)*.

Die filigranen Metallkreuze auf den schlanken neugotischen Säulen stellen auf dunklem Grund das Kreuz Christi als „Lebensbaum" dar, aus dem als Zeichen des neuen Lebens Weinreben, grüne Blätter und bunten Knospen sprießen. Cherubim, kopfgeflügelte Thronwächterengel, umgeben den gekreuzigten Christus und zeigen, dass er zum Thron Gottes gehört. Zwei Symbolgestalten mit dem Kelch des Leidens und dem Kranz des Sieges, die sog. „Ecclesien", erinnern an den Weg des Gottesvolkes in der Welt, der ein Weg des Leidens ist, aber am Ende doch vom Sieg des Glaubens gekrönt ist.

Diese Kreuze haben sich zu jener Zeit mit der Entwicklung der Gusseisentechnik als „zweites Rokoko" in der Frankenpfalz, in der angrenzenden Oberpfalz und im übrigen katholischen Bayern als Friedhofs- und Marterkreuz verbreitet. Sie werden bis in die Gegenwart hinein gepflegt und gern auch wiederverwendet und mit neuen Sockeln versehen, wenn die ursprüngliche Steinsäulen durch Umwelteinflüsse schon zersetzt sind.

Gotteslob zum Ende der Armut

Diese stattlichen Kreuze gießen zu lassen und ihnen mit einer kunstvoll behauenen Granit- oder Sandsteinsäule einen angemessenen Unterbau zu erschaffen, war einst eine kostspielige Angelegenheit, für die einer seine ganzen Ersparnisse aufwenden musste; ihre Fülle in der eigentlich armen Gegend der Frankenpfalz erstaunt. *(Im Bild: Die erste typische „Frankenpfälzer Marter" 1870 bei Lienlas).* Die Neuerrichtung dieser „Frankenpfälzer Martern" seit 1870 ist aber ein Beweis dafür, dass den Menschen der Erhalt ihrer religiösen Zeichen sehr am Herzen lag. Als nach langen Jahrhunderten der Armut in der Frankenpfalz mit dem Wandel in den Besitzverhältnissen und der Modernisierung der Landwirtschaft ein besseres Leben in Sicht kam, da wollte man nicht sich selbst, sondern dem gekreuzigten und auferstandenen Heiland ein Zeichen des Dankes setzen.

„Frankenpfälzer Marter" 1908 in Fuchsendorf

Die Marter verkörperte für den hart arbeitenden kleinen Mann in seinem Alltag die segnende Nähe Christi, den man loben kann in Freude und Leid. Die typische „Frankenpfälzer Marter" mit den aufstrebenden Weinreben auf dem gusseisernen „Kustermannkreuz", das den „Baum des Lebens" symbolisiert, aufgesetzt auf einen neugotisch behauenen Steinsockel, will den gekreuzigten und auferstandenen Jesus darstellen, der am Alltag des arbeitenden Menschen mit seinem Wort und Segen Anteil nimmt. Er ist der Weinstock, aus dem die Gläubigen leben.

Von dieser ersten Frankenpfälzer Marter 1870 hart an der Grenze zur oberen Pfalz breiten sich damals in den folgenden Jahren lawinenartig die neuen Martern mit der markanten Steinsäule und dem Metallaufsatz über die ganze Frankenpfalz aus. Zwischen 1877 und 1890 entwickelt die Stele ihre besondere Form und das Kreuzdach. Die ursprünglich filigrane Säule wird stattlicher und allmählich übermannshoch und erreicht mit dem aufgesetzten Kreuz zusammen eine Höhe von oft über 3,50 m. Dabei variieren die Formen anfangs noch sehr stark.

Ab der Wende zum 20. Jh. beginnen sich die Formen aber zu vereinheitlichen. Die typische „Frankenpfälzer Marter" ist jetzt kräftig und spiegelt viel wieder vom gewachsenen Selbstbewusstsein dieser vorher so armen Gegend. Kurz vor dem ersten Weltkrieg erreicht die Entwicklung der Frankenpfälzer Marter ihren Höhepunkt. Sie steht entweder direkt am Gehöft, oder sie schaut selbstbewusst über dem Ort weit in die Landschaft hinaus. Sie ist Dankmarter und markiert zugleich ein aufkommendes Krisenbewusstsein vor dem aufkommenden I. Weltkrieg. Insofern ist sie oft auch Votivmarter: Bitte um Frieden und Bewahrung in der Krise. Eine dieser Martern steht westlich Fuchsendorf ebenfalls an einer Stelle, deren alte Flurbezeichnung „Kreuzäcker" auf eine lange Vorgeschichte schließen lässt *(im Bild: Frankenpfälzer Marter von 1908 in Fuchsendorf, mit später eingesetzter Erinnerungstafel an gefallene Soldaten des Ersten Weltkrieges).*

Christusmonogramm und Laienkelch

Diese typischen Frankenpfälzer Martern bestehen aus zwei Hauptteilen: der Steinsäule (Stele) und dem Kreuzaufsatz. Die Stele ist wiederum dreifach gegliedert in Kopf, Schaft und Fuß. Ihr Material ist in dieser Zeit meist der anfälligere, aber leichter zu bearbeitende Sandstein, davor und später auch Granit.

Der Kopf der Säule ist meist in Kreuzdachform gehauen und hat verzierte Seiten. Auffallend kurz vor dem Ersten Weltkrieg ist die häufige Verzierung mit den Buchstaben „IHS" auf der Vorderseite, die sich vor allem auf den Raum um Eckartsreuth, Reislas und Kirchenpingarten konzentriert. Dieses sogenannte „Christus-Monogramm" IHS wurde bereits im 15. Jh. durch Bernhardin von Siena verbreitet und enthält das klassische Christusbekenntnis IHS, zu deutsch etwa: „Jesus, Heiland, Seligmacher"; oder lateinisch: „Jesus hominum salvator". - Mit der Wiederbelebung der gotischen Formensprache im 19. Jh. wurde auch dieses spätgotische Heilandsbekenntnis wieder entdeckt und neu verbreitet.

Marterkopf mit Abendmahlsdarstellung

Kustermannkreuz mit Lebensbaummotiven und Auferstehungssonne

Auf einigen Martern bei Muckenreuth und Eckartsreuth findet sich an beiden Kopfseiten eine Abendmahlsdarstellung unter beiderlei Gestalt (!), je ein Kelch mit Hostie, das hussitische und evangelische Abendmahlsymbol *(Bild).*

Die Frage, wie dieses evangelische Abendmahlssymbol in die katholische Frankenpfalz kommt, ist spekulativ: Es kann künstlerischer Zufall sein; immerhin wurden wohl einige Säulen in evangelischen Gebieten gefertigt. Es kann aber auch eine Erinnerung an die Zeit

der Reformation und Gegenreformation sein. Immerhin wurde in der Frankenpfalz der Katholizismus in der Gegenreformation gegen den verbreiteten Willen der Bevölkerung eingeführt. Muckenreuth war das Nest, wo neben Kirmsees am längsten Widerstand gegen die zwangsweise Wiedereinführung des Katholizismus geleistet wurde, 30, 50, 80 Jahre lang.
Was mich beeindruckt, ist zweierlei: Erstens hat man damals wirklich Künstler um die Entwürfe bemüht. Und so gleicht kein Kreuz wirklich ganz dem anderen. Und zweitens ein religiöser Aspekt: Alle diese Kreuze stellen Christus in die Mitte und machen wirklich fundierte Glaubensaussagen; sie wollen zeigen, was Christen glauben.

Das blumengeschmückte Metallkreuz mit den verzierten Kreuz-Enden *(Bild)* will sagen: Das Kreuz Jesu ist kein Todeszeichen, sondern der biblische „Baum des Lebens", nach dem sich schon Adam gesehnt hat, dessen Früchte zu vergeben sich aber Gott allein vorbehalten hat.
Der Nimbus Christi im Kreuzzentrum, der die Kreuzaufschrift von Golgotha umstrahlt, „Jesus von Nazareth, König der Juden", abgekürzt INRI, ist als Auferstehungssonne gestaltet. Dieses eigentlich ironisch gemeinte Urteil von Menschen über Jesus als dem „König der Juden" ist nun umglänzt vom göttlichen Auferstehungslicht. Es ist die alte immer neue Geschichte: Gott schreibt auch auf krummen Linien gerade! Für ihn ist das scheinbare Ende Jesu ein Anfang der neuen Geschichte mit dem Menschen.

Eine Jugendstilmarter wie der Scherenschnitt einer menschlichen Silhouette
Eine besondere Entwicklung haben die Frankenpfälzer Martern nach dem Ersten Weltkrieg genommen, nachdem also diese alte Welt völlig zusammengebrochen war, wie ein Beispiel aus Eckartsreuth zeigt. Viele hoffnungsfrohe junge Leute waren damals gefallen, das Leben änderte sich von Grund auf, und es ging doch weiter. Da wird in diesem Ort am Beginn des alten Kirchweges nach Kirchenpingarten unter drei schönen Douglasien eine stilistisch völlig neue Marter aufgestellt, die wenig Vergleichbares haben dürfte: eine einzigartige Marter im Jugendstil *(Bild)*. Die übermannshohe dunkle geschliffene Granitstele ist zum Gedenken an einen Gefallenen des Ersten Weltkrieges in der Statur einer menschlicher Gestalt geschnitten. Der Kopf hat die Form des von König Friedrich Wilhelm von Preußen 1813 gestifteten und mit dem „W" von Kaiser Wilhelm I. bezeichneten Eisernen Kreuzes. — Darunter ist das Porzellanbild des jungen, 18-jährigen Soldaten eingelassen. Dabei die Inschrift: *„Stehst du an dieser Stätte hier, so schenk ein Vaterunser mir. Denk an mein Grab im Feindesland, im stillen Wald am Wegesrand."* Wir sollen unsere alltägliche Gedankenlosigkeit immer wieder unterbrechen lassen für ein Gedenken an einen allzu früh seines Lebens beraubten Mitmenschen, an seine Familie und an den Frieden.
Solche neuen Zeichen entstehen in der Frankenpfalz bis in unsere Zeit. Ein 2006 aufgestelltes Zeichen *(Bild)* bewegt mich besonders: Eine viereckige schlanke helle Granitsäule mit dachförmigem Abschluss und durchbrochener Nische, darin eine 30 cm hohe gegossene Marienstatue. Zur Nische führt ein eingemeißelter gestufter

„Lebensweg", darunter die selbst erdachte hoffnungsfrohe Aufschrift: *„Auf allen Lebenswegen gib Freuden, Trost und Segen".* Dieses Zeichen ist also in jüngster Zeit aufgestellt worden, anlässlich einer Operation. Die Frau war krebskrank. Sie darf heute noch leben. Es ist im klassischen Sinn keine „Marter", sondern folgt den geschilderten Nachkriegstendenzen zu einer verstärkten Verehrung der Maria. Dargestellt ist Jesus auf den Armen seiner Mutter.

Eine weitere ganz besondere Marter sei abschließend noch erwähnt. Wenn man aus dem eigentlichen Gebiet der historischen Frankenpfalz noch einen Schritt hinaus tun, etwa 4 km nach Nord-Westen, in den evangelischen Bereich Oberfrankens, nach Weidenberg, findet man hoch über dem Ort an der sog. Bocksleite am alten Kirchweg von Lessau nach Weidenberg die einzige

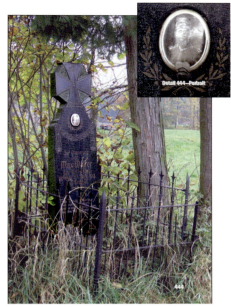

Jugendstilmarter in Eckartsreuth

mir bekannte evangelische Marter, gestiftet von einer armen lutherischen Frau im Jahr 1937, mitten in der Hitlerzeit, am Höhepunkt des seinerzeitigen Kirchenkampfes *(Bild)*. Der Granitsockel trägt ringsum Zitate aus der Lutherbibel, die ein Ende von Hitlers Unrechtsregime vorhersagen. Und im Kreuzbalken heißt es ganz unmissverständlich und gegen den damaligen Hitlerkult gerichtet, als viele Hitler als ihren Erlöser anhimmelten: *„Ich weiß, dass mein Erlöser lebt",* ein Zitat aus dem Buch Hiob, das von den Christen klar auf Christus gemünzt wird.

Für mich ist diese Marter ein ganz bewegendes Zeugin über eine Zeit, über die immer noch manche Unwissenheit und manches Tabu herrscht, trotz der vielen Fernsehdokumentationen. Nun bin ich auf der Suche nach Vergleichen: Kennt irgend jemand irgendwo überhaupt ein anderes *evangelisches* Marterl? Oder kennt jemand ein katholisches Marterl, das so prägnant in diese Zeit 1933-45 hinein spricht, wie die Marter auf der Bocksleite, so würde ich um Rückmeldung bitten. Denn bisher, so scheint es mir, ist dies das einzige *evangelische* Marterl in Deutschland, ja, vielleicht sogar auf der ganzen Welt, noch dazu mit der besonderen Note, Zeitzeugin dieser dunklen Zeit Deutschlands zu sein. Aber wie schon der Philosoph und Wissenschaftstheoretiker Karl Popper allen Forschenden als Ratschlag ans Herz legt: „Man muss seine Erkenntnisse falsifizieren", also nach Erkenntnissen suchen, die den eigenen Theorien widersprechen, und nicht nur auf dem Gefundenen beharren, dann gewinnt auch das Eigene an Stichhaltigkeit.

Leonore Böhm

Zwei Flurdenkmäler in der Mark bei Grafenwöhr
(Landkreis Neustadt/Waldnaab)

Die grüne Marter:

„In der Mark [bei Grafenwöhr] am Dießfurther Weg an der Südostecke des Waldabteils „Rotes Kreuz", Sandstein, [2 m hoch] grün angestrichen mit Blechbild, davor eine Bank; mit kleinem Eisenkreuz, Marienbild mit Umschrift „Ohne Makel der Erbsünde empfangen, bitte für uns, o Maria!" (Bezzel). Diese Anrufung hilft bei der Datierung, weil das Dogma der Unbefleckten Empfängnis im Jahre 1854 verkündet wurde.

Steinmetz Max Reiter ist sofort die Ähnlichkeit der beiden Flurdenkmale Grüne Marter und Rote Marter aufgefallen. Die Rote Marter trägt die Jahreszahl 1865 und die Initialen seines Urgroßvaters K. R. = Kaspar Reiter.

Oberlehrer Hermann Schenkl schreibt in der Broschüre „Grafenwöhr, ein Führer durch Stadt und Umgebung", ohne Jahresangabe, aber in die Vorkriegszeit datierbares Werk zur „Grünen Marter": Vom Schützenheim aus zu dem in tiefstem Waldesfrieden liegenden Jagdhause mit seiner einzig schönen Quelle; dann den Waldweg entlang bis zur Dießfurter Straße an der „Grünen Marter".

1983 hat Albert Hößl in die Marter ein Hubertusbild eingefügt. Das Gemälde zeigt die Anrufung „St. Hubertus, Patron der Jäger und Holzfäller, bitte für uns!"

Erich Lobinger von Pechhof erzählt die Hubertuslegende so: „An an Sunnta is a Wilderer niat in d Kirchn ganga, sondern af d Pirsch. Wöi a d Wandlungsglockn ghöiat hout, hout a plötzli an Hirschn mit an guldan Kreiz zwischen sein Gweih gsehn. Er hout si bekehrt und hout des Marterl setzen loua". Eine oft erzählte Legende, eine Wanderlegende.
Zur Grünen Marter wusste Erich Lobinger: „Manche Manner, döi in Groufawöhr goabat hobn, hobn gsagt, wenn`s Wetter passt hout: „Heit foahrn ma übers Gröi Marterl".

Am 1. September 1998 veranstalteten Stadtjugendring und Ministeranten eine Nachtwanderung für Kinder. Der Weg führte u. a. zur Grünen Marter: Mit aufgestellten Grablichtern, Waldarbeitergeräuschen und Knallkörpern wurden die Wanderer geschockt.

Man findet die Grüne Marter leicht, wenn man von Grafenwöhr kommend die Pechhofer Straße beim Forstbezirk Sandlöcher nach links abbiegt. Dann ist man bald an einer Kreuzung der Waldwege bei der Grünen Marter. Eine schwer zerbrechliche Scheibe schützt das Bild.

Auf eine Besonderheit sei noch hingewiesen. Neben der Grünen Marter direkt an der Wegekreuzung gibt es einen kleinen Berg von Steinen, vom Material her Lesesteine, geologisch Kreidequarzite, umgangssprachlich Kalmünzer genannt. Was es mit diesen auf sich hat? Das Steinetragen hat volkskundliche Bedeutung. Man trägt Steine zu einem religiösen Objekt, eine Bußübung.

Eine lustige Geschichte, die zum Thema passt, besagt: 1870 klagte der Mesner auf der Hohen Salve bei Kitzbühl, dass die Pilger nicht mehr so fromm wären wie früher und das Holz, das er am Fuße des Berges in Scheitern bereit legen würde, liegen ließen und lieber die Tragesteine bergan transportierten (Andree-Eysn, Volkskundliches, Braunschweig 1910, S. 14).

Foto: Reinhold Böhm

Die rote Marter:

Aus dem Jahre 1795 ist eine Nennung dieser Marter auf uns gekommen. Es heißt in der Pfarrkirchenrechnung: „Vor Führung eines fudermäßigen Baumes von der Roten Marter her zu dem Kreuz am Wege nach Pechhof".

Während der Säkularisation kam sie wohl abhanden, weil 1865 eine Neuaufstellung erfolgte.

Der Sandsteinbildstock, 2 m hoch, trägt die Inschrift Rote Marter und am Sockel die Jahreszahl der Errichtung 1865 und den Namen des Steinmetzes K. Reiter, Kaspar Reiter, des Urgroßvaters von Martin Reiter. Kaspar Reiter kam von Pressath wegen Einheirat nach Grafenwöhr.

Friedrich Bezzel, Beamter im Übungsplatz, überliefert um 1935: Die Rote Marter in der Mark am Pechhofer Weg, Sandstein, einst rot angestrichen, mit Blechbild, zwischen Fichten, davor eine Bank, mit schmiedeeisernem Kruzifix. St. Hubertus kniend vor dem weißen Hirsch, Unterschrift: Sankt Hubertus. Nichts bekannt.

Foto: Reinhold Böhm

1985 malte Albert Hößl für den Bildstock einen Drachenkampf des hl. Georg. Zwischenzeitlich stand die Marter auf einer kleinen eingezäunten Erhöhung. Sie stand deshalb auf einem Hügel, weil rundum Kies und Sand abgebaut wurden (Forstwirt Rudolf Walberer).

Um 2010 wurde der Bildstock wegen des Ausbaus des Freizeitsees an seinen jetzigen Standort versetzt. Er ist sehr leicht zu finden. Biegt man auf der B 470 beim Wegweiser Pechhof ein, kommt zuerst das Pechhofer Kreuz rechts und dann steht links vor dem Sanddamm die Rote Marter. Dieser Waldweg war die alte Verbindung von Grafenwöhr nach Pechhof.

Marco Schmid

Kapellen und Flurdenkmäler in Hiltenbach und Umgebung
(Markt Stamsried, Landkreis Cham)

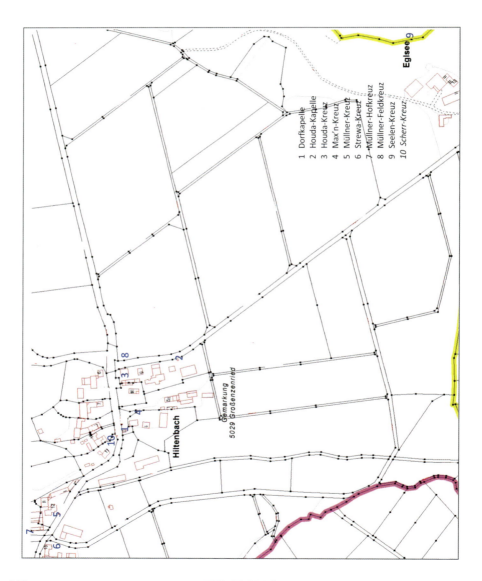

1. Dorfkapelle:

Standort: In der Dorfmitte auf Gemeindegrund, Flurnummer 405
(Koordinaten: 49° 17' 34,60" N, 12° 29' 21,69" O)
Geschichte: Die Dorfkapelle „Maria von Fatima" wurde in den Jahren 1952/53 durch die Ortsbürger von Hiltenbach erbaut. Die Einweihung erfolgte am 14. Mai 1953 durch Pfarrer Johann Gruber. In den Jahren 2002/2003 wurde die Kapelle gründlich renoviert.

2. Houda-Kapelle:

Standort: Bei der Ortseinfahrt von Richtung Eglsee links auf dem Grundstück der Familie Gruber (Houda), Hiltenbach 5, Flurnummer 400 (Koordinaten: 49° 17' 30,88" N, 12° 29' 29,31" O)
Geschichte: Die Houda-Kapelle wurde im Jahr 1761 durch Andreas Bösl erbaut und im Jahr 1962 durch Josef Gruber renoviert. Das Altarbild stellt die Krönung Mariens dar. An den Wänden befinden sich zwei Wachsbilder und eine Gedenktafel, welche an den im 2. Weltkrieg verstorbenen Hoferben Josef Käsbauer erinnert.
Eigentümer: Josef und Brigitte Gruber (Houda), Hiltenbach 5

3. Houda-Kreuz:

Standort: Bei der Hofeinfahrt der Familie Gruber (Houda), Hiltenbach 5, Flurnummer 400 (Koordinaten: 49° 17' 25,11" N, 12° 29' 27,26" O)

Beschreibung: Gusseisernes Kreuz (Höhe: 60cm, Breite: 27cm), schwarz lackiert und Verzierungen vergoldet – Christus: Gusseisen (Höhe: 20cm, Breite: 15cm), vergoldet – Maria: Gusseisen (Höhe: 20cm, Breite: 6cm), vergoldet – Rechteckige Granitsäule (Höhe: 220cm, Seitenlängen: 58cm x 42cm), auf der Vorderseite mit einer Aussparung (Höhe: 36cm, Breite: 29cm) versehen, in die eine Blechtafel mit Votivbild eingelassen ist

Geschichte: Das Houda-Kreuz wurde im Jahr 1841 errichtet. Anlass dazu war der Entschluss zweier Schwestern und eines Bruders der Familie Käsbauer einen Ordensberuf zu ergreifen. Die Votivtafel zeigt einen Kelch mit Hostie. Darunter steht geschrieben: „Ich bin das Brot des Lebens". Unter der Aussparung ist die Jahreszahl 1841 eingemeißelt. Auf der Granitsäule ist in Halbrelief eine Priestergestalt herausgearbeitet.

Eigentümer: Josef und Brigitte Gruber (Houda), Hiltenbach 5

4. Max'n-Kreuz:

Standort: Im Hof der Familie Drexler (Max'n), Hiltenbach 1, Flurnummer 404 (Koordinaten: 49° 17' 22,76" N, 12° 29' 23,50" O)

Beschreibung: Schmiedeeisenes Kreuz (Höhe: 55cm, Breite: 34cm), schwarz lackiert – Christus: Gusseisen (Höhe: 23cm, Breite: 18cm), vergoldet – Rechteckige Granitsäule (Höhe: 150cm, Seitenlänge: 33cm x 19cm) mit Aussparung auf der Vorderseite (Höhe: 23cm, Breite: 29cm) versehen, in die eine Blechtafel mit Bild eingelassen ist

Geschichte: Das Votivbild wurde von der Stamsrieder Malerin Resi Wltschek im Jahr 2005 angefertigt und zeigt den Heiligen Georg.

Eigentümer: Georg und Agnes Drexler (Max'n), Hiltenbach 1

5. Müllner-Kreuz:

Standort: Neben der Ortsdurchfahrtsstraße auf dem Grundstück der Familie Rötzer (Müllner), Hiltenbach 12, Flurnummer 409 (Koordinaten: 49° 17' 29,2" N, 12° 29' 12,84" O)

Beschreibung: Gusseisernes, verziertes Kreuz mit Strahlenkranz (Höhe: 150cm, Breite: 45cm), schwarz lackiert und teilweise vergoldet – Christus: Gusseisen (Höhe: 40cm, Breite: 30cm), vergoldet – Altarunterbau: wird seitlich durch zwei als Türme ausgebildete Säulen begrenzt, in der Mitte steht ein Engel (Höhe: 27cm, Breite 11cm) der in seiner rechten Hand ein Langkreuz hält und mit der linken Hand einen Kelch hochhält – Rechteckige Granitsäule (Höhe: 200cm, Seitenlänge: 35cm x 25cm), auf der Vorderseite mit einer Aussparung versehen, in die eine Blechtafel mit der Aufschrift „Lasset die Hasser hassen, die Neider neiden, was Gott will, das wird er ihnen lassen" beschriftet ist

Geschichte: Dieses Kreuz ist schon über 100 Jahre alt. Es soll früher auf dem Anwesen Hiltenbach 8 (früher Familie Wisgickl (Woutz), jetzt Peter Berger und Dagmar Schels) gestanden haben. Die Blechtafel ist doppelseitig beschrieben. Auf der Rückseite befindet sich der Spruch: „Gute Zeiten, schlechte Zeiten, gehen vorüber alle Beid".

Eigentümer: Robert und Martina Rötzer (Müllner), Hiltenbach 12

6. Strewa-Kreuz:

Standort: Im Hof der Familie Ziereis (Strewa), Hiltenbach 15, Flurnummer 506 (Koordinaten: 49° 17' 29,03" N, 12° 29' 9,82" O)

Beschreibung: Gusseisernes Kreuz mit Blattenden (Höhe: 80cm, Breite: 36cm), schwarz lackiert und teilweise vergoldet – Christus Gusseisen (Höhe: 22cm, Breite: 20cm), vergoldet – Rechteckige Granitsäule (Höhe: 160cm, Seitenlänge: 25cm x 20cm), auf der Vorderseite mit einer Aussparung versehen (Höhe: 26cm, Breite: 23cm) in der eine Blechtafel mit Votivbild eingelassen ist

Geschichte: Dieses Kreuz stand früher neben einem Feld der Familie Ziereis in Richtung Hansenried. Beim Straßenneubau im Zuge der Flurbereinigung 1968 stand es im Weg, wurde abgebaut und neben der Straße abgelegt. Es wurde restauriert und im Mai 2008 im Hof wieder aufgestellt. Resi Wltschek malte das Votivbild, das die Muttergottes darstellt.

Eigentümer: Josef und Elisabeth Ziereis (Strewa), Hiltenbach 15

7. Müllner-Hofkreuz:

Standort: Bei der Hofeinfahrt der Familie Rötzer (Müllner), Hiltenbach 12, Flurnummer 410 (Koordinaten: 49° 17' 42,35" N, 12° 29' 10,92" O)

Beschreibung: Gusseisernes, verziertes Kreuz (Höhe: 98cm, Breite: 37cm), bemalt und teilweise vergoldet - Christus: Gusseisen (Höhe: 30cm, Breite: 25cm), vergoldet – Ein Stein (Höhe: 100cm) dient als Sockel

Geschichte: Dieses Kreuz wurde im Jahr 2004 zur Erinnerung an Theodor Zduneck, einem Verwandten von Frau Rötzer, aufgestellt. Das Kreuz stand früher von Herrn Zduneck im Garten. Nach seinem Tod wurde das Haus verkauft und seine Ehefrau schenkte das Kreuz der Familie Rötzer.

Eigentümer: Robert und Martina Rötzer (Müllner), Hiltenbach 12

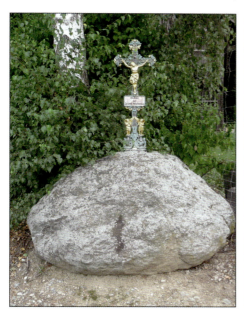

8. Müllner-Feldkreuz:

Standort: Am Rand eines Feldes (Bei der Abzweigung Richtung Großenzenried an einer Böschung) der Familie Rötzer (Müllner), Hiltenbach 12, Flurnummer: 463 (Koordinaten: 49° 17' 35,22" N, 12° 29' 29,12" O)

Beschreibung: Eisenkreuz (Höhe: 50cm, Breite: 34cm) mit Blattenden – Rechteckige Granitsäule (Höhe: 188cm, Seitenlänge: 22cm x 21cm), auf der Vorderseite mit einer Aussparung (Höhe: 24cm, Breite: 20cm) versehen, in der eine Blechtafel mit Votivbild eingelassen ist

Geschichte: Das Feld wurde von der Familie Rötzer gekauft. Beim Bearbeiten des

Grundstücks kam die Granitsäule zum Vorschein. Michael Dirnberger fertigte das neue Eisenkreuz an und Resi Wltschek malte das Votivbild, das die Muttergottes mit dem Jesukind darstellt. Nach der Restauration wurde es im Jahr 2002 in unmittelbarer Nähe zum Fundort wieder aufgestellt. Nach alten Überlieferungen soll sich früher an dieser Straßenseite Richtung Eglsee ein Kreuzweg befunden haben. Möglicherweise war dieses Kreuz eine Station davon.

Eigentümer: Robert und Martina Rötzer (Müllner), Hiltenbach 12

9. Seelen-Kreuz:

Ehemaliger Standort: In einem Waldstück in der Nähe des Weilers Eglsee, Flurnummer 747 (Koordinaten: 49° 17' 15,31" N, 12° 30' 1,91" O)

Beschreibung: Gusseisernes Kreuz mit Blattenden (Höhe: 67cm, Breite: 35cm), schwarz lackiert und teilweise vergoldet – Christus: Gusseisen (Höhe: 19cm, Breite: 17cm), vergoldet – Rechteckige Granitsäule (Höhe: 200cm, Seitenlänge: 28cm x 22cm)

Geschichte: Früher befand sich zwischen dem Weiler Eglsee und dem angrenzenden Waldstück ein Weiher, den die Kinder zum Baden benutzten. Um das Jahr 1900 badete der 14-jährige Sohn der Familie Ried aus Holzhof (Hausname Bergl) mit anderen Kindern der Umgebung. Er verhedderte sich in den am Grund des Weihers wachsenden Schlingpflanzen und konnte sich nicht mehr befreien. Zur Erinnerung an dieses Unglück wurde dieses Kreuz aufgestellt. Nach dem 1. Weltkrieg zog die Familie in das Ruhrgebiet und verkaufte den Hof und die Felder. Bei einer Bachbegradigung stand das Kreuz im

Weg und wurde entfernt. Es lag jahrelang im Wald und verkam. Im Jahr 1990 erfuhr Johann Oswald von dem Kreuz, dass die Verwandten seiner Großmutter einst errichten ließen. Er restaurierte es und stellte es in seinem Garten in Stamsried wieder auf.
Eigentümer: Johann und Centa Oswald, Blumenstraße 18, 93491 Stamsried

10. Scherr-Kreuz:

Beim Scherr-Anwesen (jetzt Anton Irrgang, Hiltenbach 11, Flurnummer 412) befand sich früher beim Hofeingang ein großes schönes Kreuz, bei welchem früher die Maiandachten für das ganze Dorf stattfanden. Es wurde bei der Flurbereinigung abgebaut und eingelagert. Im Laufe der Jahre wurde es durch Frostschäden zerstört. Es ist heute nicht mehr auffindbar.

Josef Eimer

Vor 100 Jahren begann der Erste Weltkrieg
Privates Kriegerdenkmal auf dem Galgenberg
(Markt Wernberg-Köblitz, Landkreis Schwandorf)

Kriegsopfer
Am 11. November 1918 unterzeichneten Parlamentäre des Deutschen Reiches im französischen Compiègne ein Waffenstillstandsabkommen. Damit war das Ende des Ersten Weltkrieges – des „Großen Krieges" - besiegelt. Zur grauenvollen Bilanz zählten 8, 5 Millionen Tote, 21 Millionen Verwundete, 7, 5 Millionen Vermisste und Gefangene. Unermesslich waren auch die Leiden der Zivilbevölkerung. Zu den fast zwei Millionen Toten auf deutscher Seite gehörten Georg und Emmeran Bartmann aus Wohlsbach, einem Ortsteil des heutigen Marktes Wernberg-Köblitz. Großneffe Helmut Bartmann hält bis heute ihre Fotografien und Feldpostkarten in Ehren. Sie ermöglichen es, einige Stationen der hoffnungsvollen Oberpfälzer nachzuvollziehen.

Gedenkkreuz
Außer den genannten Hinterlassenschaften erinnert an die Wohlsbacher ein granitenes Gedenkkreuz (150 cm hoch) auf einem dreistufigen Sockel aus zwei Quadern und einem Prisma (36 cm + 36 cm + 50 cm hoch). Es steht gegenüber der Burg Wernberg auf dem Galgenberg, wo sich einst das Hochgericht befand. Helmut Bartmann setzte das Denkmal kürzlich instand: Er ließ die verschwundenen Bildmedaillons aus Porzellan ergänzen und malte die verblassten Inschriften nach. Außerdem beseitigte er den üppigen Wildwuchs und schotterte den Weg, so dass die Erinnerungsstätte sowohl über den Wernberger Friedhof als auch über die Straße „Zur Roten Marter" erreichbar ist.

Infanterist Georg Bartmann
Georg Bartmann entstammte der zweiten Ehe seines Vaters Michael mit Elisabeth Gillitzer. Insgesamt hatte der 1890 Geborene elf Geschwister, von denen drei schon früh starben. Nach der Schulentlassung arbeitete er als Dienstknecht auf dem elterlichen Hof in Wohlsbach Nr. 8 und verbrachte die dreijährige aktive Militärzeit im 6. bayerischen Infanterie-Regiment Kaiser Wilhelm I. König von Preußen (6. IR). Es hatte seit 1849 seine Garnison in Amberg und war der 6. bayerischen Infanterie-Division sowie dem III. Armee-Corps unterstellt. Zu seiner Ausrüstung gehörten Pickelhaube, Gewehr, Koppel mit Patronentaschen, Schanzzeug, Tornister, Brotbeutel und Feldflasche (später noch Stahlhelm, Seitengewehr und Gasmaske).
Die Friedensstärke der bayerischen Armee betrug 4.089 Offiziere, 83.125 Unteroffiziere und Mannschaften sowie 16.916 Pferde. Im Verlauf des Krieges umfasste sie einschließlich des in der Heimat stationierten Besatzungsheeres 500.000 Mann und steigerte sich bis 1918 auf 550.000 Kräfte – bei einer Bevölkerungszahl von 6,9 Millionen. 188.000 bayerische Soldaten fanden im 1. Weltkrieg den Tod.

Georgs Leben wäre aller Voraussicht nach in unspektakulären Bahnen verlaufen, wäre er nicht in das Räder-werk der Geschichte geraten: Mit der Kriegserklärung des Kaiserreichs Österreich-Ungarn an Serbien begann am 28. Juli 1914 der Erste Weltkrieg. Am 1. August 1914 wurde in Bayern die Mobilmachung befohlen. Auch nach Wohlsbach brachte der Postbote eine „Kriegsbeorderung", der Reservist Georg Bartmann unverzüglich Folge leisten musste. In Amberg nahm fünf Tage später das 6. IR in feldmäßiger Ausrüstung mit Pferden und Fahrzeugen Aufstellung. Auf dem Bahnhof verabschiedeten Tausende in patriotischer Euphorie die Truppe. Am 29. Januar 1915 schrieb Georg seinem Paten Johann Herold aus Landau in der bayerischen Pfalz: „Eingewöhnt hat man sich bald. Wir haben Schnee und es ist ziemlich kalt. Gestern sind die 1895er-Rekruten eingetroffen. Wir haben gehört, daß wir bis 15. Februar schon hinter die Front kommen." Einer Schwester teilte er am 12. März 1915 in einer Kampfpause bei St. Mihiel an der Maas mit: „Ich habe euer Paket erhalten und davon schon ein Viertel gegessen. Wenn du wüßtest, wie mich manchmal gehungert hat."

Das Schlimmste stand dem 6. IR noch bevor: Vom 24. Juli bis 8. August 1916 erlitt es vor Verdun große Verluste. Wer diese „Hölle auf Erden" überlebte, wurde an der Somme im Norden Frankreichs eingesetzt. Bei Gueudecourt traf Georg Bartmann am 25. September 1916 gegen 12 Uhr mittags ein britisches Artilleriegeschoss, das ihn tödlich verwundete.
Die Todesnachricht übermittelte Leutnant Anton Glück am 19. Oktober 1916 Bürgermeister Michael Sir. Der 26-jährige Wohlsbacher fand im deutschen Soldatenfriedhof St.-Laurent-Blangy bei Arras in einem Gemein-schaftsgrab die letzte Ruhe.

Infanterist Emmeran Bartmann
Auch Emmeran entspross der zweiten Ehe seines Vaters Michael. Er war drei Jahre älter als Georg, wurde bei Kriegsbeginn zum 10. Reserve-Infanterie-Regiment nach Ingolstadt, wo das 10. IR König stationiert war, eingezogen und in die 8. Kompanie integriert. Nach Schieß- und Gefechtsübungen sowie einem Feldgottesdienst ging der Eisenbahntransport nach Saargemünd, wo das Regiment Quartier bezog. Nach dem Aufmarsch in Lothringen kämpfte Emmeran Bartmann mit seiner Einheit bei La Bassèe und Arras. Während der Stellungsgefechte in Flandern und im Artois wurde er offensichtlich gefangen genommen. Eine Feldpostkarte, die Georgs Bruder Hans am 19. Februar 1916 schrieb, lässt darauf schließen: „Freue mich, daß du gesund bist, Georg hatte bis heute Urlaub und ist heute Nacht wieder in seinen Schützengraben abgedampft. Emmeran wird vermißt. Vermutlich ist er mit noch einigen gefangen genommen worden. Josef und Andreas sind wohl und gesund."
Am 21. Juli 1917 berichtete Leutnant Friedrich Waller Bürgermeister Sir, dass Emmeran Bartmann am 12. März 1917 im Hospital von Rouen an der Seine gestorben sei. Bestattet wurde er im Grab Nr. 72 der Kriegsgräberstätte Rouen-Westfriedhof.

Infanterist Alfred Bartmann
Am 9. Mai 1921 übernahm Andreas Bartmann (geb. 1892) den elterlichen Hof und heiratete drei Wochen später Theresia Baumann aus der Ortschaft Feistelberg. Ihnen wurden acht Kinder in die Wiege gelegt, von denen drei bereits im Kindesalter starben. Hatte der neue „Eihl-Bauer" im 1. Weltkrieg zwei Brüder verloren, musste er im 2. Weltkrieg den Tod seines am 18. März 1925 geborenen Sohnes Alfred beklagen. Der 18-jährige Infanterist fiel am 21. Juli 1944 bei Bialystok rund 180 km nordöstlich Warschaus. Weil er fern der Heimat den Tod gefunden hatte und seine Ruhestätte unbekannt war, errichtete er ihm Vater Andreas, dessen Enkel Helmut Bartmann ist, nach Kriegsende auf dem Galgenberg ein symbolisches „Ehrengrab" und umsäumte es mit Akazien. Auf dem Sockel ließ er zusätzlich die Lebensdaten und Bilder seiner Brüder Georg und Emmeran anbringen.

Quellen:
Feldpostkarten im Besitz Helmut Bartmanns
Spindler, M., Bayerische Geschichte im 19. und 20. Jahrhundert, München 1978
Lang, G., Das bayerische 6. Infanterie-Regiment im Weltkrieg, Kallmünz 1920
Etzel, H., Das bayerische 10. Reserve-Infanterie-Regiment, München 1930
Grabnachforschungen des Volksbundes Deutsche Kriegsgräberfürsorge, Landesverband Bayern

Sterbebild des Emmeran(m) Bartmann:
Begraben ist er in der Kriegsgräberstätte Rouen.

Georg Bartmann (hintere Reihe Mitte) mit Kameraden seiner Kompanie

Das private Kriegerdenkmal auf dem
Galgenberg in Wernberg wurde 2012
von Helmut Bartmann restauriert.

Ernst Thomann

Marterln erzählen ihre Geschichte
(Nabburg, Landkreis Schwandorf)

Reich ist unsere Oberpfalz an Marterln. Bei Wanderungen und Spaziergängen trifft man in unserer Gegend immer wieder auf Marterln und andere Flurdenkmäler, wie Bildstöcke, Steinkreuze und Feldkreuze. Allein im ehemaligen Landkreis Nabburg gibt es etwa 1200 Kleindenkmäler. Darüber wurden sogar zwei Zulassungsarbeiten geschrieben und alle Marterln und Bildstöcke erfasst.

Leider sind in der Zwischenzeit viele Marterln im Zuge von Flurbereinigungs- und Straßenbaumaßnahmen verschwunden. Viele befinden sich in einem bedauernswerten Zustand.

Oft ist das Kreuz abgebrochen, die Erinnerungstafel verlorengegangen und manche zeigen schon Spuren von starker Verwitterung.

Oft wurden Marterln nach Beendigung der Flurbereinigungsmaßnahmen nicht mehr aufgestellt, weil kein Platz mehr da war. Auch den große Landmaschinen waren sie oft im Wege und wurden vom Ort des Geschehens versetzt. So stehen heut einige Marterln nicht mehr am Tatort.

Über die meisten Marterln weiß man nichts mehr über den Grund ihrer Aufstellung. Der größte Teil der oberpfälzer Marterln wurde vom 17. bis 19. Jahrhundert aufgestellt.

Der Oberpfälzer Waldverein Nabburg hatte sich vor einigen Jahren zur Aufgabe gemacht, beschädigte Marterln wieder herzurichten und soweit es noch möglich war, ihre Geschichte zu ergründen. Dabei war es doch interessant, was noch alles so an Wissen über manche Marterln überliefert ist.

Sie stehen meist an Wegen oder in den Orten selbst. Manche dienen in Orten, in denen keine Kirche oder Kapelle vorhanden ist, als Dorfkreuze, an denen Andacht abgehalten oder für einem bestimmten Anlass gebetet wird.

Sie sind meist einfach gearbeitet und bestehen aus heimischen Granit. Soweit mir bekannt ist, musste man um ein Marterl aufzustellen etwa den Wert einer Kuh ansetzen um den Steinmetz zu bezahlen und das war ein großes Opfer.

Aber gerade die einfache und schlichte Form der oberpfälzer Marterln hat seinen besonderen Reiz. Meist befindet sich obendrauf ein Kreuz aus Gusseisen mit oder ohne Korpus und in der Nische war das Votivbild eingelassen, das heute leider in den meisten

Marterln nicht mehr vorhanden ist.
Oben oder unten ist dann noch die Jahreszahl eingemeißelt. Der dicke, nicht bearbeitete Sockel steckt dann meist nicht sichtbar im Boden.
Die gusseisernen Kreuze stammen in der Regel aus den Gießereien von Bodenwöhr und Weiherhammer.
Manchmal stehen auch Gebetsverse auf der eingelassenen Tafel in der Nische. Kam man an einem Marterl vorbei, dann hielt man kurz inne im stillen Gedenken.

Viele Vereine, die Kulturarbeit betreiben, haben es sich zur Aufgabe gemacht, die Marterln in ihrem Einzugsbereich wieder instandzusetzen und so der Nachwelt zu erhalten.

Damit leisten sie einen wertvollen Beitrag zur Erhaltung unserer obertägigen und geschichtsträchtigen Kleindenkmäler in der Oberpfalz.

In der Oberpfalz gibt es sogar eine Arbeitsgemeinschaft für Flur- und Kleindenkmalforschung, der AFO, deren Vorsitzender Prof. Dr. Peter Morsbach aus Regensburg ist.

Jedes Jahr erscheint eine Jahresschrift über die Tätigkeit des AFO und über Arbeiten ihrer ehrenamtlichen Mitarbeiter.

Bei der Wiederherstellung und Renovierung der Marterln waren es glückliche Umstände, dass wir über den Grund ihrer Errichtung doch noch einiges in Erfahrung bringen konnten.
Laut Überlieferung soll sich folgendes zugetragen haben:
Ein Bub soll eine schwere Kirm mit Streu vom Wald nach Hause getragen haben. Bei einer kurzen Rast kippte die für den Buben zu schwere Kirm nach hinten und die beiden Bänder strangulierten dabei den Buben, der nicht mehr die Kraft hatte sich zu befreien. Zur Erinnerung an dieses schreckliche Unglück wurde dieses Marterl (s. Abb. 1) 1845 aufgestellt. Das Marterl steht auf dem Weg nach Diepoltshof unmittelbar nach dem Durchlass der Autobahn.

Mit diesem Marterl (s. Abb. 2) hat es eine besondere Bewandtnis, wie Elisabeth Bäumler aus Ragenhof erzählte. Um die Jahrhundertwende jagte ein verheerender Wirbelsturm über Ragenhof hinweg, (Hundsgoich) der den Hüterbuben, der damals draußen am Kreuzbirl seine Gänse hütete mitsamt seinen Gänsen in die Höhe wirbelte und erst am Eixlberg wieder heil aufsetzte. Zum Dank wurde dieses schöne Marterl errichtet.

Der Grund für die Aufstellung dieses Marterls (s. Abb. 3) erzählte Fritz Kleierl aus Obersteinbach: Im Jahr 1861, so weiß er zu berichten, haben Knechte und Mägde vom Kleierlhof in Obersteinbach einen Sichelschneidewettbewerb ausgetragen, der tragisch

Abb. 1

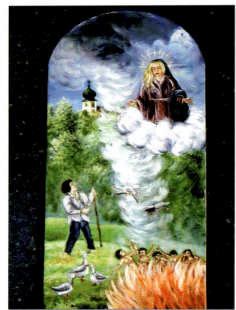

Abb. 2

Abb. 3

Abb. 4

endete. Am Ende starb der glückliche Sieger wahrscheinlich an Überanstrengung noch auf dem Getreidefeld. Zum Gedenken an dieses traurige Geschehen wurde dieses Marterl errichtet.

Im Jahre 1937 wurde die damals 20jährige Tochter der Familie Breitschaft bei der Heuernte in der Nähe der Ortschaft Diepoldshof auf der Wiese von einem Blitz erschlagen. Das zur Erinnerung an dieses Unglück geschaffene Marterl (s. Abb. 4) lag 53 Jahre unbeachtet auf dem Hof des Bauern. Erst der OWV Nabburg stellte dieses Marterl auf und versah es mit einem Votivbild und einem Kreuz.

Der Landwirt Georg Meier aus der Vorstadt Venedig verunglückte 1864 mit dem Ochsengespann beim Transport einer Fuhre Holz auf der Kemnather Straße. Auf dem abschüssigen Weg versagten die Bremsen des Fuhrwerks, die Ochsen wurden scheu und gingen mit dem Fuhrwerk durch. Meier, der die Bremsen betätigen wollte, verfing sich am Fuhrwerk, wurde mitgeschleift und zog sich schwere Verletzungen zu.

Abb. 5

Zur gleichen Zeit kam ein Wandergeselle des Weges. Er nahm sich des verletzten Fuhrmannes an und leistete „Erste Hilfe". Um die blutenden Wunden zu stillen, zog er sein Hemd aus und fertigte einen Notverband. Er sorgte dafür, dass der Verletzte und das Fuhrwerk sicher nach Hause kamen.
Meier bedankte sich für die Hilfeleistung bei dem Handwerksgesellen mit einem Gulden. Außerdem verköstigte er ihn und gab ihm ein neues Hemd.
Als Dank für die Errettung ließ Georg Meier an der Unfallstelle ein Marterl (s. Abb. 5) errichten.
Erzählt hat mit die Geschichte Rudolf Scharf, der ehemalige Bürgermeister, ein entfernter Verwandter von Georg Meier.

Ernst Gubernath

Das Maier-Marterl
(Neunburg vorm Wald, Landkreis Schwandorf)

Wenn der Wanderer von Hofenstetten, einem Ortsteil der Stadt Neunburg v.W., auf dem so genannten „Bierweg" über den Hirschberg am Aussichtsturm vorbei auf einem schmalen Pfad und dann einer Straße nach Osten wandert, kommt er am „Maier-Marterl" vorbei.
Es steht ungefähr 300 Meter südlich eines Sendemastens im Wald (Nord 49° 19,813min, Ost 12° 17,475min; 540 Meter Meershöhe).Es besteht aus Kunststein mit einem aufgesetzten Eisenkreuz (h=158cm, b=32cm) und wurde ca. ein Jahr nach dem Tod von Herrn Franz Maier von einem Neunburger Steinmetz im Auftrag von Frau Maier gefertigt und aufgestellt.

Grund der Aufstellung:
Herr Maier fuhr am 20. November 1956 mit seinem Bulldog am Nachmittag zur Holzarbeit in den Wald. Das Fahrzeug kippte während der Arbeit um und erdrückte mit dem Steuerrad den Hals des Fahrers. Der 36-jährige Familienvater war sofort tot. Die Unglücksbotschaft verbreitete sich schnell bis nach Fuhrn. Herr Bruno Ruder fuhr mit seinem Bulldog und einem Anhänger an die Unglücksstelle und transportierte den Toten heim zu seiner Familie. Dort wurde die Leiche bis zur Beerdigung in einer Kammer aufgebahrt, da es damals noch kein Leichenhaus gab. Herr Maier hinterließ seine Ehefrau und vier unmündige Kinder: Gertraud (9 J.), Marianne (7 J.), Franz (6 J.) und Robert (5 J.).

Für die Familie begann eine schlimme Zeit, da nun alle Kinder am kleinen Bauernhof mithelfen und den Vater ersetzen mussten.
Marianne erzählt: *„Ich musste die Kühe melken. Meine Mutter prüfte dann, ob noch Milch im Euter war. Wenn noch ein paar Tropfen kamen, bekam ich gleich eine Fotzn (Ohrfeige)."*
Dieses anstrengende Leben dauerte viele Jahre lang.

Quellen:
Marianne Strauß, Schwandorf
Robert Maier, Fuhrn

Josef Schmaußer

Nach 20 Jahren Gedenkkreuz erneuert
Oberleinsiedl (Gemeinde Ursensollen/Landkreis Amberg-Sulzbach)

Vor über 20 Jahren lief im Raum Haag mit den Ortsfluren Haag, Ober- und Unterleinsiedl, sowie Rückertshof ein Verfahren der Ländlichen Entwicklung zur so genannten Flurbereinigung.
Der damalige Oberbaurat Werner Penth, Vorstandsvorsitzender der Teilnehmergemeinschaft Flurbereinigung Haag, der „Heimatkundliche Kreis Amberg-Sulzbach", vertreten durch Josef Schmaußer, und Wegebaumeister Josef Nibler führten eine Bestandserfassung der Marterln im Bearbeitungsgebiet durch, regten deren Renovierung an und organisierten die notwenigen Arbeiten.
Am 3. Oktober 1993 wurden von Pfarrer Josef Lobinger aus Hohenkemnath die im Raum Oberleinsiedl – Rückertshof – Haag renovierten fünf Marterln und die zwei neu aufgestellten Flurmale bei großer Beteiligung der Bevölkerung geweiht. Darunter befand sich auch ein Eichenholzkreuz mit Corpus am Kirchsteig (Sandgrubenfeld) südlich von Oberleinsiedl, das auf Anregung des damaligen Wegebaumeisters Josef Nibler im Mai 1993 aufgestellt wurde.
Es sollte den Dank und die Zufriedenheit über die abgeschlossene Flurbereinigung im Raum Haag-Leinsiedl-Rückertshof und die Verbundenheit der Bevölkerung mit dem überkommenen Erbe dokumentieren. Gefertigt wurde das Kreuz von dem damals erst 15-jährigen Neffen Niblers, Stefan Donhauser, aus Haag.

Manfred Wedel aus Rückertshof war es ein großes Anliegen, dass das in die Jahre gekommene Kreuz mit dem Corpus Christi renoviert wird. Seine Söhne Robert und Helmut unterstützten ihn bei seinem Vorhaben. Der Schreiner Helmut Wedel fertigte das Holzkreuz neu. Sein Arbeitgeber, Schreinerei Klaus Eichenseer, Fiederhof, stellte das Holz zur Verfügung. Kirchenmaler Robert Wedel, Kümmersbruck, fasste den Corpus neu. Johanna und Hermann Bauer aus Oberleinsiedl sorgen immer wieder für einen schönen Blumenschmuck am renovierten Kreuz. Alle anfallenden Kosten übernahmen Manfred Wedel und seine Söhne.

Am Mittwoch, 9. Oktober 2013 wurde das neue Kreuz von Pater Marek Michalak im Beisein von Bürgermeister Franz Mädler und Heimatpfleger Josef Schmaußer geweiht. 25 Gäste wohnten der kleinen Zeremonie bei. Der Heimatpfleger und der Bürgermeister dankten allen Beteiligten und betonten die Wichtigkeit der Erhaltung von Flurmalen, welche an menschliche Schicksale und Ereignisse erinnern und die Verbundenheit mit dem Glauben ausdrücken.

Motiv 1: Der Initiator der Renovierung, Manfred Wedel aus Rückertshof (6. von links), machte sich selbst ein Geburtstagsgeschenk An seinem 73. Wiegenfest wurde das neue Kreuz von Pater Marek Michalak geweiht. Anschließend kehrten die Teilnehmer an der kleinen Feier noch im Gasthaus Benedikt Michl ein.

Motiv 2: Das erneuerte Kreuz südlich von Oberleinsiedl soll den Dank und die Zufriedenheit über die vor 20 Jahren abgeschlossene Flurbereinigung im Raum Haag-Leinsiedl-Rückertshof und die Verbundenheit der Bevölkerung mit dem überkommenen Erbe dokumentieren.

Max Wolf

32. Jahrestagung der ostbayerischen Flur- und Kleindenkmalforscher 2013 in Speichersdorf
(Landkreis Bayreuth)

Zur 32. Jahrestagung trafen sich die ostbayerischen Flur- und Kleindenkmalforscher am 04. Mai 2013 jenseits der Oberpfälzer Grenze in Speichersdorf. Zur Veranstaltung unter dem Motto „Geschichten einer Region – Franken, Oberpfalz und der Rauhe Kulm" waren rund 100 Teilnehmer gekommen. Die Tagung lag in den Händen von Simone Walter, der Denkmalschutzbeauftragten der Gemeinde Speichersdorf.

Begonnen hat das Programm am Vormittag mit einer kurzen Führung durch den ehemaligen Denkmalschutzbeauftragten und langjährigen Gemeinderat Günther Moller zu Kleindenkmälern im Ortsbereich. Anschließend trafen sich die Tagungsteilnehmer im evangelischen Gemeindehaus. Zweiter Vorsitzender und Geschäftsführer des Arbeitskreises für Flur- und Kleindenkmalforschung in der Oberpfalz (AFO) Bernhard Frahsek nahm die Begrüßung vor und dankte insbesondere Frau Simone Walter für die Organisation der Veranstaltung.

Bürgermeister Manfred Porsch richtete ein Grußwort an die Anwesenden. Er gab einen kurzen Einblick in die Gemeinde Speichersdorf. „An Denkmälern sind wir arm, aber wir haben schöne Schlösser in der Umgebung", stellte er fest. Ein weiteres Grußwort sprach der Kreisheimatpfleger Herr Berthold Just.

Nach einem weiteren Grußwort des Kreisheimatpflegers Berthold Just erläuterte Simone Walter, die mit der Katalogisierung der Flurdenkmäler der Gemeinde Speichersdorf befasst ist, im ersten Referat der Tagung einige Kleindenkmäler aus dem von ihr und Herrn Werner Veigl in Vorbereitung befindlichen Buch. Sie ging insbesondere auf einen neuen Erinnerungsstein ein, der auf das frühmittelalterliche Wirbenzer Gräberfeld hinweist. Die 2003 von der Gemeinde Speichersdorf errichtete Stele befindet sich östlich des eigentlichen Fundorts, an dem zwischen 1996 und 1997 Forscher 30 Bestattungen mit den entsprechenden Beigaben ausgegraben hatten. Es handelt sich um die erste Ausgrabung eines karolingischen Friedhofs im Landkreis Bayreuth. Das Gräberfeld deutet darauf hin, dass die Region in der Mitte des 8.Jahrhunderts besiedelt war.

Der Archäologe Privatdozent Hans Losert, Grabungschef am Rauhen Kulm, stellte in einem weiteren Referat den Berg als „großes Natur- und Kulturdenkmal" heraus. Aufgrund der Funde, die von der Altsteinzeit bis in die Gegenwart nahezu lückenlos eine Besiedelung dokumentierten, erläuterte er die Geschichte der Landmarke der nördlichen Oberpfalz und des östlichen Oberfrankens. Durch die große Anzahl an gefundenen und bereits aus der Bronzezeit und vermehrt aus dem frühen Mittelalter stammenden Spinnwirtel und Mahlsteinen gelangt Losert zu der Schlussfolgerung, dass auf dem Kulm eine reguläre Landwirtschaft ausgeübt wurde. Auch er erwähnte das Wirbenzer Gräberfeld und verglich es mit dem Mockersdorfer Reihengräberfeld aus der gleichen Zeit. Indem sich beide Friedhöfe in Sichtweite zum Kulm befanden, äußerte der Referent, „bin ich mir ganz sicher, dass dies kein Zufall war".

Im dritten Vortrag befasste sich der ehemalige evangelische Pfarrer Jürgen-Joachim Taegert mit Martern, Bildstöcken und Wegkreuzen in der Frankenpfalz. Dass sich ein evangelischer Priester mit katholischen Flurdenkmälern beschäftigt, ist ungewöhnlich, aber für ihn kein Widerspruch, sagte der Referent. Mit der Aussage „Die ökumenische Glaubensmitte ist das Kreuz" stellte er die Verbindung her. Die gegenseitigen Vorurteile, dass „die Katholiken mit dem Errichten nur eine Werkgerechtigkeit ohne Taten vollziehen und die Evangelisch-Gläubigen keinen Bezug zum Kreuz hätten", verneinte Taegert. Er bekräftigte, dass die Kreuze ein Zeichen der Religion von unten, von Volksgläubigkeit, seien. Den religiösen Hintergrund von Holz und Stein der Kreuze beleuchtete er mit Beispielen aus der Bibel. Das Holz symbolisiere den Lebensbaum des Paradieses und das todbringende Kreuz. „Der Tod ist aber nicht das Ende, sondern ein Durchgang, den die Marter verdeutlicht", erwähnte der Referent weiter. Mittels Beispielen zeigte er die Gründe für die Errichtung einer Marter auf. Im Zuge der Säkularisation 1802/1803 wurden viele religiöse Kulturgüter aus einem falsch verstandenen Fortschrittsdenken heraus vernichtet, sagte Taegert. „ Von Marterln können wir aber viel lernen", so schließlich der Referent.

Nachmittags erfolgte eine mehrstündige Exkursion zu ausgewählten Kleindenkmälern, z.B. zur Stele am Wirbenzer Gräberfeld und Frankenpfälzer Martern rund um Kirchenpingarten. Die Teilnehmer an der Rundfahrt waren beeindruckt von den gezeigten Objekten. Sie konnten einen guten Überblick über die Kleindenkmal-Landschaft der Region Franken-Oberpfalz gewinnen.

Die Tagung endete mit einem gemütlichen Beisammensein im Landgasthof Imhof. Hierbei war nochmals reichlich Gelegenheit zum Erfahrungsaustausch gegeben. 2014 findet die Jahrestagung in der östlichen Oberpfalz in Pösing (Landkreis Cham) unter der Leitung von Johann Mößel und Christian Moore statt.

Fotos: Bernhard Frahsek (Nr. 01, 06, 11-14), Manfred Reiß (Nr. 03-05, 07-10), J.-J. Taegert (Nr. 02)

01- Vorbesprechung im März 2013 (evang. Pfarrer J.-J. Taegert, Manuela Pappenberger, Elisabeth Frahsek, Simone Walter)

02- Marter bei Eckartsreuth, 1894, von Ludwig Scherm, mit der Inschrift: „O Vater, verzeihe mir, wenn meine letzte Stunde schlägt. O Mutter, bitte für mich, wenn ich scheiden muss."

03- Die Tagungsleiterin Simone Walter sammelt die Teilnehmer zur Ortsbesichtigung.

04- Bernhard Frahsek (AFO) ehrt den Kreisheimatpfleger Karl Hoibl (Regensburg) wegen seiner Verdienste um den AFO.

05- Pfarrer J.-J. Taegert (evang.) am Beginn seines Vortrags.

06- Mittags gemütliches Beisammensein im Landgasthof Imhof (v.l. Rosa Betz, Michael Betz, Ludwig Zehetner, Manfred Reiß).

07- Die Teilnehmer der Exkursion vor der Stele am Wirbenzer Gräberfeld.

08- Die „Aktiven der Tagung" (v.l. Günther Moller, Pfarrer J.-J. Taegert, Simone Walter, Hans Bäte, Hans Losert, Bernhard Frahsek).

09- Tagungsleiterin Simone Walter sorgt auch für das leibliche Wohl der Flurdenkmalforscher.

10- Abschluss der Tagung vor der Steinsäule in Kirchenpingarten.

11- Denkmal in unwürdiger Umgebung: Marter in Lienlas, 1879, M. Siebeneichner.

12- Arg bedrängt: Marter in Eckartsreuth, um 1922, Jugendstilmarter. - Mit Bild des Gefallenen. „Zur Erinnerung an Max Walter, geb. 8. Nov. 1899, gefallen 23. Sept. 1919 am Kemmel. - Stehst Du an dieser Stelle hier, so schenk ein Vaterunser mir. Denk an mein Grab im Feindesland im stillen Wald am Wegesrand."

13- Die Solartechnik hält Einzug: Marter in Reislas, um 1900, Fam. Krockauer; jetzt Ehling.

14- Eine Augenweide: Marter in Lienlas, 1870, „Älteste neugotische Frankenpfalzmarter", von Georg Pirner.

Bernhard Frahsek

AFO-Herbsttreffen 2013 in Eilsbrunn
(Landkreis Regensburg)

Zum dritten Mal hatte die AFO-Vorstandschaft zu einem gemütlichen Herbsttreffen für Mitarbeiter, Freunde und Interessenten des „Arbeitskreises für Flur- und Kleindenkmalforschung in der Oberpfalz" ins Tal der Schwarzen Laber eingeladen, diesmal nach Eilsbrunn.

Auch in diesem Jahr hatte Studiendirektor Dieter Schwaiger, Mitarbeiter des AFO, Heimatforscher, Geschichtslehrer und Spezialist für das Gebiet des unteren Labertales die Organisation übernommen.

Treffpunkt war der Landgasthof Erber in Eilsbrunn.

Prof. Dr. Morsbach bei der Begrüßung der Teilnehmer (Fotos: Bernhard Frahsek)

Von dort aus wanderten die Teilnehmer unter Führung von Prof. Dr. Peter Morsbach, dem 1. Vorsitzenden des AFO, zum Stifterfelsen:

Der Stifterfelsen ist die Spitze eines schmalen Bergzuges über dem linken Ufer der Schwarzen Laber. Den einzigen Hinweis auf eine Burg gibt der westliche Wallgraben. Er sicherte das Areal gegen das Hinterland. Der Wall ist noch in einer Höhe von rund drei Metern über dem bis zu vier Meter breiten Graben erhalten. Von Gebäuden ist keine Spur mehr zu erkennen. Noch 1840 gab es „Spuren von Laufgräben, altes Steingewölbe und daran verwitternden Mörtel".

1060/68 stand ein *Hartwic de Eigilbrunnen* (Eilsbrunn) in Diensten des Regensburger Klosters St. Emmeram. Die Erwähnung eines Hofes und Hauses im frühen 12. Jahrhundert könnte sich auf die namenlose Burg beziehen. Wie die anderen frühen Burgen entlang der Schwarzen Laber. Türklmühle, Martinsberg, Egelsburg und Eselsburg könnte sie bis ins 13. Jahrhundert der Sicherung und Kontrolle der wichtigen Königsstraße durch das Labertal gedient haben. Danach wurde sie aufgegeben und verfiel.

Prof. Dr. Morsbach erläutert die Burganlage
(Fotos: Max Wolf und Richard Assmann)

Wallgraben der Burganlage (Foto: Bernhard Frahsek)

Der hervorragende Blick von der Burganlage ins Labertal lässt sich erahnen, auch wenn durch die heute vorhandene Vegetation die Sicht etwas eingeschränkt ist. (Foto: Bernhard Frahsek)

Auf dem Rückweg erläuterte Dieter Schwaiger in der Pfarrkirche Eilsbrunn noch einige Epitaphien der Herren von Rosenbusch von Viehhausen und Eichhofen und wies auf die laufenden Dorferneuerungsmaßnahmen hin.

Foto: Bernhard Frahsek

Nach diesen interessanten Ausführungen gingen die Teilnehmer zu einer Brotzeit in den Landgasthof Erber, wo man gut bewirtet den gemütlichen Teil genießen und seine Erfahrungen austauschen konnte. Bernhard Frahsek dankte Dieter Schwaiger für drei Jahre Organisationstätigkeit und verwies auf das nächste Herbsttreffen 2014, das wie vorgesehen durch Manuela Pappenberger in der nördlichen Oberpfalz organisiert wird.

Bertram Sandner

„Am Wegesrand notiert"
Presseschau – Miszellen

Von folgenden Damen und Herren, denen ich hiermit herzlich danken möchte, habe ich für den vorliegenden Beitrag einschlägige Zeitungsartikel erhalten:

    Rudolf Bayerl, Neumarkt
    Dieter Dörner, Amberg
    Dr. Wilfried Ernest, Parsberg
    Harald Fähnrich, Schönficht
    Bernhard Frahsek, Lappersdorf
    Familie Gubernath, Schwandorf
    Bernhard Lauerer, Laaber
    Erwin März, Neumarkt
    Michail Mischustov, Amberg
    Prof. Dr. Peter Morsbach
    Harald Moller, Krummennaab
    Dr. Karl-Heinz Preißer, Luhe
    Hermann Preu, Schwetzendorf
    Elfriede Völkl, Weiden
    Max Wolf, Wiesent

Anordnung:

    W0   Allgemeines
    W1   Marterln, Bildstöcke
    W2   Kreuze
    W3   Kreuzwege
    W4   Kapellen, Grotten
    W5   Figuren
    W6   Gedenksteine, Denkmäler
    W7   Kriegerdenkmäler
    W8   Glockentürme
    W9   Stiftlandsäulen
    W10 Wegweiser und Stundensäulen
    W11 Brunnen

W0 Allgemeines
W0.1
Tännesberg, Lkr. Neustadt/WN
Die Bayerischen Staatsforsten hatten unter dem Motto „Wald – Stein – Kunst" einen Wettbewerb zum Jubiläum „300 Jahre nachhaltige Waldwirtschaft" initiiert. Unter den 10 Künstlern aus der Region wurden die Arbeiten von Korbinian Huber aus Duggendorf und Vasilij Plotnikov aus Schwarzhofen prämiert. Huber erhielt für sein Kunstwerk „Zwischen Himmel und Erde" als Preisgeld 4500 €, Plotnikov für „Gleichgewicht" 3500 €. Beide hatten ihre Werke aus Thansteiner Granit geschaffen. Sie wurden am Wanderweg „Goldsteig" aufgestellt. (Der neue Tag v. 12.12.2013)

W1 Marterl, Bildstöcke
W1.1
Bechtsrieth, Lkr. Neustadt/WN
Unter einem einzelnen Baum am Ortsende kurz vor einem Waldgebiet stellte die Gruppe der Nordic-Walker einen neuen Bildstock auf. Das Flurdenkmal in der Form einer Lourdes-Grotte, die aus einem Findling herausgearbeitet wurde, birgt hinter einer Glasplatte eine Marienfigur, welche die Wanderfreunde geschenkt bekommen hatten. Der Bildstock steht in einer kleinen, mit Blumen bepflanzten Anlage. (Der neue Tag v. 17.5.2013)

W1.2
Burgtreswitz, Gde. Moosbach, Lkr. Neustadt/WN
Die Vorstandschaft des OWV-Moosbach hatte 2012 beschlossen, die Restaurierung von Flurdenkmälern durch finanzielle Beiträge zu unterstützen. Als erste kam Familie Hirte in den Genuss eines Zuschusses von 100 €. Sie ließ das in ihrem Garten stehende Marterl von der Firma Rappl restaurieren. Der Stein wurde gereinigt, die Schrift erneuert und das Gusseisenkreuz nach einer Restaurierung auf dem Flurdenkmal neu befestigt. (Die Arnika Nr.1/2013 S.45)

W1.3
Dietfurt, Lkr. Neumarkt i. d. Opf.
Die Familie Zacherl hat den alten, in ihrem Garten am Salvatorweg stehenden morschen Holzbildstock erneuern lassen. Die auf einer abgetreppten Holzsäule stehende Ädikula mit Spitzdach enthält eine über 100 Jahre alte Herz-Jesu Statue, die der Großvater des heutigen Besitzers dort aufgestellt hatte. Sie wurde neu gefasst. Das Flurdenkmal ist hellbraun gestrichen. (Neumarkter Tagblatt v. 17.10.2012)

W1.4
Hochdorf, Gde. Duggendorf, LKr. Regensburg
Vor 300 Jahren hatte die Pest in Hochdorf gewütet. Den Jahrestag nahm die Dorfgemeinschaft zum Anlass, das alte baufällige „Pestmarterl" wieder aufzubauen. Bei die-

sem sog. Pestmarterl handelt es sich um einen gemauerten Bildstock mit einem ziegelgedeckten Spitzdach und einer großen Bildnische, die den größten Teil der Vorderfront einnimmt. In ihr steht eine Figur. Während die Nische in grau gehalten ist, ist das Flurdenkmal selbst in einem rötlichen Ockerton gestrichen. Die Arbeiten führten ehrenamtliche Helfer aus, die Gemeinde stellte das Material zur Verfügung. (Mittelbayerische Zeitung v. 14.8.2013)

W1.5
Königstein, Lkr. Amberg-Sulzbach
Am heute zugewachsenen Kirchenweg von Königstein nach Eschenfelden stand ein schiefer Bildstock, der ganz mit Moos bewachsen war und dessen Bild fehlte. Aufgestellt worden sei er, weil zwei Bäuerinnen stritten, wer an dem Hang Gras abmähen dürfe, wobei eine der anderen eine Sichel in den Bauch stieß und diese dann starb. Der Königsteiner Jagdpächter Anton Wild hat dieses Flurdenkmal nun gereinigt und wieder aufgerichtet. Von dem Künstler Alfons Hofbauer aus Rosenberg ließ er eine Maria mit Kind malen, das in die Bildnische eingesetzt wurde und durch eine Plexiglastafel geschützt ist. Ein kleines Kreuz in der Art, wie es früher war, krönt nun wieder das Marterl. (St. Georgsbote. Gemeindebrief der ev.-luth. Kirchengemeinde Königstein Dezember 2013/Januar 2014)

W1.6
Kürnberg, Gde. Regenstauf, Lkr. Regensburg
Das Wegkreuz in Kürnberg war schon sehr verwittert, die Inschrift nicht mehr lesbar. Bei der Reinigung des Steinsockels durch die Firma Hans Viehbacher wurde die Schrift wieder sichtbar. Es zeigte sich, dass das Marterl im Jahr 1911 von Alois und Margarethe Pilz aus Kürnberg aufgestellt worden war. Das schlichte Bandeisenkreuz mit dem Gekreuzigten auf dem Stein wurde vom ehemaligen Kirchenmaler Johann Eisenhut aus Karlstein neu gefasst. Über den Anlass der Aufstellung gibt es keine Aufzeichnungen. (Mittelbayerische Zeitung v. 14.11.2013)

W1.7
Lupburg, Lkr. Neumarkt i. d. Opf.
Das sog. Blumenhoferkreuz steht wieder an seinem angestammten Platz. Jahrelang war nur mehr der flache Natursteinsockel mit dem Eisenstumpf des ursprünglichen Gusseisenkreuzes zu sehen gewesen. Auf Anregung des Austragslandwirts Konrad Spangler aus Haid hatte sich der Verein Alt-Lupburg bereitgefunden, das Flurdenkmal wieder zu vervollständigen. Ein von Erwin Ostermann zur Verfügung gestelltes Gusseisenkreuz ließ man mit Hilfe einer großzügigen Spende der Sparkasse restaurieren und setzte es auf den von Spangler dazu vorbereiteten Sockel. Das Kreuz trägt einen goldfarbenen Christus, zu dessen Füßen sich eine runde Inschrifttafel befindet, auf der steht: „Im Kreuz ist Heil". (Neumarkter Tagblatt v. 7.5.2013)

W1.8
Mitterteich, Lkr. Tirschenreuth
Das sog. Zintlkreuz an der Mühlenstraße beim Ortsausgang Richtung Leonberg war vom Arbeitskreis Heimatpflege grundlegend restauriert worden. Er reinigte den Stein und das darauf stehende Gusseisenkreuz. Den dazugehörigen Christus vergoldete der Restaurator Matthias Krämer. Auch die Inschrift M Z 1892 wurde wieder sichtbar gemacht. Die Buchstaben stehen für Michael Zeus, der das Marterl aus unbekanntem Grund 1892 errichtet hat und 1906 starb. Heute befindet es sich im Besitz des Zoiglwirts Thomas Hartwich-Seitz. (Der neue Tag v. 23.5.2013 und v. 11.6.2013))

W1.9
Oberhof, Gde. Regenstauf, Lkr. Regensburg
Das Marterl aus Sandstein an der Straßengabelung in unmittelbarer Nähe des Einödhofs, versteckt am Rande der kleinen Waldkuppe, war bereits derart verwittert, dass es während des Abbaus teilweise schon in Einzelteile zerfiel. Dennoch gelang es dem Steinmetzmeister Johann Viehbacher, das um 1900 errichtete Denkmal zu restaurieren. Es wurde am angestammten Platz wieder aufgestellt. Die sich nach oben etwas verjüngende rechteckige Säule mit dachartigem Abschluss wird von einem Gusseisenkreuz gekrönt, das einen goldfarbenen Gekreuzigten trägt. Bei der Restaurierung wurden auch die Inschriften wieder sichtbar gemacht. In einem einfachen Wappenschild steht: „Gelobt sei Jesus Christus". Am Fuß des Denkmals, das sich auf einem niedrigen Steinsockel erhebt, heißt es in einer Kartusche: „errichtet 190- von Josef und Kath. Schmid aus Oberhof". (Mittelbayerische Zeitung v. 2.7.2013)

W1.10
Obersdorf, Gde. Kirchendemenreuth, Lkr. Neustadt/WN
Errichtet wurde der Bildstock von dem Maurermeister Georg Kellner in seinem Garten aus Dankbarkeit dafür, dass er den Einsatz in Frankreich im Ersten Weltkrieg gesund überstanden hatte. Er trägt die Jahreszahl 1914. Sein Enkel Anton Kellner hat dieses sog Spoarer-Marterl nun restauriert. Der massive Bildstock aus Beton in Grabsteinart hat zwei Bildnischen: In die obere ist ein farbiges Christusmonogramm eingefügt, die untere, größere zeigt ein Bild der Muttergottes mit Kind. Gekrönt wird das Flurdenkmal von einem farbig gefassten kleinen Metallkreuz. (Der neue Tag v. 3./4.8.2013)

W1.11
Obertresenfeld, Stadt Vohenstrauß, Lkr. Neustadt/WN
Für das sog. Puff-Marterl am nördlichen Ortsrand von Obertresenfeld hat Hans Oppelt ein neues Bild auf einer Edelstahlplatte gemalt. Es zeigt die Flucht nach Ägypten und ersetzt ein nicht mehr restaurierbares Holzrelief mit demselben Bildthema. Hinter eisernen Gitterstäben und einer Glasplatte ist es doppelt geschützt. Der 1,78 m hohe Bildstock soll aus dem 18. oder 19. Jahrhundert stammen. Über den Grund für die Errichtung gibt es zwei verschiedene Erzählungen: Nach der einen sollen hier die Hussiten

einen Mann ermordet haben. Nach der anderen soll ein Mann auf dem Heimweg von Waldthurn hier plötzlich in eine Nebelwand geraten sein. Da er nicht mehr weitergehen konnte, rief er die Heilige Familie an, worauf der Nebel verschwand. (Der neue Tag v. 6.6.2013)

W1.12
Pfreimd, Lkr. Schwandorf
Der Bildstock, der Maria gewidmet ist, wurde bereits im 17. Jahrhundert errichtet. Im Zuge des Autobahnbaus in den 1970er Jahren versetzte man ihn an seinen jetzigen Standort in der Hirtenstraße. In seiner großen Bildnische steht eine bemalte Maria mit Kind. Da diese Figur in einem schlechten Zustand war, veranlasste die Stadt Pfreimd als Eigentümerin des Denkmals eine Restaurierung. Die Kosten von 900 € übernahm die Marianische Männerkongregation. Der gemauerte Bildstock hat ein mit Ziegeln gedecktes Spitzdach. Ein kleines Metallkreuz krönt den First. (Der neue Tag v. 24.5.2013)

W1.13
Püchersreuth, Lkr. Neustadt/WN
Zwei ältere Frauen hatten den Kirchenpfleger Wolfgang Scharnagl gebeten, für eine Muttergottesstatue einen neuen geeigneten Platz zu finden. Ein 4,6 Tonnen schwerer Granitblock aus Flossenbürg wurde nach dem Entwurf von Klaus Kuran von Steinmetz Rüdiger Goedecke bearbeitet. Aus dem grottenartig zugehauenen Stein meißelte er in die flache Vorderseite eine bogenförmige Nische für die zwischenzeitlich restaurierte Marienfigur. In einer kirchlichen Zeremonie wurde das neue Flurdenkmal gesegnet. Vor der „Mariengrotte" befindet sich ein von Pflastersteinen umrahmtes Blumenbeet, das künftig von Familie Simmerl gepflegt wird. (Der neue Tag v. 11./12.2013)

W1.14
Reichertswinn, Gde. Velburg, Lkr. Neumarkt i. d. Opf.
Der ursprüngliche Standort des wohl aus dem Beginn des 19. Jh. stammenden Marterls ist nicht bekannt. Zuletzt befand es sich auf einer kleinen Öde im Acker der Familie Xaver Braun. Da der Platz umgearbeitet wurde, war ein neuer Standort nötig. Er fand sich auf dem sog. Kana-Berg (Flurname: Wildenberg) in Sichtverbindung zum Habsberg. Bevor das Gusseisenkreuz auf den von Xaver Braun ausgesuchten Findling gesetzt wurde, ließ die Familie Braun das Gusseisenkreuz, das wohl früher einmal als Grabkreuz diente, von der Kunstschmiede Peter Eschbach restaurieren. Das neu gefasste Kreuz trägt einen goldfarbenen Christus. Auf der ovalen Tafel zu seinen Füßen steht: „Gelobt sei Jesus Christus". (Neumarkter Tagblatt v. 19.9.2013)

W1.15
Sorghof, Gde. Vilseck, Lkr. Amberg-Sulzbach
Am Hans-Ohorn-Platz steht ein ungewöhnliches Flurdenkmal. Eine 2,25 m hohe rechteckige Dolomitsäule krönt ein schwarz lackiertes Eisenkreuz mit einem sprühvergolde-

ten Christus. In den Stein eingesetzt ist eine Blechschnittmadonna mit Kind. Nachdem die Bemalung von Gustav Nutz, dem Vater des Sorghofer Hobbykünstlers Michael Nutz, im Jahr 1991 erneuert worden war, bemalte nun sein Sohn die Figur erneut. Dazwischen war sie im Jahr 2000 von Herbert Warzecha, einem Kunsterzieher am Amberger Dr. Johann-Decker-Gymnasium, neu gefasst worden. Eine UV-Schutzfolie soll künftig besser vor dem Sonnenlicht schützen.
1837 wurde das Flurdenkmal erstmals in einer Karte eingezeichnet. Später versetzte man es im Zug des Ausbaus des Südlagers an die heutige Stelle. (Amberger Zeitung v. 20.7.2013)

W1.16
Wenzenbach, Lkr. Regensburg
Jahrelang litt Alois Heilmeier an schweren Krankheiten. Wenn er diese überlebe und 85 Jahre alt würde, wolle er eine „Kapelle" bauen. Dieses Verssprechen hat der nunmehr 86-jährige eingelöst. Von Helfern ließ er am neuen Dorfweiher einen Bildstock aufmauern und mit einem von Ziegeln gedeckten Spitzdach versehen, das an der Vorderseite vorkragt. In der großen Bildnische, die von einem geschmiedeten Eisengitter verschlossen ist, steht eine Figur des hl. Florian. Darüber befindet sich unter dem Giebel ein Kreuz mit Korpus. (Mittelbayerische Zeitung v. 16.10.2013)

W2 Kreuze
W2.1
Allershofen, Gde. Berngau, Lkr. Neumarkt i. d. Opf.
Das Kreuz war 1976 von der Dorfgemeinschaft errichtet worden. Nach 37 Jahren stand nun eine Restaurierung an. Das Holz des Kreuzes wurde von Rudi Urban und seinem gleichnamigen Sohn abgeschliffen, grundiert und mehrmals gestrichen. Auch die Schäden am Kupferdach behoben sie. Pfarrer i. R. Josef Lang, ein gebürtiger Allershofener, restaurierte den Gekreuzigten. Er schliff die Farbreste ab, spachtelte die Risse und verleimte lockere Teile. Daraufhin grundierte er den Korpus und fasste ihn neu. Nun erstrahlt das hohe Kreuz mit seinem Spitzdach und der geschwungenen Rückwand in neuem Glanz. (Neumarkter Tagblatt v. 7.7.2013)

W2.2
Deusmauer, Stadt Velburg, Lkr. Neumarkt i. d. Opf.
Seit 1957 steht an der Straße von Deusmauer nach Kirchenwinn an der Abzweigung zum Bogenhof ein großes Holzkreuz. Es war von dem Wagnermeister Xaver Götz gefertigt worden, von dem auch der Vorschlag stammte, es dort aufzustellen. 1972 wurde das stark verwitterte Flurdenkmal auf Initiative der Familie Sandkuhl erneuert, die am Bogenhof ihren landwirtschaftlichen Betrieb hatte. Das neue Kreuz fertigte abermals Wagnermeister Götz an. 2012 wurde es abermals erneuert, diesmal von Helmut und Karin Huber. Das einfache, braun gestrichene Holzkreuz trägt am Schnittpunkt der beiden Kreuzbalken eine INRI-Tafel. (Neumarkter Tagblatt v. 24.10.2012)

W2.3
Dürnsricht, Gde. Fensterbach, Lkr. Schwandorf
Ein Sturm hatte am 4. August 2013 das Doppelbalkenkreuz, ein sogenanntes Wetterkreuz, am nördlichen Ortsrand umgeworfen. Es war schon ziemlich morsch gewesen. Da an diesem Platz schon seit Generationen ein solches Flurdenkmal stand, hatte sich die Dorfgemeinschaft entschlossen, das zerstörte alte durch ein neues zu ersetzen. Am Sonntag, dem 27. Oktober, wurde es im Anschluss an einen Oktoberrosenkranz gesegnet. (Der neue Tag v. 15.10.2013)

W2.4
Fischbach, Gde. Nittenau, Lkr. Schwandorf
Die Kirchenverwaltung Fischbach hat den durch einen Sturm beschädigten Christus am sog. Scharrerkreuz an der Kirche durch einen Restaurator wieder instand setzen lassen. Den Abbau und die Wiederanbringung des Kreuzes hatte die MMC übernommen. (Mittelbayerische Zeitung v. 8./9.6.2013)

W2.5
Fuchsmühl, Lkr. Tirschenreuth
Das Flurkreuz an der Pechbrunner Straße war bereits 1956 vom damaligen Verein „TV die Naturfreunde" aufgestellt und 1976 vom Stopselclub erneuert worden. Vor einem Jahr wurde es durch eines in anderer Form mit Spitzdach und trapezförmiger Rückwand durch die Wanderfreunde ersetzt. Es fehlte allerdings noch die Christusfigur. Leider reichte aber deren Geld dafür nicht aus. Mit Hilfe von Sponsorengeldern konnte man in Friedenfels einen Christus erwerben, der jetzt das Kreuz ziert. So vervollständigt erhielt es jetzt den kirchlichen Segen. (Der neue Tag v. 12./.13.10 2013)

W2.6
Köfering, Gde. Kümmersbruck, Lkr. Amberg-Sulzbach
Der Heimat- und Kulturverein Köfering ließ auf seine Kosten das ungefähr dreieinhalb Meter hohe Holzkreuz auf dem Areal Schnellinger etwa gegenüber der Kapelle restaurieren. Das Holz für die Kreuzbalken mit Kleeblattenden stiftete die Fa. Kohl. Der Kirchenmaler Stefan Kummer aus Rieden bemalte zusammen mit Jürgen Hausner den Christus und die Muttergottes zu seinen Füßen neu. (Mittelbayerische Zeitung v. 6.5.2013)

W2.7
Mantel, Lkr. Neustadt/WN
Der Vorsitzende des Fördervereins für die Moritzkirche Harald Puckschamel strich die Balken des Holzkreuzes nahe dem Gotteshaus neu in einem hellen Braun. Er reinigte auch die Blechschnittfiguren von Christus und der Muttergottes zu seinen Füßen. Zum Schutz gegen Witterungseinflüsse überzog er sie mit Wachs. (Der neue Tag v. 5.9.2013)

W.2.8
Messnerskreith, Stadt Maxhütte-Haidhof, Lkr. Schwandorf
1835 war ein Holzkreuz am Weg nach Leonberg gestiftet worden, der den Kindern auch als Schulweg diente. Es war Dank und Bitte dafür, dass die Schüler den Weg durch den Wald bisher unbeschadet überstanden hatten und künftig überstehen sollten.
Als Franz-Xaver Raab 1945 als Soldat einen russischen Panzerangriff nicht zu überleben glaubte, gelobte er, das Kreuz sein restliches Leben zu pflegen, falls er nach Hause kommen sollte. Nach seiner Rückkehr aus amerikanischer Kriegsgefangenschaft führte ihn der Weg an der Stelle vorbei, an dem das Kreuz gestanden hatte. Es war verschwunden. Er errichtete wieder ein Holzkreuz und erneuerte es jedes Mal, wenn es notwendig war. In den 1990er Jahren ersetzte er es durch ein Metallkreuz. Entsetzt war er, als er die Christusfigur daran zerbrochen fand. Er ließ sie reparieren und hofft nun, dass sie von weiteren Beschädigungen verschont bleiben möge. (Mittelbayerische Zeitung v. 4.1.2013)

W2.9
Ödschönlind, Gde. Plößberg, Lkr. Tirschenreuth
Umgeben von Bäumen steht an der einstigen. Goldenen Straße unter Bäumen das sog. Schindlerkreuz. Seine Bezeichnung hat es von dem Hausnamen des Grundstücksbesitzers Georg Kick. Nachdem es bereits vor 16 Jahren einmal erneuert worden war, mussten die Balken jetzt erneut ausgetauscht werden. Karl Giesa aus Flossenbürg bemalte die Christusfigur neu, die von einem geschwungenen Holzdach überwölbt wird, das mit Blech beschlagen ist. (Der neue Tag v. 2.9.2013)

W2.10
Oberleinsiedl, Gde. Ursensollen, Lkr. Amberg-Sulzbach
Nach Abschluss der Flurbereinigung im Jahr 1993 war aus Dankbarkeit über die gelungene Maßnahme ein Holzkreuz am Kirchsteig südlich des Ortes errichtet worden. Inzwischen war das Flurdenkmal renovierungsbedürftig geworden. Manfred Wedel aus Rückertshof und seine beiden Söhne erneuerten auf eigene Kosten das Eichenkreuz mit Spitzdach und der geschwungenen Rückwand, das in einem hellen Braunton gestrichen ist. Auch der kleine Christus wurde restauriert. (Amberger Zeitung v. 8.10.2013)

W2.11
Pelchenhofen, Stadt Neumarkt, Lkr. Neumarkt i. d. OPf.
Das einst nach der Flurbereinigung aufgestellte Kreuz aus Eichenholz war in Teilen morsch geworden. Auf Bitten des Pfarrers nahm sich der Heimatpfleger und Stadtrat Rudi Bayerl der Sanierung an. Während des Winters erneuerte der Bauhof die Holzbalken. Auch der Gekreuzigte wurde restauriert. Nun erstrahlt das braun gestrichene und von einem bogenförmigen Runddach überwölbte Flurdenkmal in neuem Glanz. (Neumarkter Tagblatt und Neumarkter Nachrichten v. 18.5.2013)

W2.12
Schweinkofen, Stadt Dietfurt, Lkr. Neumarkt i. d. Opf.
Ein neues steinernes Kreuz an der Weggabelung des sog. Kirchwegs nach Mühlbach erhielt den kirchlichen Segen. Gestiftet und geschaffen wurde es von dem seit 50 Jahren in München lebenden Steinmetzmeister Martin Hierl, der zusammen mit seiner Frau der alten Heimat etwas Gutes tun wollte. Dieses Flurdenkmal in moderner, klarer Form zeigt unterhalb des Querbalkens eine Taube. Die auf Querbalken und Schaft verteilte Inschrift lautet: „Friede allen Menschen und Geschöpfen". Neben das Kreuz wurden ein Baum und einige Sträucher angepflanzt. (Neumarkter Tagblatt v. 19.3.2013)

W2.13
Trautmannshofen, Gde. Lauterhofen, Lkr. Neumarkt i. d. Opf.
Hofkreuze haben eine lange Tradition. Diese führt nun Hubert Lehmeier fort. Er hatte ein Holzkreuz mit Christus über Martin Trollius aus Lauterhofen erworben, der es von einem Flohmarkt mitgebracht hatte. Er ließ es von dem Kirchenmaler „Harry" Segerer aus Lauterhofen restaurieren. Nun hängt es an der Wand seines Hauses. (Neumarkter Tagblatt v. 12.10.2012)

W2.14
Weiden in d. Opf.
Im Winter 2012/13 hatten unbekannte Täter das Kreuz an der Strobelhütte geschändet. Sie rissen den Gekreuzigten, eine Arbeit des Herrgottschnitzers Bruno Kraus aus Plößberg, herunter und sägten Körper und Kopf an. Der OWV-Zweigverein Weiden ließ ihn nun restaurieren und wieder anbringen. (Der neue Tag v. 28.5.2013)

W2.15
Weiden in d. Opf.
Auf dem Fischerberg bei Weiden wurde ein neues Flurkreuz zum Gedenken an die verstorbenen Mitglieder des OWV-Zweigvereins Weiden gesegnet. Das Holzkreuz mit Spitzdach und geschwungener Rückwand trägt einen hell gefassten Christus. Gestiftet wurde es von Anneliese Wolf. (Die Arnika Nr.4/2013)

W3 Kreuzwege
W3.1
Schwarzhofen, Lkr. Schwandorf
Nachdem im Vorjahr die Kapelle und der Bildstock von Bruder Klaus auf dem Weinberg von Robert Bergschneider restauriert worden waren, kam in diesem Jahr der Kreuzweg an die Reihe. Zunächst wurden die stark verwitterten Steinsäulen gereinigt und etliche Schadstellen beseitigt. Dann wurde eine Schutzlösung aufgetragen, die verhindern soll, dass sich wieder Moose und Flechten ansiedeln. Im Anschluss daran versah man den Stein mit einer grauen Grundierung. Die Relieffiguren der Stationen bemalte der Restaurator neu. Die Reliefkreuze, die im Giebel der Steinsäulen zu sehen sind, erhielten

einen goldfarbenen Anstrich. Die sehr frisch und neu wirkenden Farben sollen noch mit einer Patina überzogen werden. (Der neue Tag v. 18.9.2013 und Mittelbayerische Zeitung vom 18.9.2013)

W4 Kapellen, Grotten
W4.1
Flossenbürg, Lkr. Neustadt /WN
Schon vor Jahren war er ehemalige Wehrmachtsbunker am Entenbühl in eine kleine, dem Hl. Hubertus geweihte Kapelle umgewandelt worden. In die Wand im Innern des Kirchleins wurde eine Nische gehauen und mit Steinen, die Pilger 1997 auf Bitten des OVW-Vorsitzenden aus dem Heiligen Land mitgebracht hatten, ausgekleidet. Die kleine Wandgrotte soll Maria geweiht werden. Dazu fehlt aber noch eine Muttergottesstatue, die erst noch beschafft werden muss. (Der neue Tag v. 16.9.2013 und Die Arnika Nr.4/2013 S.267)

W4.2
Gutenfürst, Gde. Teunz, Lkr. Schwandorf
Zur Segnung der frisch renovierten Dorfkapelle war Weihbischof Reinhard Pappenberger aus Regensburg gekommen. Ein am 14. Februar 2003 gegründeter Kapellenbauverein hatte sich vorgenommen, das Kirchlein umfassend zu restaurieren. Dies war nun unter der Führung von Alois Schneeberger geschehen. Eigenleistung, Geld- oder Sachspenden trugen viel zum Gelingen dieses auf 60 000 € veranschlagten Vorhabens bei, das auch von der Gemeinde und der Diözese Regensburg gefördert wurde. Begonnen wurde es 2011 mit der Erneuerung des Dachstuhls, des Glockenturms und der Trokkenlegung des Mauerwerks. Ab dem folgenden Jahr erneuerte man Türe und Fenster und erledigte sämtliche Putzarbeiten. In der anlässlich der Renovierung des Kirchleins erschienenen Festschrift ist nachzulesen, dass das Gotteshaus, welches der Gottesmutter Maria geweiht ist, 1937 erbaut wurde und nach 76 Jahren dringend einer Renovierung bedurfte. (Mittelbayerische Zeitung v. 11.9.2013 und Der neue Tag v. 17.9.2013)

W4.3
Hadersdorf, Gde. Beratzhausen, Lkr. Regensburg
1887 hatte die Familie Maria und Alois Huber die Kapelle erbaut. Der schwerkranke, tiefgläubige Großvater hatte sich daraufhin sichtlich wieder vom körperlichen Verfall erholt. Zum 100-jährigen Jubiläum der Erbauung des Kirchleins war es bereits 1987 renoviert und der Altar von einem Parsberger Kirchenmaler gereinigt und restauriert worden. Seit kurzem erstrahlt es wieder in einem frischen Ockerton. Auch die Jahreszahl 1887 wurde erneuert. Nun erhielt es als Geschenk aus dem Nachlass des Ruhestandspfarrers Thomas Trienko eine Nachbildung der „Schwarzen Madonna" von Altötting. Die Idee, sie in diesem Gotteshaus aufzustellen, hatte die 83-jährige Margaretha Landfried, die vielleicht auch etwas eigennützig dachte, um sich den beschwerlichen Weg mit dem Rollator zur Kapelle des Altenheims zu ersparen, um „Zur Lieben Frau" beten zu

können. (Mittelbayerische Zeitung v. 21.8.2013)

W4.4
Kemnath, Gde. Postbauer-Heng, Lkr. Neumarkt i. d. Opf.
In rund 70 Stunden haben die Mitglieder der Feuerwehr Kemnath die Ortskapelle renoviert. Die Fassade wurde gründlich gereinigt und Risse geschlossen. Vor dem zweimaligen Anstrich erhielt der Putz einen Schutzanstrich gegen Pilzbefall. Man entfernte den Rost vom Türgitter und strich die Holztüre neu. Die Materialkosten für die Arbeiten übernahm die Gemeinde. Bereits vor 10 Jahren war das Kirchlein renoviert worden. Damals wurde der Dachstuhl ausgebessert. (Neumarkter Tagblatt v. 26.9.2013)

W4.5
Litzlohe, Gde. Pilsach, Lkr. Neumarkt i. d. Opf.
Seit Generationen ist die Kapelle im Besitz der Familie Lehmeier. Die beiden Familien Meier und Wittmann haben die Lourdes-Kapelle in Eigenregie saniert und damit den letzten Wunsch der 2009 verstorbenen Anna Lehmeier, der Mutter von Christine Meier und Großmutter von Erwin Wittmann, erfüllt. Das Kirchlein bekam einen neuen Dachstuhl mit neuen Ziegeln, die Mauern erhielten einen frischen Verputz, auch die Türe erneuerte man. In die Sanierung einbezogen war auch die Grotte aus Tuffstein im Innenraum sowie die Marienstatue, die restauriert wurde. Zum Gelingen des umfangreichen Sanierungswerks trugen auch Spenden bei. (Neumarkter Nachrichten und Neumarkter Tagblatt v. 13.5.2013)

W4.6
Sollngriesbach, Gde. Berching Lkr. Neumarkt i. d. Opf.
Als Karl Rohrmüller nach 40 Jahren als Lokführer in Darmstadt als Rentner in seinen Heimatort zurückkehrte, fand er die Nothelferkapelle am Weg nach Jettingsdorf, die bereits vor 40 Jahren einmal von der Familie Ruppert saniert worden war, vom Sturm schwer beschädigt und verfallen. Er rief seine vier Freunde an, die alle bei Darmstadt leben, und erzählte ihnen von seiner Idee, das Kirchlein, das den 14 Nothelfern gewidmet ist, zu renovieren. Sie sagten spontan ihre Hilfe zu, wofür drei von ihnen einen Teil ihres Urlaubs opferten - der vierte war schon in Rente -, um ihren Freund bei seinem Vorhaben zu unterstützen. Innerhalb von acht Tagen wurde der Dachstuhl erneuert, neue Dachziegel, welche die Firma Englmann stiftete, aufgelegt, eine neue Dachrinne angebracht sowie ein Dachvorsprung angefügt, um die Kapelle vor Sonneneinstrahlung zu schützen. Außerdem tünchte man die Wände.
Wie eine Urkunde, die bei der Renovierung gefunden wurde, zeigt, wurde das 3,20 m lange und 2,50 m breite Kirchlein 1930 von Josef Gerner aus Sollngriesbach aus Dankbarkeit dafür gebaut, dass seine beiden Söhne und der Schwiegersohn aus dem 1. Weltkrieg zurückgekehrt waren. Da Manfred Gerner, ein Urenkel des Erbauers, es nicht mehr instand setzen konnte und sonst niemand zuständig war, hatte Karl Rohrmüller zur Selbsthilfe gegriffen. (Neumarkter Tagblatt v. 6.9.2013 und 19.09.2013)

W4.7
Sorghof, Gde. Vilseck, Lkr. Amberg-Sulzbach
Die drei Kreuzwegstationen nach Heringnohe an der Altenweiherstraße wurden gereinigt. Sie standen vor 100 Jahren am Kirchweg von Langenbruck nach Vilseck am Ortsteil Langensteg. Da sie bei einer größeren Umbaumaßnahme im Südlager im Weg standen, wurden die Dolomitstationen vom Forstamt eingelagert und 2003 an ihren jetzigen Standort versetzt. Die in die Nischen eingesetzten Bilder malte der im Mai 2012 verstorbene Künstler Herbert Warzecha. (Amberger Zeitung v. 20.7.2013)

W5 Figuren
W5.1
Hirschling, Gde. Regenstauf, Lkr. Regensburg
Im Januar 2013 war die Nepomukfigur auf der Brücke von Hirschling von Vandalen vom Sockel gestoßen worden, aber erfreulicher Weise nicht in den Fluss gestürzt. Sofort ließ der Heimatforscher Fred Wiegand die Statue vom Bauhof nach Regensburg bringen. Die Beseitigung der Schäden am Stein, unter anderem die Befestigung des losen Kopfes, erledigte die Firma Hans Viehbacher. Bei dieser Gelegenheit wurde auch der schon länger fehlende Kranz mit fünf Sternen von Hubertus Reifenrath neu angefertigt und vom ehemaligen Kirchenmaler Johann Eisenhut aus Karlstein vergoldet. Die Beseitigung der Schäden belief sich – ohne Berücksichtigung ehrenamtlicher Arbeit – auf 650 €.
Der hl. Nepomuk steht seit 1962 auf der damals neu errichteten Brücke. Davor zeigt ihn ein altes Foto am Weg nach Ramspau. Ob dies allerdings der ursprüngliche Standort war, ist bisher nicht bekannt. (Mittelbayerische Zeitung v. 10.5.2013)

W5.2
Luhe, Gde. Luhe-Wildenau, Lkr. Neustadt/WN
Seit zwei Jahren steht die moderne Nepomukstatue auf der neuen Luhebrücke. Auf Anregung von Isolde Gewargis erhielt der Heilige nun um sein Haupt einen Kranz aus Edelstahl, der mit fünf goldfarbenen Sternen geschmückt ist. Den Sockel ziert außerdem ein vergoldetes Doppelbalkenkreuz, ebenfalls mit fünf Sternen. Darunter ist nochmals ein Sternenkranz zu sehen. Die Materialkosten für den neuen Schmuck der Heiligenstatue hatte der Ehrenbürger Dr. Albert Gewargis übernommen. (Der neue Tag v. 22.7.2013)

W5.3
Ramspau, Gde. Regenstauf, Lkr. Regensburg
Die Statue Kaiser Heinrichs II., die von dem italienischen Künstler Bruno Travi aus Bergamo gefertigt worden war, stand bisher auf der neuen Regenbrücke und blickte auf das „Golddorf". Da sie aber immer wieder beschädigt und verunstaltet wurde, stellte Pfarrer Vogl bei der diesjährigen Bürgerversammlung den Antrag, sie ins Ortsinnere zu versetzen. Nun steht sie auf dem Dorf- oder Kirchplatz im Schatten der Laurentiuskirche. (Mittelbayerische Zeitung v. 28.6.2013)

W5.4
Tegernheim, Lkr. Regensburg
In Tegernheim gibt es einen Geopfad, der gegenüber der ersten Station in der Streuobstwiese „Am hohen Sand" einen Blickfang erhalten hat. Auf einem vom Bauhof geschaffenen umrandeten Bett, das mit kleineren und größeren Natursteinen gefüllt ist, ruhen Eichenstämme, die zwei Hirschkäfer, ein Männchen und ein Weibchen, tragen. Der Künstler Rudolf Schwab hatte die Zeichnungen zu den Tieren angefertigt. In kräftiges Blech umgesetzt und auf den Baumstämmen befestigt wurden sie von Ernst Niedermeier.
Warum man gerade Hirschkäfer wählte, erklärte Vizebürgermeister Kollmannsberger: Vor einigen Jahren sei in Zusammenarbeit mit Hartmut Schmid vom Landschaftspflegeverband und Jugendlichen hier ein Hirschkäfer aus Zweigen und Ästen errichtet worden, um Hirschkäfer zur Eiablage anzulocken. Inzwischen war er aber zu einem unansehnlichen Holzhafen verfallen. Das habe ihn auf die Idee gebracht, dieses Tier als Ersatz für die zerfallene Figur zu wählen. (Mittelbayerische Zeitung v. 29.08.2013)

W5.5
Winklarn, Lkr. Schwandorf
Die über 370 Jahre alte Figur des hl. Sebastian kehrte nach ihrer Restaurierung in der Werkstatt der Firma Fromm in Parsberg wieder an ihren angestammten Platz in der Winklarner Pfarrkirche zurück. Die Entstehung verdankt diese Holzstatue einem Pestgelübde. Die Restaurierungskosten in Höhe von 1000 € wurden durch ein Schnitzelessen an Fronleichnam und durch Spenden gedeckt. (Mittelbayerische Zeitung v. 8.1.2013)

W6 Gedenksteine, Denkmäler
W6.1
Bach, Gde. Deuerling, Lkr. Regensburg
Ein Mahnmal erinnert jetzt an den Todesmarsch von KZ-Häftlingen, der am Ende des 2. Weltkriegs durch Deuerling zog. Auf einem massiven, naturbelassenen Kalksteinblock ist ein Bronzerelief befestigt, das Josef Schmidmeier gestaltete und an die Todesmärsche erinnern soll. Es zeigt eine Schar von Häftlingen, darunter steht „Todesmarsch". Am 21.April 2013 wurde das Denkmal im Beisein von 50 Gästen offiziell enthüllt. (Mittelbayerische Zeitung v. 24.4.2013)

W6.2
Floß, Lkr. Neustadt/WN
Die Granitsäule mit dem eingemeißelten Marktwappen und der Inschrift „Markt Floß" wird nach der Reinigung mit dem Dampfstrahler wieder an dem Platz aufgestellt, an dem sie seit 1946 stand. Auch die Schriften müssen wieder gut sichtbar gemacht werden. Die Säule war entfernt worden, weil das Fundament nicht mehr den Sicherheitsanforderungen entsprach. Mit einer neuen Grundlage versehen kann sie nun wieder zu-

rückkehren. (Der neue Tag v. 7.5.2013)

W6.3
Frauenberg, Gde. Laaber, Lkr. Regensburg
Nach der Renovierung des Kriegerdenkmals gingen freiwillige Helfer der SKK Frauenberg nun daran, mit Dampfstrahler, Wurzelbürste und Reinigungsgerät die Verschmutzungen an der Mariensäule und den beiden Gedächtnismalen für die Kriegsopfer des Ortes und der Umgebung zu säubern. Teile des Sockels mussten erneuert werden. Eine Versiegelung soll den Stein vor Witterungseinflüssen schützen. (Mittelbayerische Zeitung v. 4.6.2013)

W6.4
Tirschenreuth, Lkr. Tirschenreuth
Auf dem Gelände der Gartenschau wurde den beiden christlichen Konfessionen ein Areal zugestanden, auf dem sie ihr hölzernes Objekt „Begegnungs(f)tisch" aufstellen konnten. Es ist eine Kombination aus den wesentlichen christlichen Symbolen Kreuz und Fisch. Von der Seite betrachtet erscheint es als Schiff. Die Tischflächen ergeben von oben betrachtet einen Fisch, wobei die sich überlappenden Tischelemente die Ökumene symbolisieren sollen. Aus der Mitte dieses Objekts ragt ein hohes Kreuz auf. (Der neue Tag v. 21.5.2013)

W6.5
Neumarkt i. d. Opf.
Drei Jahre lang hatte Gertraud Aumeier, Vorsitzende der Neumarkter Altstadtfreunde, Spenden gesammelt, um die 89 Epitaphe an der Friedhofskirche St. Jobst restaurieren zu können. Der Restaurator Clemens Muth und seine Mitarbeiter sind nun bei der Arbeit. Sie erneuern herausgebrochene Steinteile, entfernen Algen und Flechten und frischen die Schriften auf. Um Risse im Stein auszubessern wird alter Injektionsmörtel verwendet, der mit Erdpigmenten so angereichert wird, dass er zur Farbe des Steins passt. Die Gedenkplatten, welche zur Erinnerung an Verstorbene von ihren Verwandten angebracht wurden, sind geschichtlich wertvolle Zeugnisse der Stadt. (Neumarkter Nachrichten und Neumarkter Tagblatt v. 26.9.2013)

W6.6
Neunburg vorm Wald, Lkr. Schwandorf
Genau vor 50 Jahren, im März 1963, waren die ersten Soldaten in die Pfalzgraf-Johann-Kaserne eingerückt. Doch im Jahr 2007 wurde die Garnison aufgelöst. An ihre Stelle trat ein Gewerbepark mit heute über 200 Arbeitsplätzen. Zur Erinnerung an die Gründung des Bundeswehrstandorts enthüllte man einen Gedenkstein, für den die Firma Buchbinder einen Platz zur Verfügung gestellt hatte. Auf dem gewaltigen Natursteinblock steht in goldenen Buchstaben: „Pfalzgraf-Johann Kaserne 1953 – 2007". Auf einer Tafel, die zusätzlich angebracht wurde, kann man eine längere Widmungsinschrift lesen. (Der

neue Tag v. 2.5.2013)

W6.7
Neunburg vorm Wald, Lkr. Schwandorf
Die im Jahr 1914 am Geburtshaus der beiden Geistlichen Martin (1765 – 1833) und Franz Sebastian (1767 – 1834) Job, Am Bügerl 29, angebrachte Gedenktafel hatte vor drei Jahren einen Riss bekommen. Da eine Restaurierung zu teuer geworden wäre, entschloss man sich in Absprache mit dem Landesamt für Denkmalpflege, sie durch eine Kopie zu ersetzen und das Original künftig im Heimatmuseum auszustellen. Den Auftrag dazu erhielt Steinmetz Georg Doreth aus Neustadt am Kulm.
Martin Job wirkte unter anderem als Stadtpfarrer in Neunburg vorm Wald und baute die 1823 abgebrannte Friedhofskirche wieder auf. Sein Bruder Franz Sebastian war Mitbegründer der Kongregation der Armen Schulschwestern und Beichtvater der österreichischen Kaiserin Karolina Augusta. (Der neue Tag v. 25.10.2013)

W6.7
Oberviechtach, Lkr. Schwandorf
Als Mahnmal gegen Terror und Extremismus war das Denkmal, das an die Opfer des Anschlags auf die Türme des Welthandelszentrums in New York erinnern soll, errichtet worden. Dazu verwendete man auch einen Eisenträger aus den Trümmern der Gebäude. Um die Erinnerung an die Opfer wach zu halten, enthüllte man auf dem gepflasterten Platz am „9-11 WTC Memorial" einen kleinen Betonsockel, auf den Garnisonskommandeur James Saenz anlässlich des Jahrestages im Beisein anderer hoher amerikanischer und deutscher Offiziere sowie Vertretern der Stadt eine Glasplatte legte, die über den Hintergrund zu dem Ereignis informiert. (Der neue Tag v. 14./15.9.2013)

W6.7
Parkstein, Lkr. Neustadt/WN
Verschiedene Vereine haben im März 2013 die Grabsteine der Ehrenbürger Karl Scherm und Pfarrer Johann Dippel abgebaut und durch eine Firma restaurieren lassen. Die Schriften wurden nachgezogen und Risse ausgebessert. Anschließend stellte man die Denkmäler am Eingang des Friedhofs wieder auf. (Der neue Tag v. 28.6.2013)

W6.8
Regensburg
Am 28. Dezember 1944 flog die US-Luftwaffe mit 135 Bombern von Flugplätzen in Süditalien aus einen schweren Luftangriff auf Ziele in Regensburg und warf dabei 346 Tonnen Bomben ab. Ein Teil davon traf den Stadtteil Kumpfmühl und richtete große Schäden an. Dabei wurde auch das Anwesen der Familie Zacher vollständig zerstört. Als im Laufe der Zeit die Trümmer beseitigt wurden, entwickelte sich die freie Fläche zum Marktplatz. Ein neuer Ortsmittelpunkt entstand. Zur Erinnerung an dieses Ereignis wurde auf der Grünfläche vor dem Bürgerheim-Neubau ein Gedenkstein enthüllt, womit

ein langgehegter Wunsch des Geschichts- und Kulturvereins Regensburg-Kumpfmühl in Erfüllung ging. Ein großer, dunkler, naturbelassener Granitblock trägt eine Bronzetafel mit der Inschrift: „Im Gedenken an die Opfer des Luftangriffs vom 28. Dezember 1944". (Mittelbayerische Zeitung v. 22.10.2013)

W6.9
Regensburg
Die Stadt hatte eine Idee der Klasse 9b der Realschule am Judenstein aufgegriffen. Ihren Schülern war aufgefallen, dass es auf dem Neupfarrplatz noch kein für Passanten sichtbares Mahnmal gibt, das an die Bücherverbrennung am 12. Mai 1933 erinnert. Man wandte sich an die Stadt, und Oberbürgermeister Schaidinger griff die Idee auf. Das nun errichtete Denkmal besteht aus einem Metallrahmen, in das eine Tafel eingehängt ist. Neben dem Hinweis auf das Ereignis dieses Tages ist auch ein Zitat von Heinrich Heine aus dem Jahr 1823 zu lesen: „Nur dort, wo man Bücher verbrennt, verbrennt man am Ende auch Menschen" (Mittelbayerische Zeitung v. 13.5.2013)

W6.10
Schwandorf, Lkr. Schwandorf
An der 72-Stundenaktion des Bundes der Deutschen Katholischen Jugend (BDKJ) hat auch die Kolping Jugend teilgenommen. Die Jugendlichen reinigten das Adolph-Kolping-Denkmal mit einem Hochdruckreiniger und legten eine neue Bepflanzung an. (Katholische Sonntagszeitung v. 20./21.7.2013)

W7 Brunnen
W7.1
Floß, Lkr. Neustadt/WN
Bei einem Probelauf des neuen Brunnens auf dem Marktplatz von Floß waren auch die Kinder der Tagesstätte „Unterm Regenbogen" dabei. Sie bestaunten das über den rechteckigen Granitblock in ein ebensolches Becken laufende Wasser und die dazugehörige Beleuchtung. Der Brunnenblock trägt die Inschrift: „Bürgerverein Flosser Marktplatz EV. im Jahre 2013". Der Vereinsvorsitzende versprach, dass im nächsten Sommer die Kinder im Brunnen planschen dürfen. (Der neue Tag v. 18./29.9.2013)

W7.2
Georgenberg, Lkr. Neustadt/WN
Der Baumhacklbrunnen, ein aus großen Natursteinen zusammengesetzter Trog mit einer kleinen Fontäne in der Mitte, war ganz mit Moos bewachsen und bot keinen schönen Anblick. Mitglieder der FFW Georgenberg säuberten ihn und bezogen auch seine Umgebung in die Aktion mit ein. (Die Arnika Nr.4/203)

W7.3
Münchenreuth, Gde. Waldsassen, Lkr. Tirschenreuth

Nahe dem Haupteingang der Kapplkirche wurde ein neuer Brunnen aufgestellt. Er war von dem Steinmetz Bernhard Höss von Marktredwitz aus Flossenbürger Granit geschaffen worden. In die drei kleeblattförmig angeordneten Becken fließt aus drei metallenen, in die quadratische Brunnensäule eingelassenen Ausflussröhren das Wasser. Die Dreizahl von Becken und Wasserhähnen soll die heilige Dreifaltigkeit symbolisieren. Die Kosten für den Brunnen in Höhe von rund 5000 € teilten sich Steinmetz Höss und der Kapplverein. (Der neue Tag v. 20.8.2013)

W7.4
Pfreimd, Lkr. Schwandorf
Der Name des Brunnens auf dem Eixlberg leitet sich von dem Pfreimder Stadtheiligen Theophilus ab, dessen Gebeine nach Feuersbrünsten Mitte des 18. Jahrhunderts aus Rom erbeten worden waren und nun in einem Seitenaltar der Pfarrkirche ruhen. Wer früher z. B. einen Kaffee in der Emmausklause trinken wollte, musste sich zuerst das Wasser aus dem Brunnen holen. Nach seiner Renovierung fließt es nun wieder aus der roh gemauerten Brunnenwand, über deren Ausflussöffnung ein Kreuz ohne Corpus angebracht ist. (Die Arnika Nr.2/2013 S.118)

W8 Glockentürme
W1.1
Eslarn, Lkr. Neustadt/WN
Bereits zum zweiten Mal haben Unbekannte die Glocke samt dem Glockenturm an der Waldkapelle Goldberg entwendet. Die Glocke war erst in diesem Jahr geweiht worden. Die Diebe trennten die Rundeisen des Turms mit einem Trennschleifer ab und luden ihn samt Kupferspitzdach und Glocke, die eine Größe von ungefähr 40 x 70 cm hat, auf einen Anhänger oder Lastwagen. Der Schaden beträgt etwa 5000 Euro. (Der neue Tag v. 23./24.11.2013)

W12
Rappenberg, Stadt Pfreimd, Lkr. Schwandorf
Seit Menschengedenken steht vor dem Anwesen Herrmann ein Glockenturm, dessen Geläut zum Gebet oder beim Tod eines Dorfbewohners erklingt. Der schlechte bauliche Zustand des Glockenstuhls machte es erforderlich, eine Erneuerung in Angriff zu nehmen. Das Bauholz dafür stellte die Stadt Pfreimd zur Verfügung. Die Zimmermannsarbeiten führte die einheimische Firma Ruhland aus. Das mit den Einnahmen des letzten Dorffestes 1989 beschaffte elektrische gesteuerte Läutwerk der Glocke wurde wiederverwendet. Gleichzeitig wurde das Marterl, über dem der Turm errichtet ist, restauriert. Der offene Turm ist mit einem quadratischen Spitzdach gedeckt, das mit Blech beschlagen ist. Im Rahmen eines Dorffestes wurde der Glockenturm gesegnet, der im Rahmen der Dorfsanierung erneuert worden war. (Der neue Tag v. 23..5.2013 und v. 28.5.2013)

W9 Stiftlandsäulen
W9.1
Berg, Stadt Windischeschenbach, Lkr. Neustadt/WN
Bereits 1980 hatte die Stiftlandsäule bei Berg einen neuen Aufsatz erhalten. Anlässlich des Tags des offenen Denkmals konnte nun ein neues Marienbild in die Bildnische eingesetzt werden. Als Vorbild für die schmerzhafte Muttergottes diente dem Künstler Franz Keck aus Wernberg-Köblitz die alte Holzfigur eines Feldkreuzes. Um eine längere Haltbarkeit zu erzielen, schuf er ein Reliefbild aus Ton, das er mit Oxid-Farben bemalte und brannte. (Der neue Tag v. 16.9.2013 und Die Arnika Nr.4/2013)

W10 Wegweiser und Stundensäulen
W10.1
Sorghof, Gde. Vilseck, Lkr. Amberg-Sulzbach
Mit Steinreiniger und Heißwasser wurde die alte Stundensäule gesäubert, die früher im Bereich der Ortschaft Kittenberg stand. 1990 versetzte man sie nach Sorghof an die Straße zum Südlager. Sie ist in den Hammergutwanderweg einbezogen. Vor der Erweiterung des Truppenübungsplatzes zeigte die Säule Fuhrleuten und Wanderern die Entfernung nach Vilseck, Amberg, Kirchenthumbach und Bayreuth an. (Amberger Zeitung v. 20.7.2013)

Ortsverzeichnis

Abbachhof 110
Allershofen 172
Alteglofsheim 50, 53
Altendorf 8
Altötting 87f, 176
Amberg 148f, 157, 167, 169, 171ff, 178, 184
Antwort bei Endorf 80
Augsburg 37, 60, 72, 133
Bach 85, 179
Bad Kissingen 36f
Bamberg 37, 60, 69, 101
Bayreuth 48, 60, 120f, 130, 159, 184
Bechtsrieth 168
Beilnstein 110
Beratzhausen 98, 101ff, 110, 176
Bergen 56
Berlin 56f, 89f
Berngau 172
Bodenwöhr 7ff, 34ff, 42ff, 51, 55ff, 82, 133, 153
Buch 7
Burgtreswitz 168
Cham 72, 140, 160
Dachau 84f
Deggendorf 62ff, 66, 73, 92
Dennhof 127, 131
Deuerling 84ff, 179
Deusmauer 172
Diepoltshof 153
Dietersweg 110
Dietfurt 115, 168, 175
Duggendorf 168
Dürnsricht 173
Eckartsreuth 135ff, 161f
Eglsee 71, 141, 146

Eilsbrunn 164, 166
Eltheim 110
Erlangen 37, 60
Eslarn 183
Etsdorf 87, 89f
Fensterbach 173
Fichtelberg 48f, 82
Fischbach 173
Floß 179, 182
Flossenbürg 84f, 171, 174, 176
Frauenau 94
Frauenberg 180
Freudenberg 87, 89
Friesenhof 98, 101f, 105, 110
Fronau 77
Fuchsendorf 134f
Fuchsmühl 173
Georgenberg 182
Giffa 110
Gleiwitz 56f
Grafenwöhr 47, 138f
Grub 132
Gutenfürst 176
Hadersdorf 176
Hagenacker 8
Hahnbach 47
Hahnengrün 132
Haselhof 110
Hemau 98, 101f, 110
Hersbruck 84f
Hiltenbach 140ff
Hippoltsried 77
Hirschling 178
Hochdorf 168
Hofdorf 110
Hofenstetten 156

Hohenschambach 85, 101
Kallmünz 85, 114
Kareth 9, 114f
Kemnath 131, 177
Kirchendemenreuth 170
Kirchenpingarten 119, 121f, 124, 130f, 135f, 160, 162
Koblenz 56
Königstein 169
Kronach 8
Kumpfhof 110
Kürnberg 169
Laaber 85, 103, 110, 180
Landau a.d. Isar
Langenkreith 71
Lappersdorf 9, 96, 110, 114, 116
Lauchhammer 56f
Lauterhofen 85, 175, 189
Lehmhof 110
Leidersdorf 8
Lessau 137
Lienlas 129, 131, 133f, 162f
Litzlohe 177
Lohr am Main 56
Luckenpaint 50f
Luhe 178, 189
Lupburg 105, 169
Mangolding 110
Mantel 68ff, 79f, 82, 173
Maxhütte-Haidhof 9, 174
Messnerskreith 174
Michelsneukirchen 70
Mitterteich 170
Moosbach 168
Muckenreuth 132, 135f
München 9, 36f, 58ff, 63f, 68, 70, 73, 80, 82, 90, 133, 175
Münchenreuth 182
Nabburg 152, 155

Neubau 48, 96f
Neukirchen-Balbini 77
Neunburg vorm Wald 156, 180f
Nittenau 72, 173, 189
Nürnberg 37, 47ff, 59f, 121, 133
Obereichstädt 56
Oberhof 170
Oberleinsiedl 157f, 174
Obersanding 50ff
Obersdorf 170
Obersteinbach 153
Obertresenfeld 170
Oberviechtach 181
Ödschönlind 174
Painten 85
Parkstein 181
Parsberg 85, 102ff, 108, 179
Passau 37, 60
Pechhof 138f
Pelchenhofen 174
Pfreimd 171, 183
Pielenhofen 85
Pilsach 177
Pittmansdorf 85
Plößberg 174f
Poign 110
Pollenried 110
Poppenreuth 49
Postbauer-Heng 177
Pottenstein 48
Püchersreuth 171
Ramspau 178
Rappenberg 183
Regensburg 9, 35, 37, 50f, 60, 65, 68f, 71, 84, 86, 89, 96ff, 102f, 105, 110, 114ff, 153, 161, 164, 168ff, 172, 176, 178ff
Regenstauf 169f, 178
Reichertswinn 171

Reislas 80, 131, 133f, 163
Riekofen 110
Rottenburg 67
Rückertshof 157f, 174
Scheiblhof (Enzenried) 77
Schmidmühlen 85
Schwandorf 34, 44, 55, 77, 87, 89, 148, 156, 171, 173ff, 179ff
Schwarzhofen 71, 168, 175
Schweinfurt
Schweinkofen 37, 60
Sollngriesbach 177
Sonthofen 56
Soranger 48
Sorghof 171, 178, 184
Speichersdorf 119, 159
Stadtamhof 53, 72f, 105, 115f, 118
Stamsried 140, 147
Straubing 60f, 66f, 70, 97
Sulzbach-Rosenberg 9
Tännesberg 168
Tegernheim 179
Teunz 176
Thalmassing 50f, 54
Theuern 35, 43f
Tirschenreuth 121, 170, 173f, 180, 182
Trautmannshofen 175
Tressau 132
Ursensollen 157, 174
Velburg 105, 171f
Vilseck
Vohenstrauß 171, 178, 184
Waldsassen 182
Weiden 68f, 175
Weidenberg 122, 137
Weiherhammer 8, 34, 39, 60, 68ff, 82, 153
Weihern 110

Wenzenbach 110, 172
Wernberg-Köblitz 148, 184
Wiesent 96, 110
Winklarn 179
Wörth-Hafnerhof 96
Würzburg und Bayreuth 60
Zwiesel 92, 94

Der AFO – seit 1985 ein eingetragener Verein

Der Arbeitskreis für Flur- und Kleindenkmalforschung in der Oberpfalz (AFO) wurde 1978 gegründet. 1985, also vor einem Vierteljahrhundert konstitutierte er sich als eingetragener Verein mit anerkannter Gemeinnützigkeit. Entsprechend der Satzung ist die Mitgliederzahl auf sieben Personen beschränkt. Alle an der Arbeit des AFO Interessierten sind eingeladen, als Mitarbeiter oder als Abonnenten der BFO (jährliche Buchreihe „Beiträge zur Flur- und Kleindenkmalforschung der Oberpfalz") die Ziele des Vereins zu unterstützen und die Idee der Flur- und Kleindenkmalpflege zu fördern.

Zur Gründung des Vereins hatte die wissenschaftliche Beschäftigung mit einer der markantesten Flurdenkmalgruppen, den alten Steinkreuzen und Kreuzsteinen, durch Rainer H. Schmeissner geführt.

Dieser veröffentlichte 1977 das Werk „Steinkreuze in der Oberpfalz". Zusammen mit Peter Morsbach regte er die Zusammenarbeit von Interessierten mit dem Ziel an, die damals noch fast gänzlich unbeachteten Marterln, Bildstöcke und Flurkreuze aller Art, die Grenzsteine und andere Rechtsdenkmäler sowie die Kleinkapellen und all die anderen Typen von Flur- und Kleindenkmälern in der Oberpfalz schrittweise zu erfassen und auf ihre Pflege und Erhaltung hinzuwirken.

1978 begannen die beiden, die Publikationsreihe „Beiträge zur Flur- und Kleindenkmalforschung der Oberpfalz", abgekürzt BFO, herauszugeben. Ein Arbeitskreis mit einer eigenen Zeitschrift, gewidmet der Gesamtheit der schier unüberschaubaren Fülle und Vielfalt an Flur- und Kleindenkmälern eines ganzen Regierungsbezirks – das war seinerzeit ein absolutes Novum.

Mittlerweile haben sich die BFO zu einem angesehenen Fachorgan entwickelt, das auch den Laien anspricht. Über 100 Autoren haben darin Beiträge veröffentlicht. Mit bis zu 1000 Exemplaren pro Ausgabe sind die BFO die auflagenstärkste regelmäßig erscheinende Publikationsreihe auf diesem Sektor.

Diese Ziele und die Mitwirkung weiterer Mitarbeiter veranlasste die Gründung des Vereins, der alsbald die Anerkennung der Gemeinnützigkeit erhielt.

Die Vorstandschaft versteht sich als Sachwalter der Vereinsziele und als Koordinationsstelle für einschlägige Initiativen.

Fester Bestandteil des Jahresprogramms ist die im Frühsommer jeweils an einem anderen Ort stattfindende Jahrestagung der ostbayerischen-Flur- und Kleindenkmalforscher:

1982 in Nabburg
1983 in Kulmain
1984 in Vohenstrauß
1985 in Neunburg v. W.
1986 in Regensburg (als 6. Internationale Fachtagung mit 170 Teilnehmern aus acht europäischen Ländern)
1987 in Neualbenreuth
1988 in Pyrbaum
1989 in Rötz-Hillstett
1990 in Sulzbach-Rosenberg
1991 in Walderbach
1992 in Pettendorf-Adlersberg
1993 in Schönsee
1994 in Lupburg
1995 in Freudenberg
1996 in Schwandorf-Fronberg
1997 in Luhe-Wildenau
1998 in Regenstauf
1999 in Dietfurt
2000 in Vilseck
2001 in Schierling
2002 in Regensburg (Jub.tagung)
2003 in Neukirchen beim Hl. Blut
2004 in Schnaittenbach
2005 in Lauterhofen
2006 in Straubing
2007 in Parkstein
2008 in Oberviechtach
2009 in Nittenau
2010 in Neualbenreuth
2011 in Neukirchen/Birgland
2012 in Wiesent
2013 in Speichersdorf
2014 in Pösing

Auf einen theoretischen Teil mit Referaten folgt eine Exkursion unter sachkundiger Leitung durch jeweils einen anderen Landstrich der Oberpfalz.

Darüber hinaus treffen sich die Mitglieder und Freunde des AFO jährlich noch zu einem geselligen Beisammensein mit Gedankenaustausch im kleineren Kreise.

In die Praxis der Denkmalpflege hinein wirkt der AFO durch seine beratende Funktion bei der Inventarisierung, Sanierung und Neusetzung von Kleindenkmälern. Die Zusammenarbeit mit den Denkmalschutzbehörden und der Direktion für Ländliche Entwicklung haben sich positiv entwickelt.

Um einschlägige Projekte – seien sie von Gemeinden, Pfarreien, Schulen, Vereinen oder Privatpersonen getragen – bekanntzumachen, bieten sich die Jahresbände der BFO als geeignetes Forum an, insbesondere aber auch für die Veröffentlichung von Ergebnissen privater Beschäftigung mit Flur- und Kleindenkmälern, so etwa die Erforschung der Geschichte und der Bedeutung eines einzelnen Objekts, die Bestandsaufnahme in einer bestimmten Gegend oder Forschungsansätze bezüglich einer bestimmten Denkmalgruppe.

Weitere Hinweise und Informationen finden sich auf der Homepage des AFO unter
www.afo-regensburg.de

Flurdenkmäler – Arten
(in der Oberpfalz)

1. **Naturdenkmäler mit kulturhistorischer Bedeutung**
   Teufels-, Heiligen-, Wackel-, Kult-, Spuren-, Altar-, Schalen-, Rillensteine
2. **Näpfchensteine**
3. **Religiöse Flurdenkmäler**
   - Bilder (Baumbilder, Felsbilder, Mauerbilder)
   - Kreuzsteine
   - Steinkreuze (siehe auch Sühnekreuze)
   - Weg- oder Feldkreuze aus Holz, Guss- oder Schmiedeeisen
   - Bildstöcke (auf Säulen, gemauert, aus Holz, Kapellenbildstöcke ohne begehbaren Innenraum)
   - Kapellen (Weg-, Feld-, Haus-, Kreuzwegkapellen)
   - Hochsäulen (Marien- Pest-, Dreifaltigkeitssäulen)
   - Grotten (Marien-, Lourdesgrotten)
   - Totengedenkstätten (Totenbretter, Totensäulen aus Holz, Gedenksteine, Kriegerdenkmäler, Grabkreuze)
   - Heiligenfiguren (z.B. Nepomukstatuen)
   - Hausbilder, Haustafeln, Reliefs
   - Votive aus persönlichen Anlässen
   - Glockentürme
4. **Weltlich-rechtliche Denkmäler**
   Grenzsteine, Sühnekreuze, Marktzeichen (Marktsäulen), Burgfriedensteine, Lochsteine, Pranger, Galgen
5. **Verkehrsdenkmäler**
   Stundensteine, Entfernungssteine, Wegweiser, Postmeilensäulen, Begrenzungssteine, Prellsteine an Mauerecken, Einhemmstellen
6. **Topografische Flurdenkmäler**
   Mittelpunktszeichen, Gipfelkreuze, Wasserscheidensteine
7. **Landwirtschaftlich-handwerkliche Denkmäler**
   Backöfen (freistehend), Pechöl- oder Pechsiedesteine
8. **Erinnerungsmale**
   Personen (Bismarcksäule), Ereignisse (Flurbereinigung, Kanal-, Eisenbahn- und Straßenbau, Hochwasser, Unfälle, Rettungen usw.)
9. **Brunnen, Quellfassungen**

Wie repariert man Flur- und Kleindenkmäler?

Die Flur- und Kleindenkmäler benötigen nicht nur Pflege und Überwachung, sondern gelegentlich auch eine Sanierung, um sie vor einem weiteren Verfall zu schützen oder nach einer Beschädigung wieder in den alten Zustand zurückzuversetzen. Dabei gilt der Grundsatz: Die beste Sanierung ist jene, die man nicht sieht.

Im Folgenden einige Hinweise, wie man Stein und Eisen an Flur- und Kleindenkmälern sinnvoll pflegt, schützt oder saniert. Um das Vorhaben erfolgreich durchführen zu können, ist eine Zusammenarbeit mit dem Heimatpfleger, dem Landesamt für Denkmalpflege oder einem Restaurator empfehlenswert. Auch der Arbeitskreis für Flur- und Kleindenkmalforschung (AFO) bietet seine Hilfe an.

Reparaturen am Stein

Steinzerfall und Steinkonservierung bereiten häufig die größten Probleme, wenn ein Denkmal beschädigt wurde oder durch Umwelteinflüsse Schaden genommen hat.

1. Reinigung:
Der Stein sollte möglichst nicht gereinigt werden. Flechten, Moose und die Patina vergangener Jahre geben dem Material einen unverwechselbaren Charakter und sehr häufig auch einen natürlichen Schutz.
Ist eine Reinigung trotzdem notwendig, sollte man sich auf Wurzelbürste und normales Wasser (ohne Zusätze) beschränken. Bei extrem hartnäckiger Verschmutzung ist der zurückhaltende Einsatz einer Stahldraht- oder Messingdrahtbürste möglich. Von folgenden Hilfsmitteln wird abgeraten: Reinigung mit Hochdruckreiniger, Abschleifen des Steines, Behandlung mit säurehaltigen Flüssigkeiten und Sandstrahlen.

2. Ausbesserungen:
Für Ausbesserungen sollte grundsätzlich das gleiche Material verwendet werden. Feine Risse und Brüche lassen sich mit Epoxidharz abdichten, größere mit witterungsbeständigem Silikon.

3. Inschriften:
Alte Inschriften sollten in ihrer bestehenden Form belassen bleiben. Bei randscharfen Inschriften kann das Ausmalen mit einer witterungsbeständigen Steinfarbe sinnvoll sein. Empfohlen sei aber immer eine photographische Sicherung.

4. Einsetzen von Metallteilen oder Bildtafeln:
Dabei auf elastische und wasserdichte Verbindungen zwischen Metall und Stein achten. Als Material für neue Bildtafeln eignen sich zum Bemalen folgende Metalle: Messing, Kupfer, Nirosta-Edelstahl.

Reparaturen an Eisenteilen

1. Gebrochenes Eisen reparieren:
Häufig sind gebrochene Feldkreuze zu sanieren, wobei das Verschweißen die einfachste Methode darstellt. Gusseisen wird mit speziellen Elektroden verschweißt und dann abgeschliffen. Schmiedeeisen lässt sich mit normalen Elektroden verarbeiten. Fehlende Teile können dabei neu geschmiedet und eingefügt werden. Beide Materialien, Gusseisen und Schmiedeeisen, lassen sich auch auf der Rückseite schienen und verschrauben, wobei aber der Gesamteindruck nicht beeinträchtigt werden sollte.

2. Eisenteile erneuern:
Wenn Gusseisenkreuze z. B. nach einer Beschädigung in mehrere Stücke zerbrochen sind, besteht die Möglichkeit, Alu-Abgüsse herzustellen, nachdem die Einzelstücke zusammengefügt worden sind. Schmiedeeisenkreuze können, sofern eine detailreiche Zeichnung oder ein Foto vorliegt, von einem geschickten Handwerker auch nachgeschmiedet werden.

3. Eisen entrosten:
a) Um das Eisen vor Rost zu schützen oder von Rost zu befreien, gibt es verschiedene Möglichkeiten. Für das Entrosten an Ort und Stelle sowie das Entfernen von Farbresten benötigt man Abbeizmittel, Stahlbürste, Schleifpapier, Schleifscheiben und Rostumwandler. Wenn verrostete Feldkreuze abgenommen werden können, empfiehlt es sich, diese sandstrahlen zu lassen.
b) Für das nachfolgende Grundieren und den wetterfesten Farbanstrich bieten die Fachgeschäfte gute Materialien an. Die farbige Gestaltung von Figuren (auch das Vergolden) sollte man zweckmäßigerweise einem geschickten Handwerker oder dem Fachmann überlassen.
c) Einen langjährigen Schutz vor Rostbefall bietet das Verzinken. Gusseisenkreuze sind allerdings für ein Zinktauchbad nicht geeignet; in diesen Fällen bietet sich das Spritzverzinken an. Wenn die Eisenteile dabei auch grundiert werden, können diese später sofort bemalt werden.

Wenn am Kreuz Schrauben verwendet wurden, empfiehlt es sich, diese mit UV-beständigem Silikon abzudichten; dies gilt auch für die Übergänge vom Stein zum Metall.

Jährliche Kontrolle

Eine jährliche Kontrolle von witterungsanfälligen Materialien ist nötig. Dabei ist auf Folgendes zu achten:
a) Den farblosen Schutzanstrich erneuern!
b) Die Silikonstellen überprüfen und eventuell neu auftragen!
c) (Vereinzelte) Roststellen rechtzeitig ausbessern!